9月4日下午

G9论坛（VIP闭门会）→ ・开放合作，共赢未来：高级别自动驾驶发展环境与国际协调
智库视点 → ・新形势下汽车行业趋势研判与政策建言

9月5日上午

政企智库闭门会 → ・政策与市场协同，构建汽车产业新生态
开幕大会 → ・政策与市场双驱动下的业态重构

9月5日下午

院士论坛 → ・应对大变革，科技与产业深度融合
高端对话 → ・深化产学研合作，助力高质量发展

9月6日上午

新能源政策解析 → ・双积分新规下的新能源汽车产品升级策略
・面向2035的新能源汽车新型商业模式变革

节能减排标准透视 → ・以第五阶段油耗标准为导向的节能策略
・打赢蓝天保卫战，提升排放控制水平

市场洞察与研判 → ・稳定汽车消费与乘用车市场发展新机遇
・超载超限治理与商用车需求转移

政策标准引领产品进步 → ・政策标准与L3级及以上产品量产的协同之路
・动力电池竞争格局之变

前沿技术瞭望 → ・"5G+大数据"驱动汽车产业数字化转型
・新需求下的智能座舱前瞻技术展望

2020 中国汽车产业发展（泰达）国际论坛
International Forum (TEDA) on Chinese Automotive Industry Development

产业消费双升级　重构生态新格局

G9论坛（VIP闭门会）
- 开放合作，共赢未来：高级别自动驾驶发展环境与国际协调

  本节会议将邀请9个国家汽车产业管理机构及企业的高层，共同研讨高级别自动驾驶测试与验证的举措、问题与挑战、产业化前景。

智库视点
- 新形势下汽车行业趋势研判与政策建言

  本节会议将邀请中国汽车技术研究中心有限公司、中国汽车工程学会、中国汽车工业协会、中国汽车报社的专家，探讨汽车行业趋势，提出政策建议。

政企智库闭门会
- 政策与市场协同，构建汽车产业新生态

  本节会议将邀请政府主管部门领导、汽车企业集团高层、行业智库专家，研讨政策与市场协同的举措，助力产业新生态构建。

开幕大会
- 政策与市场双驱动下的业态重构

  本节会议将邀请国家发改委、科技部、工信部、财政部、生态环境部、交通运输部、商务部、国家市场监督管理总局等政府主管部门领导和汽车企业集团高层，围绕政策导向、企业在新业态下的战略举措展开探讨交流。

院士论坛
- 应对大变革，科技与产业深度融合

  本节会议将邀请两院院士，围绕在大变革下，如何更好地实现新兴科技产业化，加速科技创新与汽车产业深度融合展开深度研讨。

高端对话
- 深化产学研合作，助力高质量发展

  本节会议将邀请汽车、零部件及科技企业高层，分享产学研合作的实践经验。

新能源政策解析

- **双积分新规下的新能源汽车产品升级策略**

  本节会议将邀请政府主管部门领导、行业专家、企业高层，围绕双积分新规下企业如何推动技术和产品升级展开研讨。

- **面向2035的新能源汽车新型商业模式变革**

  本节会议将邀请行业专家、企业高层，共同展望面向2035年如何构建新能源汽车新型商业模式。

节能减排标准透视

- **以第五阶段油耗标准为导向的节能策略**

  本节会议将邀请行业专家、企业高层，解读第五阶段油耗标准，分析标准影响，提出企业对策。

- **打赢蓝天保卫战，提升排放控制水平**

  本节会议将邀请政府主管部门领导、行业专家、企业技术专家，就排放标准持续升级趋势下的技术应对策略及潜力展开研讨。

市场洞察与研判

- **稳定汽车消费与乘用车市场发展新机遇**

  本节会议将邀请行业专家、乘用车企业高层，分析稳定汽车消费的举措与影响，挖掘乘用车市场新机遇。

- **超载超限治理与商用车需求转移**

  本节会议将邀请行业专家、商用车及物流企业高层，研讨超载超限治理不断深化对商用车需求的影响以及企业产品布局的新思路。

政策标准引领产品进步

- **政策标准与L3级及以上产品量产的协同之路**

  本节会议将邀请行业专家、汽车及自动驾驶开发企业高层，围绕L3级及以上产品的量产和自动驾驶政策标准的完善、配套保障的协同建设等展开探讨。

- **动力电池竞争格局之变**

  本节会议将邀请行业专家、汽车及动力电池企业高层，探讨在市场竞争导向下，动力电池市场格局将会产生哪些变化、成本如何下降、汽车企业如何布局动力电池产业。

前沿技术瞭望

- **"5G+大数据"驱动汽车产业数字化转型**

  本节会议将邀请行业专家、汽车及科技企业高层，探讨如何充分应用"5G+大数据"以实现数字化转型，并展望数字化对产业价值链的影响。

- **新需求下的智能座舱前瞻技术展望**

  本节会议将邀请汽车企业和智能座舱开发企业的技术专家，共同探索智能座舱的前瞻技术发展方向，分享企业研发进展。

2020 中国汽车产业发展（泰达）国际论坛
International Forum (TEDA) on Chinese Automotive Industry Development

年度主题
产业消费双升级　重构生态新格局

时间：2020年9月4日~6日

地点：天津滨海新区天津于家堡洲际酒店

　　第十六届中国汽车产业发展（泰达）国际论坛将于2020年9月在天津举办。在新的历史起点上，泰达汽车论坛将重塑品牌再攀高峰，以建设汽车行业独树一帜的**高端智库论坛**为核心定位，聚焦政策、标准领域的深度解读、研究进展、实施动向、实施效果评估与调整方向、企业应对措施与建议等研讨内容。本届论坛将围绕年度主题"产业消费双升级 重构生态新格局"凝聚行业共识，继续发挥论坛引领作用，推动汽车产业可持续高质量发展。

2019 泰达汽车论坛集萃

中国汽车产业发展（泰达）国际论坛组委会 编

机械工业出版社

本书为素有"汽车产业发展风向标"及"汽车行业达沃斯"美誉的中国汽车产业发展（泰达）国际论坛成果集萃。

2019 泰达汽车论坛以"全面深化改革开放，发展壮大新动能"为主题，针对行业最为关注的政策环境优化，市场开放融合，电动化、智能化引领产业变革，新能源汽车产业链的重构与融合，自动驾驶的进化之路等话题开展研讨。本书翔实记录了 2019 年泰达汽车论坛的 G9 论坛、泰达视点、高峰研讨、院士论坛、专题峰会、热点解析、焦点透视、专题对话、主题研讨、市场论道、头脑风暴、产业新锐说等会议部分嘉宾的精彩观点。

本书可帮助汽车行业人员了解自动驾驶、大数据、云计算、移动出行、双积分背景下传统汽车发展，以及商用车未来和节能减排技术等汽车行业发展的焦点问题，适合汽车及相关行业企事业单位、各级政府主管部门的管理人员、研究人员阅读参考。

图书在版编目（CIP）数据

2019 泰达汽车论坛集萃／中国汽车产业发展（泰达）国际论坛组委会编. —北京：机械工业出版社，2020.3
（泰达汽车论坛集萃）
ISBN 978-7-111-64864-2

Ⅰ.①2… Ⅱ.①中… Ⅲ.①汽车工业-文集 Ⅳ.①U46-53

中国版本图书馆 CIP 数据核字（2020）第 032944 号

机械工业出版社（北京市百万庄大街 22 号　邮政编码 100037）
策划编辑：赵海青　　　责任编辑：赵海青
责任校对：常筱筱　　　封面设计：马精琨
责任印制：张　博
北京铭成印刷有限公司印刷
2020 年 4 月第 1 版·第 1 次印刷
180mm×250mm·18.75 印张·5 插页·257 千字
标准书号：ISBN 978-7-111-64864-2
定价：99.00 元

电话服务　　　　　　　　网络服务
客服电话：010-88361066　　机 工 官 网：www.cmpbook.com
　　　　　010-88379833　　机 工 官 博：weibo.com/cmp1952
　　　　　010-68326294　　金 书 网：www.golden-book.com
封底无防伪标均为盗版　　　机工教育服务网：www.cmpedu.com

中国汽车产业发展（泰达）国际论坛组织机构

主办单位

中国汽车技术研究中心有限公司

中国汽车工程学会

中国汽车工业协会

中国汽车报社

特别支持单位

天津经济技术开发区管理委员会

协办单位

日本汽车工业协会

德国汽车工业协会

承办单位

中国汽车技术研究中心有限公司汽车技术情报研究所

《2019泰达汽车论坛集萃》编委会

主　编：程魁玉

副主编：傅连学　尤嘉勋

参　编：武守喜　左培文　张　宁　王文斌　李新波　王　静　李春玲
　　　　马文双　董晓岚　朱培培　李　博

前言 Preface

全面深化改革开放　发展壮大新动能

2019年8月30日~9月1日,以推动产业可持续高质量发展为己任的汽车行业顶级盛会——中国汽车产业发展(泰达)国际论坛在天津滨海新区成功召开。

本届论坛以"全面深化改革开放　发展壮大新动能"为年度主题,国家部委领导、国内外企业集团高层、权威专家学者、媒体记者等1200余位嘉宾齐聚天津,凝聚集体智慧,为实现汽车强国的发展大计贡献力量。

本届论坛参会各方共同研判行业大势,形成发展共识。我国汽车产业发展面临的内外部经济环境复杂,汽车市场形势不乐观。针对当前形势,汽车行业企业要坚持创新驱动,不断推动改革向纵深发展;要保持战略定力,坚持创新驱动发展战略,坚定不移推进供给侧结构性改革。同时,要更大力度地扩大开放,激发市场活力,只有开放才能充分激发市场活力,只有开放才能倒逼企业创新,只有开放才能聚集国内外资源。坚信深化"放管服"、优化营商环境的大背景下,我国汽车产业一定能够取得突破,实现由大到强的根本转变。

2019年是全面深化改革开放政策落地实施的关键之年,汽车产业作为国民经济的重要支柱产业,产业格局正在发生重大改变,呈现出多方竞合的态势。同时,在能源、智能和互联三大革命的驱动下,汽车产业也经历着前所未有的深刻变革,汽车工业现在面临的不是拐点,而是新的起点。

一、六大政府部门坚定产业发展信心,权威传递汽车产业政策动向

泰达汽车论坛一直是汽车产业政策的重要发布平台,本届泰达汽车论坛有来自国家发展和改革委员会、工业和信息化部、财政部、交通运输部、商

务部、国家市场监督管理总局等相关政府部门的领导，对汽车产业发展政策做权威解读。

国家发展和改革委员会对当前汽车产业发展面临形势指出今后四个工作要点：①稳中求进，优化产业布局和结构，使产能利用率保持在合理区间，促进汽车普及、升级和消费力；②夯实产业技术基础，提升核心竞争力，培育引进企业和企业联合体，集中优势力量，在新型动力电池、电控系统、芯片等关键零部件等方面尽快突破一批核心技术；③加快电动化、智能化发展，逐步提升新能源汽车对传统燃料汽车的市场优势，抓紧出台智能汽车发展战略；④推进高水平开放合作，组建产业联盟和联合体，通过股权投资、产能合作等多种方式，加强多领域合作，提升产业集中度和综合竞争力。国家市场监督管理总局提出未来将在市场准入环节，通过质量认证工作为企业转型升级提供助力。财政部强调，我国新能源汽车工作以纯电驱动为取向，坚持技术路线不动摇。燃料电池汽车目前尚不具备大规模推广的应用条件，应与纯电动汽车互补、共存发展。工业和信息化部透露了《新能源汽车产业发展规划编制（2021—2035）》思路，一是从降低资源消耗强度，改善生态环境等方面明确发展新能源汽车的战略导向，兼容多种技术路线的发展；二要加快政府职能转变，更好发挥市场机制作用，激发企业自主创新动力和市场活力的对策；三是进一步优化产业布局，完善基础设施，深化开放合作。交通运输部就当前新能源汽车发展存在的问题提出，新能源汽车推广应因地制宜开展推广应用，明确燃料电池汽车发展技术路线，完善落实动力电池的回收体系，充分考虑自动驾驶的发展趋势。商务部将会同有关部门共同研究制定推动汽车贸易高质量发展的专项政策，这将是首个针对重点产业贸易高质量发展的专项政策。

二、国内外汽车企业高层分享破局求变之路，产业链最强嘉宾阵容贡献最高质量智慧成果

本届论坛，国内各大汽车企业集团高层悉数到场。其中，针对当前中国汽车产业面临的发展形势，中国第一汽车集团有限公司、北京汽车集团有限公司、华晨汽车集团控股有限公司、长安汽车、广州汽车集团股份有限公司、

安徽江淮汽车集团控股有限公司等国内主流汽车企业集团领导分别从不同维度深刻研判产业发展趋势，并就企业创新求变的方法和途径、企业对外开放及走出去战略、企业加强与外部资源融合的方向和意义等议题深入研讨。

同时，本田技研工业（中国）投资有限公司等跨国企业集团的领导也分享了其在不同领域的发展成果、经验与未来规划。

另外，还有来自造车新势力、科技、零部件等领域的企业高层及国内外权威智库专家参会，嘉宾阵容空前。

三、全新策划十六场会议创历年新高，三场顶级论坛引领行业发展风向

本届论坛设立包括 G9 论坛、泰达视点、开幕大会、高峰研讨、院士论坛等十六场会议，会议规模创历年新高，汇聚政府、科研机构、国内外企业近 90 位演讲嘉宾，聚焦新能源汽车产业未来发展、汽车四化、开放融合、自动驾驶等行业热点及前瞻性话题展开高质量研讨。

1. 首创 G9 论坛，以国际化视野研讨新能源汽车产业未来发展

本届论坛首创 G9 论坛，来自中国、美国、日本、德国、英国、法国、意大利、韩国、瑞典 9 个国家的政府领导、行业专家、企业高层，以"开放合作　共赢——新能源汽车产业"为主题进行深度研讨，搭建汽车产业首个多国交流平台。

经近 30 位领导长达 4 小时思想碰撞，G9 论坛形成三项共识：第一，在相当长的时期内，传统内燃机汽车与新能源汽车是相互协同的发展关系；第二，在新能源汽车产业化过程中，将呈现以纯电动汽车为主兼容多种技术路线共存的发展态势；第三，应推动新能源汽车与能源、交通、通信等产业融合发展，构建和谐的生态环境。

同时，G9 论坛针对新能源汽车产业发展中的政策、基础设施建设等问题，提出推动顶层设计，注重政策设计的前瞻性、中立性和科学性，以及将充电基础设施建设放到更突出位置等七条应对建议。

2. 首设院士论坛，把脉科技前沿和产业趋势

本届论坛首设院士论坛，中国工程院院士杨裕生、衣宝廉出席本届论坛，

就提高车用燃料电池可靠性与耐久性、电动汽车与动力电池相关前沿技术进行研讨，为行业、企业洞察产业趋势做出指引。

3. 泰达视点，研判汽车四化趋势

2019 年，以电动化、智能化、网联化、共享化为导向的汽车四化加速推进，同时也使得行业、企业面临着新的机遇和挑战。在泰达视点环节中，中国汽车工业协会、中国汽车技术研究中心有限公司、中国汽车报社有限公司、中国汽车工程学会领导围绕"聚焦四化，共话未来"话题，深度解读汽车四化对汽车产业的影响，指出政策制定要突出科学性、前瞻性、合理性，技术创新是高质量发展的核心，零部件企业创新尤为重要等建议，为汽车产业应对汽车四化提供决策参考。我国已全面开展智能网联汽车标准法规体系建设工作，完全是自主创新，并得到了国际认可。

4. 十场分论坛，共议焦点话题

本届论坛不仅从大处着眼，关注方向性、战略性宏观发展议题，还从细处着手，通过热点解析、专题对话、市场论道等十场分论坛，聚焦自动驾驶、大数据、云计算、移动出行、双积分背景下传统燃油车发展以及商用车未来和节能减排技术等汽车行业发展的焦点问题。

承载着产业繁荣的梦想，泰达汽车论坛连续成功举办十五届，已经发展成为中国汽车行业规格最高、规模最大、影响力最广泛的高端品牌盛会。在中华人民共和国成立 70 周年之际，泰达汽车论坛传递出的政策动向、管理思想、实践真知将不断汇聚成推动中国建设汽车强国的不竭动力。

扬帆再起航，我国汽车产业正面临空前广阔的发展舞台，在我国由汽车大国迈向汽车强国的重要战略机遇期，泰达汽车论坛仍将继续发挥凝聚社会各界精英共商汽车产业发展大计、促进汽车产业发展的核心作用，与全行业携手，共同探索汽车产业的健康、高质量发展之路。

泰达汽车论坛组委会
2019 年 9 月

目 录 Contents

2019泰达汽车论坛集萃

前言　全面深化改革开放　发展壮大新动能

1　G9 论坛：开放　合作　共赢——新能源汽车产业 / 001

□ 开放　合作　共赢——新能源汽车产业 / 005
□ G9 论坛成果 / 037

2　泰达视点：聚焦四化　共话未来 / 039

□ 付炳锋："新四化"推动汽车产业加速转型 / 041
□ 吴志新：标准引领、创新驱动、服务支撑——共同迎接智能网联汽车产业发展新阶段的机遇与挑战 / 048
□ 辛宁：变革时代，汽车行业的未来趋势探讨 / 054

3　高峰研讨：谋新求变，开放融合 / 061

□ 张夕勇：破局调整期　开拓新未来 / 063
□ 阎秉哲：开放合作是汽车产业发展共赢的必由之路 / 066
□ 刘波：拥四新　谋质变　聚势能　共致远 / 069
□ 李少：坚持扩大开放，谋求合作共赢 / 074
□ 项兴初：前行五十五载　谋新求变　再出发 / 078

4 院士论坛：科技前沿与产业趋势 / 081

- 衣宝廉：提高车用燃料电池可靠性与耐久性 / 083
- 杨裕生：当前电动汽车及动力电池产业的发展 / 091

5 专题峰会：电动化、智能化引领汽车产业变革 / 101

- 李万里："百年未有之大变局"下对汽车产业的几点思考 / 103
- 王晓明：汽车产业格局重塑与创新趋势 / 110
- 黄希鸣：坚持自主创新，迎接新能源汽车产业的机遇和挑战 / 115
- 茅海燕：软件定义下的汽车变革 / 118
- 陶吉：从测试到运营，无人驾驶的发展之路 / 122

6 热点解析：新能源汽车产业链的重构与融合 / 129

- 马仿列：新能源汽车换电技术及其商业模式应用与创新 / 131
- Patrick Mueller：重组与整合华晨宝马新能源汽车产业链 / 135
- 赵卫军：动力电池产业可持续发展与技术创新 / 138
- 李建忠：动力锂电正极材料现状及发展趋势 / 142

7 焦点透视：燃料电池汽车研发与产业化提速 / 147

- 章桐：中国燃料电池汽车产业化之路 / 149
- 卢兵兵：上汽集团燃料电池汽车产业化之路 / 155
- 林琦：新动能——车用燃料电池技术商业化应用探索 / 158
- 潘牧：商业化过程中的障碍 / 163
- 李汉斌：车用燃料电池产品开发 / 167

8 专题对话：自动驾驶的进化之路 /171

- 何举刚：自动驾驶发展趋势、挑战及长安汽车创新实践 /173
- 郭继舜：面向量产的自动驾驶系统思考 /177
- 蔡旌：打造安全与互联的自动驾驶 /182

9 主题研讨：预见未来——大数据、云计算、人工智能 /185

- 徐辉：汽车信息安全的挑战与机会 /187
- 张永刚：智能网联汽车发展趋势分析 /190
- 张玉峰：AI 边缘计算助力智能驾驶 /195
- 田锋：5G 时代——中国智能汽车的发展策略 /199

10 市场论道：扩大开放背景下的乘用车市场开拓与求索 /203

- 王青：深耕国内市场是提升国际竞争力的基础 /205
- 陈昊：知常明变者赢，守正创新者进——车市新形态下的思考与对策 /209
- 傅连学：乘用车市场分车型销量预测方法研究 /213
- 郑状："新四化"——中国汽车品牌向上的突破 /217

11 市场论道：解析市场现状，探索商用车未来 /221

- 马增荣：物流市场与用车趋势 /223
- 戴章煜：打造下一代出行方案 /228
- 刘云霞：质量升级——汽车行业高质量发展的新动能 /231

12 头脑风暴：双积分背景下的传统汽车何去何从 /237

- 主持人及嘉宾简介 /239
- 双积分背景下的传统汽车何去何从 /243

13 头脑风暴：移动出行的春天在哪里 / 253

- 主持人及嘉宾简介 / 255
- 移动出行的春天在哪里 / 258

14 产业新锐说：创新孕育新动能 / 267

- 刘奇：助力车险科技变革 / 269
- 周淳：创新驱动未来 / 272
- 王哲：新能源变革中的"无线"机会 / 276
- 兰志波：让电动出租车跑起来 / 278

15 主题研讨：节能减排与汽车技术升级潜力 / 281

- 姚春德：甲醇柴油二元燃料实现高效清洁压燃燃烧 / 283

1
G9论坛：开放　合作　共赢
——新能源汽车产业

开放　合作　共赢——新能源汽车产业 / 005
G9论坛成果 / 037

世界主要汽车工业国家在节能减排领域的政策法规要求日趋严格，均将新能源汽车作为汽车产业发展的重点之一，并加强顶层设计，采取一系列措施，推动新能源汽车产业的快速发展。由政策驱动向市场驱动转变是新能源汽车产业发展的必经阶段，新技术、新模式等正在不断加快新能源汽车产业的创新步伐。新能源汽车产业涉及政策法规制修订、能源结构调整、基础设施完善、企业战略转型、产业链拓展等众多方面，开放合作、协同发展是推动新能源汽车产业走向成熟的关键。

为促进全球新能源汽车产业合作与发展，G9论坛搭建中国、美国、日本、韩国、德国、法国、意大利、英国、瑞典9个的国家汽车产业多边交流平台，邀请上述国家的政府领导、行业专家、企业高层，围绕如何把握新能源汽车产业发展趋势，更有效地迎接机遇与挑战展开研讨。

演讲人：
中　国

　　　　原机械工业部部长　何光远

　　　　中国机械工业联合会执行副会长　陈斌

　　　　华晨汽车集团控股有限公司党委书记、董事长　阎秉哲

　　　　长安汽车副总裁　刘波

　　　　广州汽车集团股份有限公司副总经理　李少

　　　　安徽江淮汽车集团控股有限公司党委副书记、安徽江淮汽车集团股份有限公司总经理　项兴初

　　　　比亚迪股份有限公司高级副总裁　廉玉波

　　　　南京博郡新能源汽车有限公司董事长、首席执行官　黄希鸣

美　国

　　　　福特汽车公司集团副总裁、福特汽车（中国）有限公司总裁兼首席执行官　陈安宁

日　本

　　　　日本经济产业省制造产业局汽车课通商政策企画官　潮崎雄治

　　　　日本汽车工业协会国际委员会中国部会长　村冈直人

　　　　日产（中国）投资有限公司总经理　西林　隆

德　国

德国驻华大使馆参赞　Stefan Bernhart

德国汽车工业协会中国办公室总经理　慕容特

英　国

英国车辆认证局（VCA）法规和技术总经理　Derek Lawlor

捷豹路虎（中国）投资有限公司政府事务及联席办公室执行副总裁　李洁

意大利

菲亚特克莱斯勒亚太区对外关系、政策与政府事务部副总裁　关国忠

韩　国

现代汽车（中国）经营研究所所长　金哲默

瑞　典

沃尔沃汽车集团全球高级副总裁、沃尔沃汽车亚太区总裁兼首席执行官　袁小林

开放　合作　共赢——新能源汽车产业

主持人： 今天，2019 泰达汽车论坛正式开始。根据形势发展的需要，今年首次举办 G9 论坛，针对产业热点话题，邀请各位行业专家、领导、企业高层沟通思想。本次 G9 论坛以"开放　合作　共赢——新能源汽车产业"为主题，邀请到中国、美国、日本、德国、英国、法国、意大利、韩国、瑞典 9 个国家的行业和企业代表，就热点话题展开研讨。

近年来，石油资源短缺、汽车尾气污染严重等问题逐渐成为汽车工业发展的困扰，一些国家纷纷提出燃油汽车禁售声明，比如荷兰、挪威、印度、德国、英国、法国等国家。在 2017 年泰达论坛上，工业和信息化部（简称工信部）辛国斌副部长首次提出中国将启动禁售燃油车时间表的研究。最近，工信部公开发布了对《关于研究制定禁售燃油车时间表加快建设汽车强国的建议》的批复，表示中国"将因地制宜、分类施策，支持有条件的地方和领域开展城市公交出租现行替代、设立燃油汽车禁行区等试点，在取得成功的基础上，统筹研究制定燃油汽车退出时间表。"

在此背景下，不少国家纷纷发布了推动新能源汽车发展的政策法规，如中国新能源汽车购置补贴、美国加州的零排放汽车政策、欧洲的二氧化碳排放限制目标等。未来，政府不可能长期对新能源汽车进行扶持，车型动力系统技术路线的选择应该交由市场端的用户们来决定,未来,在市场需求的导向下,新能源汽车能否与传统燃油车形成竞争关系?二者发展前景如何?

今天圆桌会议研讨的第一个内容:新能源汽车与传统燃油车发展的关系是此消彼长还是共荣共生?请各位嘉宾发表见解。

会议的第二个内容是中国对新能源汽车的定义采用了新型动力系统,完全或者部分依靠新型动力驱动汽车,主要是指纯电动汽车、插电式混合动力汽车,以及燃料电池汽车。纯电动汽车技术难度相对小,在中国,纯电动汽车占据了新能源汽车70%的市场份额,但受到充电设施以及动力电池的成本限制。插电式混合动力汽车可以充电,也可以加油,受充电桩影响比较小,但是本身节能效能有限,值得商榷。燃料电池汽车具有零污染、续驶里程长等优势,但也有电堆技术难度高、成本高、受加氢站建设的制约等缺点,那么未来的新能源汽车主流产品到底是纯电动汽车、插电式混合动力汽车、氢燃料汽车或者是增程式电动汽车呢?这是今天下午圆桌会议的两个主要议题,供大家讨论。

下面请中国机械工业联合会执行副会长陈斌会长发言。

陈斌:今天的话题是新能源汽车与传统燃油车发展的关系是此消彼长还是共荣共生。我认为,这个话题应该从动态来看。在不同的时期,各种可能性都存在。此消彼不一定长。大家知道,2019年7月,传统燃油车销量在下降,新能源汽车销量同样也在下降。前几年,新能源汽车的销量增速远远高于传统燃油车,共生但不一定共荣。新能源汽车的典型代表是电动汽车,我国发展电动汽车大约起步于18年前的2001年,科技部正式实施电动汽车重大专项。实际上,在此之前的1997年,当时科技部的领导邓南同志也提出了发展电动汽车的建议。从2001年开始,经过9年的时间,我国对电动汽车特别是关键核心技术,包括电池、电机、电控技术,通过产学研结合开展了从基础到技术方面的研究和开发,取得了可喜的成绩。

从2010年开始,也是用了大约9年的时间进行电动汽车的推广应用,启动了一系列的基础设施建设，特别是加大了对电动汽车的财税鼓励。到2018年，新能源汽车产销量分别完成了127万辆和125.6万辆，其中，纯电动汽车产销量分别完成了98.6万辆和98.4万辆，插电式混合动力汽车产销量分别完成了28.3万辆和27.1万辆，燃料电池汽车生产了1527辆。对于电动汽车取得的成绩，应该说上上下下都是欢欣鼓舞，各种相关研讨会、论坛也是大量增加。

值得注意的是，2019年传统燃油车产销量大幅度下滑，下滑的幅度超过了预期，这是由于多种因素叠加造成的，不是因为新能源汽车产销量增长而导致传统燃油车产销量下滑的，这两者没有替代作用，而且新能源汽车的产销量也呈现下滑。除了市场需求的波动外，还有一个很重要的原因，我认为就是新能源汽车，也就是电动汽车还没有具备普及的条件。

我一直认为，电动汽车真正普及的条件只有两个：一是其车价和使用成本总体上不高于传统燃油车；二是使用的便利性与传统燃油车相比没有增加任何的负担和不便。真正做到了这两条，电动汽车将会得到大范围的推广应用，也有可能逐步取代传统燃油车。当然，这两条的前提，也就是最重要的条件，取决于电动汽车具备的性能和质量。

传统燃油车是汽车产业的基础，也是发展新能源汽车、发展四化汽车的基础。我国汽车产业经过60多年才有了近三千万辆的市场和四千万辆的产能，传统燃油车不是短期内能够被新能源汽车所取代的，应该拿出更多的时间和精力关注传统燃油车的发展，关注当前汽车销量大幅下滑的原因和应对措施。新能源汽车、"四化"汽车更多要靠工程技术人员在研发上努力。在2017年召开的泰达汽车论坛上我说过，如果传统燃油车做不好，新能源汽车也照样做不好，因为传统燃油车和新能源汽车应该是在相当长的一段时间内相辅相成、相互促进、互为补充的，真正做到这一点，替代是水到渠成的事。

我们不能为发展新能源汽车而发展新能源汽车，而是因为发展新能源汽车有其现实意义和实际需求。人们绝大部分的时间都是在自己生活的城市、乡镇之间活动，现实的活动距离需求基本在 100 公里左右，特大型城市的人们活动距离稍远一点，交通需求主要以短途交通、城市服务、居民消费等为主。新能源微型汽车恰恰是最能满足这一需求的车型，只要定位恰当，新能源微型汽车完全可以做到售价低、体积小、驾驶方便、操纵性好、质量稳定，完全可以满足城乡居民大众化、个性化消费的需要，同时也可以取代部分传统燃油车。发展新能源微型汽车，也应该成为当前新能源汽车发展的重要组成部分。

主持人： 陈会长开了好头，下面请闫董事长发言。

闫秉哲： 新能源汽车与传统燃油车发展的状况，我觉得受两大因素的影响：第一是受技术等因素的影响，在不同时期、不同技术成熟阶段会有不同的状况；第二是受国家产业政策方面的影响，国家政策的调整会影响企业战略的制定，进而影响究竟走哪条汽车技术路线的决策。

我认为新能源汽车现在还处在政策引导的阶段，我们也期待着国家在新能源汽车方面的政策能够更精准、更长远，同时也更稳定。还有就是国家部委之间以及各个地方政府之间出台的政策要相互衔接、一脉相承，这样才能有利于新能源汽车的研发、制造和市场培育。

第一方面，目前有的地方还在不同程度地采取各种各样的非市场化的保护措施，比如一部分城市设置了地方目录，导致消费者不能自由选择车型，也抑制了市场竞争的活力。另外，对于新能源汽车电池的尺寸以及电池的更换标准、充电桩的标准这些市场化的标准，国家应该尽早统一起来。

第二方面，从技术层面讲，现在国内新能源汽车的产品在市场可供选择的车型不是很多，真正意义上的纯电驱动平台还是比较少。已有的平台大多是采用油改电的方式，并且还没有完全掌握其中的核心部件以及关键技术。在先进的技术研发、产品的一致性保障，还有国际化合作方面，我们和跨国企业相比还存在着不小的差距。现在，在新能源汽车及自动驾驶等方面，全球汽车排名前几位的"巨无霸"也在进行联盟与合作，相比而言，国内车企大多还是各自为战的。新能源汽车领域的共性研发技术平台还没有真正形成，企业还是处于分散的发展状态，这也导致了资金重复投入、投入效益不高、周期过长等问题，进而造成我国新能源汽车与国际先进水平差距有不断拉大的趋势。从技术层面讲，企业间的技术联盟和技术平台显得日益重要，我们期待，在政府部门的支持下，在协会的推动下以及各个车企之间的协作下，能够发挥平台和联盟的作用，推动新能源汽车不断走向成熟。

主持人： 刚才闫董事长从关注政府和关注企业合作方面提了很好的建议。接下来有请福特汽车公司的副总裁陈安宁先生发言。

陈安宁： 在此分享一下我们福特汽车公司的一些想法。福特汽车是一个具有一百多年历史的企业，是传统燃油车企。福特在内燃机相关技术上，几乎是全系列的，在全球的投入非常巨大。这些年也把全球投入比较大的、不断更新的动力总成技术都引进到中国来了。从技术储备和商用化角度来说，不管是什么形式的新能源汽车的发展，我们是具备参与中国市场的能力的。但是在这个过程中，不管是过去几年还是现在，都存在一些认识上的差距和误区，也有一些经验和教训，我在此分享一下供大家参考。

在电动汽车方面，福特在全球有巨大的投入，开发了电动汽车技术平台，这是针对全球市场开发的，但是从最新的发展来看，目前福特开发的平台在性能、能力、产品上对于北美和欧洲的市场更合适。实际上，我们还与大众合作结成电动汽车合作联盟。电动汽车发展是大趋势。福特对此的基本认识是电动化或电动汽车将与多种动力形式共存，而且需要共存相当长的时间。

这样的认识背景和我们对中国市场的认知以及政策的透明性、导向性都有一定的关系，对此，福特也有自己的经验和教训。比如说插电式混合动力汽车，从新能源汽车的定义来说，纯电动和插电式混合动力汽车都是新能源汽车。我认为，从中国的政策角度来说，应该对二者一视同仁。作为一个国际公司，福特也是非常坚信中国政府和一些权威机构的预测，认为插电式混合动力汽车的市场份额很快会达到15%，福特也在中国市场进行了大量投入以发展插电式混合动力汽车技术，但实际上两年以来的发展情况来看，插电式混合动力汽车的发展远远低于预期。可能福特自己在技术路线执行当中有一些误差，但是中国对于插电式混合动力汽车技术的政策导向性、透明性和一致性还是有很大的空间值得探讨。对于插电式混合动力汽车，现在地方政策的导向非常明确，北京的插电式混合动力汽车很少，上海和其他一些城市比较多，插电式混合动力汽车份额仍然是非常小的。插电式混合动力汽车也是电动汽车的技术，如果像支持电动汽车一样支持插电式混合动力汽车，其市场份额的提升就很大了。从经验或教训的角度来说，我认为，从大部分传统燃油车企技术成熟度的角度来说，插电式混合动力汽车产品应该是客户愿意接受的，传统燃油车企也能够以此先行一步，甚至插电式混合动力汽车市场的预测是比较有前景的，但实际上现状不是这样。为此，我建议在这方面的政策导向性、透明性和一致性还是要加强。虽说插电式混合动力汽车和纯电动汽车一样，企业投入了巨大的资金，实际却很难做下去。

在双积分方面，福特对双积分的态度是极度认真的。作为一家美国上市公司，市场和法规在各个方面对福特的要求都远远高于中国政府的要求，所以福特非常认真地遵循中国政府发布的一系列政策和导向，并严格执行。双积分政策实施两年以来的情况和当时的导向或预期还是有很大偏差的，我们非常支持双积分政策，但是希望该政策的执行和实施过程中能加强透明性、一致性，否则企业可能对政策的信誉度打问号。对于进一步推进和优化新能源汽车业务和市场来讲，双积分仍具有巨大的发展空间。

当然，企业自身也有很多要做的。总体来说，不管是纯电动汽车业务还是混合动力汽车业务，都要立足于市场，立足于客户，立足于给市场、客户以及产业带来真正的价值和口碑。企业要非常敬畏客户，从开始就要给客户留下最好的可信度，才能带来长久发展的可能性。从产业政策的导向性来说，不管是什么样的技术路线，包括氢能源，都要从市场、客户、产业的角度来考虑，设置的准入门槛不能太低。

关于新能源汽车与传统燃油车是此消彼长还是共荣共生的问题,我认为,传统燃油车还是很有价值的,但是新能源汽车的大幅度增长也是不可否认的。至于哪种形式更有优势,我认为各个企业都有自己的优势,政策起到了很大的推动作用,如果没有政策的推动,纯电动汽车不可能发展得那么快,这个问题要结合客户取向和政策导向共同确定,但是我仍希望政策有一定的透明性和稳定性。

主持人: 陈总除了认为应把技术路线交给市场来选择以外,也对政府的政策给予了很大的期待,这也是我们需要关注的。下面有请长安汽车执行副总裁刘波发言。

刘波: 我的观点是在未来相当长一段时间内,新能源汽车和传统燃油车肯定是共生的。这也是基于长安汽车的一个判断,2017年长安汽车发布香格里拉计划,就是要从节能汽车和新能源汽车两个方面同时发力。我所理解的传统燃油车,实际上指的是节能汽车,是包含混合动力汽车的。我认为在节能汽车方面,未来还有很大的发展空间,从发动机本身的高效化、能量回收的电动化这两条路径上都还有很大的空间。现在传统汽油机的热效率普遍为37%左右。长安汽车最新推出的发动机采用了大量的新技术,热效率可以达到38%以上。同时,长安汽车正在开发的发动机的热效率达到40%。如果再加上一些新技术,传统汽油机的热效率从产业化角度达到45%是有可能的。如果45%热效率加上混合动力技术,实际的百公里油耗也就是在3.2L左右,基本满足国家对于油耗到2030年的要求,从这个角度上,我认为进一步在节能汽车上做工作非常有必要,而且非常有生命力。

对于新能源汽车来说,我认为核心问题是大幅度降低电机及电池的成本。实际上,新能源汽车的成本问题解决了,竞争力肯定也是非常强的。长安汽车做了一下测算,按照国家双积分政策的要求,到2025年,长安新能源汽车的占比必须达到45%才能满足要求,到2030年新能源汽车的占比必须达到40%才能满足。新能源汽车是必须要发展的。但是归根结底,作为主机厂,无论是生产新能源汽车还是节能汽车,实际上都要注重三个方面的要求，一是法规要求，二是市场要求，三是企业必须要有经济效益的要求，企业通过生产的产品获得经济效益才能生存下去。我认为相当长一段时间新能源汽车和节能汽车都是长期并存的，而且还是共生共荣的。

第二个问题，我认为燃料电池对于商用车是非常适合的，但是对于乘用车来说，未来可能的市场集中于纯电动汽车（EV）和插电式混合动力汽车（PHEV），我认为这是两种特点非常鲜明的产品，各有自己的优势、各有用户需求，我认为是不能相互替代的。就像五年前大家研讨的问题，不同类型的自动变速器到底谁替代谁，最后是统一到哪一个技术路线上。经过这么多年，随着技术的进步，每条技术路线的各个方面都在进步，我认为EV、PHEV是共存的。

从挑战这个角度来看，我认为PHEV和EV都面临着成本的挑战，而EV可能还面临其他挑战，包括安全问题、充电时间长问题，相对于PHEV来讲，技术难度更大。我认为，无论是PHEV还是EV，作为企业都要全力以赴把技术做好，满足客户的需求。

主持人：刘总代表长安汽车贡献了他们在电动汽车上的一些经验，其中提到驱动产业发展的市场、法规和企业效益。应该说，从电动汽车发展路径来看，各方面协调发力确实是推动EV、PHEV和氢能源汽车发展的动力。

前面几位发言的都是企业家，也给政府提出了一些建议和意见。在今年的论坛上，我们请到了日本经济产业省汽车课通商企画官潮崎雄治先生，请他发表观点。

潮崎雄治：今天我介绍一下日本发展电动汽车的一些政策。

为了减排，日本已经设定了2050年的长期目标，就是每辆车减少80%的温室气体排放，这些车是指由日本制造商生产的车，对于乘用车，温室气体排放要减少90%，这是与2010年相比的。如果说这些目标能够超标实现，乘用车的电动化率有可能实现百分之百。

我们需要用统一的行动来实现全球能源供应零排放的大目标。日本设定了2030年电动汽车的推广目标，纯电动汽车和插电式混合动力汽车在日本的销售量占比在2030年达到20%~30%，下一代的车辆（除纯电动汽车和插电式混合动力汽车之外，还包括氢燃料电池汽车、混合动力车和清洁柴油车）占比将会达到50%~70%。可以说，这是一个重要的里程碑，有助于我们实现2050年长远的大目标。

2018年，纯电动汽车和插电式混合动力汽车在日本市场的销量仅占到1%，因此可见，政策的支持是多么必要。即使2030年的推广目标得以实现，传统燃油车辆的销售占比仍然会占到30%~50%。

下面我想讲一下从油井到车轮的概念，以此评估整体的汽车二氧化碳排放量。比如，要考虑到汽油炼制过程以及发电的碳排放。每个国家在发电阶段对于化石燃料的依赖性各不相同。新兴国家对化石燃料的依赖性还比较高，而电动汽车的潜力还没有完全发挥出来，除非能够和零排放概念结合起来。对于实现零排放，如果从油井到车轮的整体零排放来看，这应该是一个终极的目标，是全世界都在追求的目标，当然也是日本追求的目标。日本把油井到车轮的整体零排放概念应用到了燃油效率标准当中，并且制定了2030年燃油效率标准，通过这样的标准来指导我们的发展，进一步促进炼油的效率和交通的效率，从而提高发电的效率。EV和PHEV将会受到2030年新标准的监管，这就使得我们能够更好地去对比汽油车和其他燃料车的燃油效率以及和新型汽车之间的差别，还应该重点考虑如何结合不同企业的优势和战略实现这样的目标，因此，传统燃油车燃油效率必须得到进一步提升，这样才能在未来更接近于零排放目标。

全社会应该共同努力，采取相应的行动来推广新能源汽车，比如说建立一个协会组织，让很多车企加入进来一起发挥力量。相信电动汽车的概念，能够帮助我们更好地研发电池，更好地使用可再生能源，更好地使用一些虚拟电动汽车厂，即VPP（Virtual Power Plant）的概念。这样将促使整个能源系统可持续发展，而且应该倡导二次利用能源系统当中的电池，电池生命周期的成本应该进一步减少。可再生能源在能源系统当中应该得到更多的使用，并增加使用可再生能源的弹性、灵活性。应该采取相应的措施支持和推广使用更多的 EV 和 FCV，支持建立更多电动汽车的充电设施，并创建委员会机制进一步推广普及电动汽车。

主持人：来自日本政府的企画官提到了日本推动电动汽车和燃油汽车发展的政策是很有推动力的，同时也提出来通过协会或者学会组织联合企业进行技术攻关，实现 2030 年、2050 年计划。接下来请来自日本汽车工业协会中国部会的村冈直人部会长，介绍协会在这方面是怎么做的。

村冈直人：我非常高兴代表日本汽车工业协会来到泰达汽车论坛，今天我主要讲一讲日本汽车工业协会的主要工作。

首先，我想说日本的汽车制造商做了很多的工作，生产了高质量的汽车，并且为中国政府的政策目标达成发挥了努力。因为中国现在在治理环境，我们也希望在这个过程当中发挥一些作用。现在需要更多地注重发展新能源汽车，更多地考虑燃油经济性，而且在实现这一过程当中要有更灵活的战略，因此必须考虑节能环保，EV、PHEV、FCV 技术对于新能源汽车的发展是最重要的，日本在这方面表现得非常积极。我们通过技术研发来提供高质量的产品，希望能够满足中国消费者不同的需求，帮助中国实现节能减排。在这方面，日本一直做得非常努力，我们希望能够更好地针对燃油效率比较高的传统燃油车型进行改造，相信传统燃油车型的能效提高之后，能够更好地满足当前的排放标准，这也是具有挑战性的。

在减少排放的同时，还要提高车辆的设计水平，因此技术研发非常重要。在这方面，日本车企付出了很多的努力，而且日本汽车工业协会近年来也和中国政府进行了进一步合作，我们知道应该不断地了解中国法律、法规的变化，我们会采取非常恰当的措施，始终保持能够生产高质量的产品、高能效的汽车，能够满足消费者需求。

下面，我想讲一下我们面临的一些机会，也就是《外商投资法》带来的一些机会，特别是对于日本制造商意味着什么。这个政策 2020 年 1 月就会生效，车企对此都是比较重视的。近年来，中国政府一直在放宽对外资的管制，日本汽车工业协会欢迎这样的政策，我们非常相信这有助于加强国际合作，有利于中国进一步开放。

主持人：我们再回到国内企业，下面有请来自广汽集团的李少副总裁发言。

李少：广汽集团对新能源汽车的发展是高度重视的，我们在制订广汽集团"十二五"规划的时候，基于当时对中国实际情况和广汽集团基本现状的判断，对于发展新能源汽车，我们采取了"跟上、不掉队"的策略，这个做法发展到现在"十三五"的后期，应该讲是初见成效。2019 年 1~7 月，广汽的新能源汽车销量超过 22000 辆，同比增长率已经超过 140%，特别是自主品牌 Aion S 上市三个月的单月销量超过 3400 辆，取得了很好的成效。

随着"三电"技术快速发展，以及政府在政策上的大力扶持，我国电动汽车的发展取得了显著的成效，但是新能源汽车在安全性、便利性、经济性、环保性方面，依旧面临很多的难题。目前，传统内燃机的效率和环保水平已经达到了相当高的程度，刚才陈会长说还是要继续大力发展内燃机技术，我们认为这个判断是非常正确的。长安的刘总也说到，内燃机的效率现在已经达到 40% 了，再努力一下有可能接近 45%，传统燃油车在各个方面跟电动汽车相比，还是有很大的应用空间，以及非常明显的竞争优势，所以我们认为，传统燃油车与新能源汽车应该要协同发展，两者之间未来仍将长期竞争、合作、互补、共存发展，不能简单地判断是此消彼长或者是共荣共生，更不应该轻易采取行政的手段禁止传统燃油车的发展。

我们认为两者之间在不同的阶段将会呈现出不同的特点，从短期来看，比如说 2023 年之前可能主要是政策驱动，传统燃油车的发展更多的是受行业整体的影响，预计一段时间将会维持缓慢的发展态势，而新能源汽车由于体量比较小，受政策影响很大，特别是在使用环节受政策影响很大，可能会出现快速增长的态势。

从中期来看，比如说到 2030 年之前，在汽车产业的发展中，可能是政策与需求的作用会共存，共同发力。一方面传统燃油车面对越来越严格的节能、环保法规，其合规成本将会进一步提高，另一方面由于新能源汽车的零部件技术快速进步，生产成本下降，充电设施进一步完善和便利化，安全性日益提高，使用成本优势更加明显，与传统燃油车将会展开正面的竞争，对消费者还是有相当的吸引力。

从长远来看，比如说2030年以后，新能源汽车将会逐步进入到以市场为主要驱动的发展阶段，我国汽车销量将逐步进入基本饱和的状态，燃油汽车节能技术到那个时候可能也会进入一个瓶颈阶段，新能源汽车的市场竞争力可能会持续提升，乃至达到甚至超过传统燃油车同等水平，可以跟传统燃油车进行直接的竞争，那个时候汽车产品的智能化水平日益提高，将会进一步扩大新能源汽车的竞争优势，汽车产业结构将会发生较大的调整变化，新能源汽车将变成主流的趋势。至于说新能源汽车是纯电动汽车好还是燃料电池汽车更好，我们认为并没有绝对的结论。燃料电池汽车起步比较晚，但是它的先天性优势是非常明显的，从环保、资源方面都具有纯电动汽车没有办法相比的优势，所以我认为现阶段还是应该花大力气在技术上面取得突破，在成本上面取得突破，最终的选择权还是交给消费者。当然，作为生产企业，一定要在成本、安全、环保方面做更大的努力。

主持人： 我们在讨论限油令期间听到很多观点和说法，但是第一次听到李总明确提出来不应该限油。我听到大多数人还是说由市场来选择，李总的态度是鲜明的。下面请江淮汽车的项总发言。

项兴初： 我代表江淮汽车说三点看法。

第一，从长期来看，我们认为新能源汽车应该是会逐渐成为主导的力量，在相当长的一个时间段内，新能源汽车和燃油车将会并行。在此期间，尤其是在一部分细分市场，在部分的客户应用场景，比如说公交车、出租车、短途的巡逻车、网约车以及部分私人用户市场，像这样一些特定的场景当中，新能源汽车成为绝对的主导，是完全可以实现的。

另外，有一些特大型城市的节能减排压力特别大，它本身对于新增的汽车需求也是有比较严格的限制。在新增的汽车需求当中，新能源汽车应该可以成为主导。还有就是从长期来讲，特别是随着新能源动力电池技术的革命性突破（包括电池的梯次利用），动力电池的一次购买成本和回收再利用的价值使得消费者的首次购车成本在现有的基础上还有很大的下降空间。同时，燃油车在节能减排法规进一步加严、使用成本进一步提高的基础上，会迎来一个拐点。

我们认为，新能源汽车整个产业链的创新是非常关键的，比如换电模式，比如在后期的梯次利用中如何打通产业链。

第二点，关于技术路线，这里提到了纯电动、插电式混合动力和燃料电池，在500km以内的路程，纯电驱动车是完全可以满足需求的，500km以上的使用需求更多的可能是靠燃料电池车来满足，特别是对于商用车，燃料电池车会有更好的使用环境及其配套的成本优势。

第三点，利用这个机会提三点建议。① 加快完善新能源汽车使用环境的便利性，通过一些条件和手段上的完善，包括一些非市场化手段的运用，进一步推动新能源汽车在市场使用中的便利性，比如充电桩还存在非常大的短板。② 完善双积分制度，真正发挥出双积分制度在调节节能减排方面的关键作用，从过去几年的情况来看，它有一定的作用，但是比较有限。③ 新能源汽车产业的发展要进一步强化安全发展，无论是产业界还是政府的政策，都要考虑如何遵循成熟的规律，尊重产业发展本身的规律，以鼓励、支持新能源汽车产业更加健康、安全的发展。

主持人： 项总，我想跟您讨论一个小问题，除了您的三点建议之外，您刚才提到从政府、技术，还有成本等方面会迎来新能源汽车和传统燃油车发展的拐点，这个拐点大概在什么时候？请你从企业家的角度判断这个时间，是五年还是十年？

项兴初： 十年前电芯的成本是 5 元/$W·h$，现在降到 $0.8 \sim 1$ 元/$W·h$，随着后期电池回收利用技术的发展，其成本还有进一步下降的空间。我认为在八到十年左右的时间，应该有这样一个拐点。当然，动力电池技术本身的成熟、可靠，也要作为一个前提。

主持人：谢谢项总给出了他的判断，相信各位企业家和行业界的人都有自己的判断。两位中国的企业家发表完观点以后，接下来请境外的企业家发言，先有请日产中国的投资总经理西林 隆先生发言。

西林　隆：我首先向大家简单介绍一下日产汽车在中国的发展历程。日产汽车在中国的合作伙伴是东风汽车集团。2003年，我们与东风汽车集团合作建立了合资公司东风汽车有限公司，2018年日产汽车在中国市场销量达到了156万辆。我们的合资公司为日产汽车的全球表现和发展做出了巨大的贡献。

随着汽车技术不断地发展和进步，日产企业提出了"日产智行"的理念，电动化正是"日产智行"的核心战略之一。日产汽车致力于成为全球电动化发展的重要参与者和领先者。如大家所知，日产汽车在2010年提出了全球第一款量产的纯电动汽车——日产聆风，截至目前已经在全球销售了42万辆，并且所销售的电动汽车中没有发生过电池安全事故。我们一直将关注点放在安全问题上，在研发过程中也致力于解决安全问题。此外，日产汽车还研发了e-POWER智充电动技术，从传统内燃机汽车转型到纯电动汽车，它是很好的解决方案。该技术的特点是以电能驱动车辆行驶，却不需要充电设施为车辆充电。这种车型2016年首次在日本市场推出，截至目前已经销售了30多万辆，获得了很多的市场关注。它已经成为2018年日本市场最畅销的车型，同时我们也计划把这种技术引入中国市场。

EV和e-POWER智充电动技术都是日产汽车电动化战略的体现，我们希望它能为中国新能源汽车产业的发展做出贡献。未来，我们还将会引入更多的电动化车型以及搭载VC-TURBO可变压缩比发动机的车型，实现中国汽车市场能源多元化的解决方案，满足中国消费者多方面的需求。

最后，关于自动驾驶技术，日产汽车已经推出了智能驾驶辅助系统——ProPILOT智控领航系统。2016年该技术已经投放到日本、欧洲和美国市场，得到了消费者很高的评价。在中国，搭载ProPILOT智控领航系统的第七代天籁Altima已经上市。同时我们也在计划当政策和市场环境成熟的时候逐步发展高级别的智能网联产品。在通往电动化的发展过程中，我们会与合资公司进行合作，扩大在中国的业务，在相互理解和共赢的模式和原则下，为中国社会的节能减排做出贡献。

主持人：谢谢西林 隆先生。我提一个问题，刚才你提到了你们在日本销量达30万辆的电动汽车，但是不用充电，那请你再说一下这种车是什么样的车？

西林 隆：其实，我们称其为纯电驱动模式，我们用发动机为电池充电，燃料使用的是汽油，不需要使用外接充电设施为电池充电，而是由发动机给电池充电进行驱动，我们称其为 e-POWER 智充电动技术。

主持人：我听到你说还要把这个产品引到中国来。

西林 隆：我们当然想引入中国，我们会通过合资企业引入该产品。

主持人：下面有请菲亚特克莱斯勒集团（简称菲克集团）亚太区对外关系事务的总裁关国忠先生发言。

关国忠：我们认为新能源汽车与传统燃油车之间的关系受制于两大因素，一个是政策环境，一个是市场环境。作为企业代表，我就从企业的角度来讲讲我的看法。企业最应该做的事情是因地制宜，我结合世界各地不同的情况，介绍一下菲克集团在全球各个区域不同的思考和做法。

在欧盟，相比于2018年，欧盟的碳排放标准在今后几年将大幅度加严，2021年碳排放95g/km，相比于2018年的碳排放水平要降低25%左右。在欧洲，由于燃料价格比较高和可支配收入的压力，消费者需要降低购车和用车成本，所以在欧洲市场菲克集团2022年的目标是40%的车辆是传统能源汽车，40%是中度混合动力汽车，20%是新能源汽车。

同时，欧洲地区还需要亟待解决充电设施不足的问题。作为一家造车企业，菲克集团与能源领域的领军企业合作，在欧洲17个国家布局电动出行方案的协议，仅仅在意大利，未来三年菲克集团将建造700个充电站。

在美国，目前的碳排放要求将逐年加严4%~5%，预计将在2022年重新修订法规，届时将确定2025年的目标。美国的燃料价格比较低，人们对皮卡（Pick up，指轻型载货汽车）和 SUV 的需求比较大，通勤时间长，用户在家里安装充电桩比较方便，所以 PHEV 更容易推广一些。到 2022 年，65% 的车还是传统能源车，15% 是中度混合动力汽车，20% 是以 PHEV 为主的新能源汽车。

巴西即将确定下一个阶段的碳排放目标，预计到 2022 年的碳排放目标值将大幅度降低，降低的幅度可能也是 25% 左右。巴西是一个很有地域特点的国家，它的甘蔗产量很高，大约 30% 的既有车都是采用甘蔗生产的乙醇燃料。此外，为了降低二氧化碳的排放，巴西政府非常重视乙醇燃料内燃机的研发，再加上乙醇燃料供应非常充足，车企几乎不用搞电动化就可以实现合规，因此，菲克集团在巴西的绝大多数车型还是燃油车型，以及以乙醇为燃料的车型。

放眼中国，其第五阶段机动车污染物排放标准的目标相比第四阶段，也是加严 20% 左右。由于中国有税收优惠、新能源汽车牌照以及财政补贴政策，消费者尤其是一线城市和限牌限购城市的消费者对于新能源汽车的接受度比较高。再加上双积分政策，到 2022 年菲克集团在中国所销售的车辆大约 65% 为传统能源车，20% 是中度混合动力汽车，15% 是以纯电动汽车为主的新能源汽车。

对比了各大汽车市场的不同情况，我们认为在未来相当长的一段时间之内，燃油车依然会占据很大的市场份额甚至是主体地位，所以政府行业管理部门的工作重点应该侧重于不仅推动新能源汽车的普及和发展，同时也要推动传统燃油汽车的技术进步和产品升级。

同时，新能源汽车自己还有一系列的问题需要不断地改善和克服，比如说全生命周期的能耗、能效，车辆的安全性问题，充电桩的部署等。尤其是最近有关充电桩安全性问题的报道，很大一部分充电桩在漏电。安全性已经是一个越来越突出的问题，这一点需要引起行业和政府的重视。

总之，新能源汽车终将替代传统燃油汽车，但这是一个很长的过程，不会是一蹴而就的，所以我们建议政府也不要推出中短期内"一刀切式"的燃油车退出计划。对于不同的技术路线，我们期待政府能够保持一种中立的态度，鼓励不同的技术路线在市场的作用下自由地发展，车企可以根据市场的情况结合自身的情况制订产品规划。

主持人：您在发言中提到了乙醇汽车，又提到了相当长的一段时间政府不要出台限制燃油汽车的观点，这和李少总的观点一致，但在拐点时间上与项总不太一致。

下面请德国驻中国大使馆参赞 Stefan Bernhart 先生讲一下德国对汽车企业的政策。

Stefan Bernhart：我想从德国政府的视角向大家报告一下，主要涉及内燃机、清洁能源汽车这些情况。

首先澄清一下，德国政府没有禁止内燃机（ICE）的发展，政府并不认为需要设立一个内燃机退出的最后期限。从政策角度来看，电动汽车的转型过渡是一个巨大的挑战，而且对于政府来说也是巨大的挑战。要实现电动汽车的转型有很多的理由，最重要的一条就是需要应对气候变化，我们政策的制定者需要考虑气候变化。在欧盟委员会有一个政策的架构，就是进行气候变化对抗，对二氧化碳排放的要求越来越严格了。德国要求到 2030 年要在交通领域减少 40% 的排放，我们希望有零排放的汽车。这些目标需要我们不断地去推广使用新能源汽车，中国的情况是类似的，对于新能源汽车有消费配额，也有一些政策方面考虑，可以说总体的政策框架已经设定好了。

德国汽车方面经过多年的低速增长之后，电动汽车的发展到 2020 年将会有大概 100 种车型投入市场。到 2025 年，德国规划至少要达到 300 万辆电动汽车。目前，电动汽车占德国汽车整体的市场份额低于 10%，市场上的主要车型还是传统燃油车型，也就是内燃机车型，在未来很长时间内都是这样的。这个市场是由消费者驱动的市场，政府需要出台一些投资的刺激方案，要建立一个可持续和可预测的政策框架，有利于企业决定自己的发展战略。我们需要更多的汽车来实现电动化的转型需求，以满足消费者的需求。

如前所述,现在最大的挑战在于电动化不是由市场所驱动的,而是由政策刺激驱动的。现在中国大多数的消费者都喜欢买传统燃油车,主要是因为新能源汽车成本更高,还有基础设施不完善等因素的影响。目前,我们仍然有很多要解决的交通问题,电动汽车或者插电式混合动力汽车,都作为可供选择的方案,企业在技术路线上有不同的选择。中国有自己的技术路线,现在,中国进一步把发展重点聚焦在推动新能源汽车发展方面。欧美国家设定了降低二氧化碳排放的政策框架,车企可自行决定如何实现减排的目标,我相信这是一种非常高效的方法,可以锁定资源,促使企业致力于创新。与此同时,如此广泛的产业转型需要各方紧密合作,在政府之间、企业之间开展深入的合作,德国政府推出了一个非常深远的计划,不同的地区、城市、行业、协会的,还有劳工组织都可以进行合作,这种多模态的合作是能够共同推动可持续的、气候友好型的、可负担得起的未来。

第二个问题,对于不同技术的可负担性是非常重要的,我们需要一个长期市场的成功。

主持人: 感谢参赞先生。现在有请比亚迪的廉总发言。

廉玉波: 比亚迪从做传统燃油车开始,现在是燃油车和电动汽车同步在做。2010年比亚迪的传统燃油车产量为50万辆,现在电动汽车所占的比例大一点。对于今天电动汽车和燃油车如何发展的这个话题,我觉得传统燃油车已经有一百多年的历史,不管从技术、产业链,还是从规模上来讲都是非常成熟。电动汽车才十多年的时间,还有很长的路要走,也还有很多技术、成本、充电设施等问题。现在来讨论取代、停止的话题,稍微早了一点。因为能源安全和环境保护方面的需求,发展新能源汽车的这种趋势逼着我们一定要大力地向前迈进。我觉得,新能源汽车发展目前的任务是要完善技术路线,掌握核心技术,逐步推动它的发展。传统燃油车在相当长的一段时间内,应该还是会居于主导地位。这两种车型应该协同发展,以传统燃油车来"养"电动汽车,去推动电动汽车的发展与技术的完善,我觉得这一个阶段二者应互相促进。刚才讲了能源和环境，我觉得发展电动汽车是一种趋势，在相当长的一段时间内，可能市场仍以燃油车为主，因为有不同市场的需求。电动汽车可能在有些领域有它的优势，比如公交领域，对于运营车辆，如出租车和网约车在固定的区域运营，虽然电动汽车的成本高一点，但是由于运营车主要考虑运营成本，并且运营车充电比较方便。电动汽车运营成本低的优势，使其可以在一些特殊的领域得到充分的发展。

比亚迪是做电池起家的，在电池方面有一些技术积累。我们把电动汽车作为战略发展的方向，但我们选择的技术路线也是插电式混合动力汽车，再加上纯电动汽车，插电式混合动力汽车是作为一个长期的过渡，这是出于充电方便性的考虑。充电不方便，用插电式混合动力汽车，在城内短途驾驶用电，长途驾驶用油，以消除消费者对充电的担忧，长期的技术路线是纯电动汽车。

在电动汽车领域，我们要全面掌握核心技术，比亚迪有电池的核心技术。在电控方面，我们从绝缘栅双极型晶体管（IGBT）、芯片、控制器等核心技术发力，现在IGBT基本上是由自己来生产，还可以外销。在全面掌握电动汽车"三电"核心技术方面，比亚迪做了很多工作。按照电动汽车的结构和功能要求，比亚迪推出了E平台，这是完全按照电动汽车的需要来设计的电动汽车平台，我们在2019年形成了全系列车型的电动汽车平台。

现阶段，特别是这一两年，由于政府的重视，再加上造车新势力的进入，电动汽车的发展有点过猛，大家一哄而上，就造成了电动汽车产业的发展有一点急功近利，特别是前一段时间爆发的电动汽车电池的安全问题值得重视的。做电动汽车就要把安全放在第一位，这样才能让电动汽车可持续地、健康地发展下去。要特别注意一些能量电池密度的快速提升，这两年电池技术本身的进步并没有带来能量密度的增长。有些电池并不是技术进步，而是偷工减料，增加了电池安全的风险，使电池的稳定性受到了一些影响，我们一定要从行业的标准、法规各方面去完善电池的技术体系，保证新能源汽车的安全，才能促进产业的健康可持续发展。在推动技术进步方面要循序渐进，要随着技术发展的需要，随着满足市场的需求来发展电动汽车。

2019年上半年，比亚迪电动汽车的销量大概为14万辆，与燃油车相比基本上是1:1，下半年电动汽车的销量可能会超过燃油车，这也是我们想看到的。比亚迪可能会把电动汽车作为主要的经营领域，主要是因为我们有电池等方面的优势，但是我们也觉得，在不同的场景、不同的领域逐步推动电动汽车的发展，不要搞所有领域或者所有地区"一刀切"，可在有条件的领域大力推广电动汽车的使用。如公交领域电动化，在深圳的公交车和出租车几乎全部电动化了，电动汽车在这些领域里有优势，它不但环保还能盈利，比燃油车的盈利更多。电动汽车运营的里程越长所获得的油电差价所带来的利润越高。从电动汽车的发展来讲，这应该是健康、安全、可持续的发展方式。

比亚迪全新推出的电动汽车平台，也本着开放、合作、共赢的态度完全对外开放合作，使电动汽车有一个共同的基础而全面发展。可喜的是我们与国内的企业也有合作，比如我们和长安、戴姆勒、丰田在电池和电动车等领域都有一些合作，我们想共同来推动新能源汽车可持续地健康发展，我们抱着一种开放合作共赢的姿态，携手更多的伙伴推动新能源汽车的发展。

另外，行业的政策需要继续支持新能源汽车。前期的补贴政策推动了电动汽车的发展，大家一窝蜂地上马电动汽车项目。有些项目是真的在发展新能源汽车，有些则是为了补贴，但是补贴退坡政策应该有循序渐进的过程。从国家后续推出的双积分政策这几年的情况来看，政策还有改进的空间。另外，要建立更完善的行业法规标准，安全、健康、可持续地发展下去。如果没有安全性的保证，今天讲的此消彼长、取代燃油车就遥遥无期。

主持人：谢谢廉总的观点，下面请沃尔沃汽车集团全球高级副总裁袁小林发言。

袁小林： 下面我发表一些个人的看法。

沃尔沃汽车2017年获得了一个非常特别的荣誉，被美国的《财富》杂志评为改变世界的50家公司之一，沃尔沃汽车的年销量从30万辆增加到了60多万辆。

2017年，沃尔沃汽车全球首席执行官（CEO）宣布，到2019年沃尔沃推出的新车型将不再有纯内燃机，也就是要全面实现电动化。

对于是此消彼长还是共荣共存这个问题，我的回答应该是比较明确，在总量基本既定的情况下肯定是此消彼长，从长期大方向上来看，这是一定的。

我个人对电动化这个问题就一直有一个清晰的理解。我曾经在石油公司工作过，所以一直想知道一次能源转化成动能为什么会比二次能源转化成动能效率更高？特别是在"三电"技术还不太成熟的情况下，发电的来源、输送、储能，以及基础设施建设、再充电等全部环节的碳排放不降低，怎么会是未来的发展方向呢？从井口到车轮的二氧化碳排放数据，如果是以现在的能源结构，即以化石能源为主来发电的结构，大概电动汽车的二氧化碳排放是123～158g/km，以中国当下的能源结构来判断，750g/（kW·h）的效率应该是158g/km。这对应于已经发展了100多年的内燃机系统，在假设车型结构假设一样的情况下，这一数据是209g/km。

这一对比实际上并没有考虑能源结构的进一步改善或者是"三电"技术的进一步提升因素。我认为电动化从大方向上来说一定是未来，电动化是我们坚定不移的方向，大方向是明确的，传统车与电动车一定是此消彼长的。

第二点，长期共存。汽车工业非常庞大，是一个完整的工业体系，并且已经发展了100多年。这种工业体系的完整性，也体现在它已经深入到社会的方方面面。产业的发展一定是会受到诸多因素影响的，传统车与电动车长期共存是受各种各样因素的影响，但是最主要的还是看市场是否会为之买单，真正的终端用户是不是愿意掏钱。我想，工业基础设施、政策、经济发展、客户偏好等因素都是有影响的。在全球，传统车与电动车的发展也一定是快慢不一的，即便在中国，也一定是有区域化的差别。这应该是长期共存的一个情况。

对其他类型的新能源，应该是以发展的眼光、包容的心态来看。各方面的专家其实在这方面有很多的研究，大家比较一致地认为电能是未来发展的方向，这有各种各样清晰的论证。对于其他类型的能源，我相信在技术路线的探索过程当中以发展的眼光、包容的态度来看，也许会有不同的结果，从现在来看，似乎电能这条技术路线是比较明确的。

对新能源汽车在中国发展有什么想法这个问题，我的观点与刚才几位的观点比较一致，就是在政策层面上要保持相对的稳定和可预期，毕竟汽车产业价值链很长，周期也很长，一旦做了方向性的决策，企业需要时间准备产品，即便是有产品推出来投到市场上去，消费端也需要相当长的时间做市场启动，如果准备期时间太短或政策变得不稳定、不可预期，就会产生很多短期行为，对新能源汽车事业的长期健康发展是不利的。

主持人：谢谢袁总带来的观点，下面有请博郡汽车的董事长黄总发言。

黄希鸣：博郡实际上是处于比较尴尬的地位，在造车新势力看来，我们像传统燃油车企，在传统燃油车企看来，我们像造车新势力，太年轻。我本人在汽车行业从业20多年，博郡公司的高管大部分都有20年以上的汽车行业从业经验，我们是比较奇怪的存在。

大家刚刚从政策等各方面讲了新能源汽车跟传统燃油车之间的关系，下面我从个人的理解来谈谈。

今天早上，我从上海坐飞机飞到北京。通常，我从上海到北京一般是选择坐飞机，如果是从南京到北京是选择坐高铁，从上海到南京要么是选择高铁要么开车。由此来讲，采取什么样的技术路线是靠市场来决定的。我们刚才讲到国家的政策在变化，这种变化也是随着市场的调节在变化的，通常，我们感觉政策的调整速度比较快。2019年发生了几件事，一件是整个汽车市场今年面临着下降的趋势，从去年开始到今年，特别是7月新能源汽车销量有所下降。汽车行业经历了20多年的两位数增长，现在进入一个调整期，是非常需要，也是正常的。

另外，在今年六七月还发生了一件比较大的事情，就是排放标准从国五升级到国六标准，这实际是提前消耗了下半年的汽车市场，对于新能源汽车市场也会有所影响。今年还爆出一些新能源汽车的安全问题，这实际上对市场中客户的热情产生了负面的影响。即使在整个市场下降的时候，有些车企做得还不错，而中国的客户正在慢慢成熟起来，消费者对品质的关注、对产品本身的关注度越来越高，所以将来关注产品品质、关注技术的公司无论是在什么样的条件下都是可以获得很好的发展。

新旧动能转换肯定对传统燃油车有影响。在中国，大部分乘用车的驾驶里程在500km范围内，一般超过500km的出行，90%以上的人会选择其他的交通条件。在运营车市场，一天的驾驶里程大概是300km左右，国家政策对新能源汽车的电池能量密度有很高的要求，因此做运营车还很困难，运营车跟个人消费者市场的家庭用车是完全不一样的，家庭用车一般是开10年也就10多万km，而运营车一般是6年要开到50万km，所以现在用三元电池的解决方案反而不如用磷酸铁锂电池的方案。这些都说明，在市场上的主导力量会决定技术路线，就长期而言，我认为是多种路线并存的，如在长途运输领域，氢能源也是一种可行的方案，因为对于长途运输运营者，节能是很关键的。电动汽车在中国市场的使用环境下，还是有比较大的增长。

在产品本身仍存在一些问题，尤其是今年很多技术、安全上的问题暴露得比较明显的时候。为什么很多新能源汽车车企觉得博郡传统？因为我们强调技术的发展，强调平台的建设，所以博郡一开始打造了三个全新的平台来做电动汽车。我认为在今后的竞争中，很多国际上真正的平台技术进来之后，对中国的新能源汽车市场冲击是比较大的，如果没有掌握好技术，在未来的市场很难有竞争力。

我认为对于电动汽车发展，成本是一个关键因素，在进行使用成本测算后可以看出，电动汽车比传统燃油车更具成本优势，但在初始购置成本上还是有一些劣势，在做到电动汽车的初始购置成本与传统燃油车持平时，电动汽车市场将进入稳定上升阶段。

另外，安全问题也是我们特别关注的，但是安全问题大多是技术上的问题，不是不可解决的问题，包括隔膜材料的厚度、电芯的设计。有时候追求极致的能量密度，可能在设计上对隔膜材料等很多结构设计的问题，包括模组设计、结构安全、热管理、电池管理系统等方面。我们谈的安全问题是可靠性、耐久性方面的技术问题，要把这些技术问题认真解决好，而不是想着短平快、抄近路，只有把产品做好才能迎来电动汽车领域的整体发展。

在做电动汽车的时候，我们强调续驶里程，很多人不太理解为什么。实际上，我们在发展电动汽车的时候，就在思考如何有效地把第一电力使用起来，不给国家电网增加负担。充电是今后必须要解决的问题，特别是在很多大城市的老城区，充电桩和车位的问题是发展电动汽车面临比较大的障碍，解决电力改造的问题可能是电动汽车今后发展的支撑。我们最好不要从主观的角度判断一个技术方向是否合适，而是要让市场来检验到底哪个技术方向更适合于老百姓或者各种商业的运作。

主持人：谢谢黄总的观点，黄总讲了很多电池方面的细节问题，提到2025—2030年解决两个车的成本对等问题。下面请英国车辆认证局（VCA）法规和技术总经理Derek Lawlor先生发言。

Derek Lawlor：我在汽车领域工作了四十年左右，现在是英国车辆认证局的法规和技术总经理，所以我提供的角度可能稍微有一些不同。

我重点讲一讲英国想达到的一些目标，其中我想提的一点是，政府想实现向零排放的转型，希望以一种非常好的方式实现这一点。今天，在道路上有很多的汽车了，现在很多人开车、旅游、出行，这产生了很多道路问题，比如噪声、污染，污染加剧了气候变化的程度。2018年英国公布了一个实现零排放战略的文件，雄心勃勃地希望未来在道路交通战略方面要达成零排放目标。要减少排放,就要在能源转型过程当中减少传统燃油车辆的排放,制定到 2050 年甚至未来的目标,现在的重点战略是英国能做些什么来为未来转型打下一些基础。

对于零排放汽车的设计和生产,我们的使命非常重大,我们希望所有的新车、轿车和货车在 2040 年达到零排放。实现向零排放汽车的过渡就需要减少温室气体排放,并且改善空气的质量。实现零排放的战略有一个清晰的路线,不管是行业界还是车辆使用者都要努力实现到 2030 年至少有一半新售的车辆,或者至少有 70% 的新售车辆实现超低排放。同时,40% 的新售货车要实现超低排放。VCA 与英国各地政府进行合作,打造超低排放城市试点,我们希望这些试点城市能够成为全球的范例。到 2040 年,会逐渐减少货车的排放,而且我们计划要停止传统柴油车新售车型。

实现这些目标不仅需要技术方面的努力,也需要采用一些激励的方法鼓励公民和道路使用者真正使用插电式车辆。我们对插电式轿车的补贴政策,会给插电式混合动力轿车的购买者提供 3500 英镑的补贴,对插电式混合动力货车也有相关补贴,为车款的 20%。相信这会对交通污染排放的改善带来帮助。此外,还有 5000 万英镑是用来作为插电式出租车的补贴,支持它的发展。另外,每辆插电式摩托车补贴可以达到 1500 英镑,相当于售价的 20%。我们还注重基础设施和充电网络的打造,我们相信通过投入 4 亿英镑充电投资资金可以帮助充电基础设施的部署,这对于政府和信息部门非常重要,我们的目标是确保充电桩智能和容易使用,遍及英国境内,而且未来有望推出投入达 4000 万英镑的研发项目,进一步部署低价无限充电装置。而且还有一些慈善机构和其他部门为充电设施提供每个插座大概 500 英镑的资金支持,以部署更多的充电装置,我们也鼓励在家庭部署更多的充电桩。

这些提议的目标就是为了支持和鼓励更多人来使用电动汽车,我们的方式是确保新的家庭都有一个专用的停车位,而且是带有充电桩的,确保充电更加容易、廉价、方便,而且英国政府有一项承诺,就是提供 2.46 亿英镑作为研究的资金投入到下一代的电池技术的生产当中。

我们非常重视超低排放技术的研发，政府也一直支持此类车辆的生产，技术公司和学术界一起努力打造技术研发的环境，我们相信未来会越来越好。我们让大家更多地使用燃料电动汽车，扩大加氢基础设施的部署，投资额达2300万英镑的以氢为基础的交通计划，正在支持大约300个基于氢的车辆研发项目，9个新的加氢站。法规也在不断地修订，将会越来越严。现在的法规已经设定了一个平均的排放目标，那就是到2021年的时候，车辆的排放不能超过59g/km，在英国脱欧的同时也会继续加强对于未来减排更高的目标追求，我们需要对基础设施进行适当的投入，并且要培育相应的技术。英国可以说做出很大的努力来向研发部门投入资金，并且会不断地支持新兴技术的开发。总结来说，我们的目标是由政府设定的，我们到2040年的时候会结束传统燃油车的销售，会提供恰当的基础设施支持未来的计划，而且会营造有利的环境和用立法支持我们的目标，会提供良好的环境鼓励研发，让英国更好地迈向2050年。

主持人：接下来请捷豹路虎政府事务副总裁李洁先生发言。

李洁：刚才大家讨论的第一个议题是新能源汽车和传统燃油车的此消彼长。新能源汽车的概念从现在讨论的内容来看是不涵盖燃料电池车的，从这个意义上来看，捷豹路虎从2020年开始，所有新车型都有新能源汽车的选项，要不就是插电式混合动力汽车，要不就是纯电动汽车。

就议题来讲，我想发表一些个人的看法。刚才参与讨论的几位嘉宾，特别是一些政府机构或者是认证机构的嘉宾都提到：新能源汽车的发展动力主要是政策驱动，无论是二氧化碳排放的要求，还是双积分的要求，这是新能源汽车市场启动最根本的动因。

在国内市场中，我们看到双积分标准第四阶段马上就要进入尾声，2021年开始进入第五阶段，如果第五阶段是14%的新能源汽车配额，最高分是三分的话，那可以算出来大概新能源汽车的销售比例或者生产比例、进口比例就会是百分之四点几，那么这个四点几的份额还不足以让厂家盈利，这就是说共生不一定共荣，这是一个关键的问题，从这个角度看，车企需如何应对燃油车退出的问题。

目前来讲，新能源汽车企业分为两类，一类是造车新势力企业，一类是传统燃油车企。造车新势力没有切换的问题，它们的主要目标就是颠覆，甚至一夜之间变天。那么这种情况是否能发生？事实上，在国内市场，由于细分市场不一样，我们没看到新能源汽车颠覆性的发展，但在国外市场，我们已经看到了颠覆性的潜力。

在国内市场中，我们还没看到哪个企业在某一个细分市场能够在销量方面超过传统燃油车。目前来看，第一款车的电动车型的盈利能力肯定是有限的，这就出现了一个问题，第二代产品或者是第二款产品是否能给企业带来回报。当然，也有个别企业已经做到了。刚才廉总讲到比亚迪的传统车与电动车型的比例是50∶50，如果传统燃油车企能将两种车型的比例做到50∶50时，就比较容易做选择了。企业可以根据市场的需求进行车型的切换，这不会有太大的问题。在中国市场上，到目前为止我们没有看到新能源汽车与传统燃油车的竞争局面，在竞争局面形成的前提下，根据市场需求有可能做一些切换。

从这个意义上来讲，我认为政策制定的切入点要看企业发展的规律，要把握住企业和产业的命脉。如果不保护企业的利益，就保护不了产业的利益；不保护产业的利益，就保护不了经济的利益；不保护经济的利益就保护不了社会的利益。所以从这个角度来讲，我们希望看到更多的政策基于经济的考量来制定。

总之，从企业角度来讲，最希望看到的就是政府对企业、对产业、对整个经济成本最低的政策决策。

主持人：李总的发言简洁明了，下面有请现代汽车经营研究所所长金哲默先生发言。

金哲默：我先给大家介绍一下韩国政府发展生态及好型汽车的一些政策，包括新能源汽车、插电式混合动力汽车等。

目前，这种生态友好型的汽车已经在中国发展得很快，销量从 2004 年的 6000 辆上升到 2018 年的 47.5 万辆。但这仅占 2018 年 2300 万辆汽车注册总量的 2%。

到 2022 年时，韩国政府计划提供 200 余万辆的生态友好型汽车，大概占汽车总量的 10%，其中包括 43 万辆电动汽车、6.5 万辆燃料电动汽车以及 163.5 万辆混合动力汽车。

2018 年 8 月，韩国政府公布了一项新计划，即建立氢能经济。政府计划再增加 2000 辆燃料电池车的销量；加氢站的数量到 2019 年底增加到 20 座。从长远目标来看，是要打造氢能社会，包括氢的生产、储存、运输和利用。韩国政府也把重点放在开发和发展无人驾驶的电动化出行以及人工智能方面，并制订了详尽的计划进行核心技术开发，以取得竞争优势，这有助于推动汽车工业的大步发展。

现代汽车集团早在 1997 年就开始发展环保汽车，2016 年打造了一个独立的平台，致力于发展纯电动汽车、插电式混合动力汽车、混合动力汽车。现代汽车集团始终坚持致力于产品线的拓展和开发新一代的平台，不断地提升平台的先进性。

为了能够保持竞争力，我们也重视打造绿色的社会，制订了燃料电池车（FCEV）的未来愿景，计划到 2030 年生产 50 万辆燃料电池车，以助推环保目标的实现。同时，现在我们认为应该把中国作为一个全球重要的市场，应该与中国的合作伙伴、政府、行业、协会开展进一步合作。通过这样的努力，我们相信能为中国消费者提供高质量的产品，在不久的将来为中国消费者提供非常高效、优质的服务。

主持人： 现在有请德国汽车工业协会中国办公室总经理慕容特先生发言。

慕容特： 从汽车的历史可以看到，汽车始终在改变，在不断地发展，并且从来没有停止。现在中国和德国的车，都跟三十年前完全不一样了，研发水平都有很大的进步。

对于德国车企来说，中国市场非常重要，现在德国车企90%以上的车辆都是在中国进行生产的。现在德国新能源汽车销量也在缓慢增加，有一些政府补贴已经到位，我们希望能够继续看到新能源汽车受到欢迎。现在汽车行业出现了一些变化，主要有三个方面：第一个就是要服务于消费者，希望消费者都喜欢我们的汽车，能够买得起，能够改善他们的生活，希望汽车的运营成本将来有所下降，这是一个挑战。尤其是在设计方面，如果把电动汽车的成本降下来，就能获得更多的欢迎，价位高昂的车型发展受到限制。同时，也要考虑到人们购买汽车会受情感、喜好等的影响，所以，进一步增强电动汽车对于消费者的吸引力和情感连接，让他们喜欢上电动汽车，这是非常重要的。比如，有人喜欢动感特性，电动汽车就可以迎合消费者对这方面的性能要求。

汽车行业的监管政策在变化，技术法规也在变化，英国、日本、中国的法规都在变化，但我们的目标基本是统一的、清晰的。从宏观角度来看，行业的发展应该服务于气候变化，我们也认为应该控制气候的恶化，这是大家共同的目标。我们希望能够基于事实去制订一些战略，提出雄心勃勃的一些目标，而且是可行的、可以实现的目标，让人们能够负担得起的目标，而发展电动汽车是唯一的出路，只有这样，在未来才有可能实现零排放。

对于法律法规方面，我同意各方说的观点，现在行业需要一些时间来适应政策法规的变化，因为汽车设计首先必须做到安全，不能随便改变汽车设计，这是非常重要的，所以企业需要有足够的时间去消化政策法规的变化。很多创新型企业加入到汽车行业中来，如果行业向电动汽车转型过快，并不是个好的做法。应该注意的是，内燃机车型在很长一段时间内仍会存在。

总结来讲，我觉得德国现在正全力支持新的汽车转型之路，在转型中有很多技术需要研讨，比如电动化出行的解决方案、高混型的电动汽车方案等。我们也需要政府、企业通力合作打造转型的好条件，在这一过程中，不能忽视消费者的参与，应该设定一个正确的目标，这个目标是消费者可接受的、业界需要的，也是政府需要推动的，这样各方才能够协同起来一起发力来实现相应的目标，我觉得中国和德国的做法如出一辙。

主持人： 以上来自几个国家的企业界的朋友们都结束了发言，最后的发言时间留给何部长。

何光远： 作为一个机械行业或者汽车行业的"老家伙"，我已经90岁了，几乎每次都会来天津泰达汽车论坛，就想能够在这儿使自己的思想跟得上行业的发展，对一些问题也有自己的新思考。

比如，新能源汽车的说法，把电动汽车说成是新能源汽车。实际上，有轨电车、无轨电车早就在路上跑了，也是靠电驱动的，包括那些高尔夫球场、步行街上的电动汽车也比我们近些年所说的电动汽车早几十年。电动汽车的出现比内燃机汽车要早。第一辆电动汽车是先在英国出现的，130多年以后戴姆勒才生产出内燃机汽车。

我觉得，新能源汽车就是电动汽车这个说法有点问题，因为电不是一次能源，也不是新能源，所以，就叫"电动汽车"，不要再叫作新能源汽车，因为新能源汽车有很多形式。

我今天跟大家分享的是"甲醇汽车"。甲醇重整制氢的燃料电池企业在国内已经有好几家了，而且已经用在车上了。甲醇汽车比较符合中国的资源条件，中国是一个能源消耗大国，但是中国是"缺油、少气、相对富煤"的国家。我们是要减少碳排放，但是不能把煤炭"妖魔化"。如何清洁利用煤炭，包括将煤炭变成汽车能源，甲醇是非常好的应用案例。20世纪70年代，德国大众在中国与当时的国家科委在甲醇汽车方面有过合作，当时试制了4辆桑塔纳甲醇汽车到北京、山西做试验。后来福特也到中国做甲醇汽车试验，就是M85（85%甲醇、15%汽油）。现在国内有两种甲醇车型，包括M100（100%甲醇）、M85。

通过当时的国家科委、国家经贸委以及工信部对甲醇汽车的六年试点，获得了4亿多条数据、1000多条试验结果，最后工信部对十个省市的试验进行了验收。在这十个试点城市中,最有代表性的两个城市是贵阳市和西安市。贵阳市的甲醇汽车出租车试点从最初的300辆发展到现在已达9000多辆;西安市拥有的甲醇汽车出租车也将近1万辆了。另外,还有宝鸡的甲醇汽车试点,其主要车型有轿车、中型载货汽车、大客车,其中,甲醇客车与复合燃料客车都已经通过验收,排放、节能、动能、安全等方面的问题都解决了。当然,甲醇也有弱点,一是冷起动性能差,二是有腐蚀性,但是其动力性能特别好。甲醇的成分有一个碳、四个氢、一个氧,氧占50%,也就是50%自带有氧,这个燃料本身就是一个清洁燃料,汽油是没办法跟它比的。

甲醇汽车在高原地区的优势特别明显,高原的空气中氧含量降低了,这时甲醇汽车的动力性能比汽油车要好得多。国家八部委联合发文,要求在有条件的地区、具备甲醇资源的地区推广甲醇汽车,目前发展势头很好。原来我们召开甲醇汽车方面的会议,感兴趣的企业和燃料生产企业,大概有三四十个人来参加会议就不错了,但前两天在北京开会,就是落实八部委的文件会议,试点城市来的人比较多,非试点的城市也有很多企业派人来了,大概有230多人参加了会议,可以看出现在甲醇汽车在国内呈现蓬勃发展。

我觉得新能源汽车的发展应该继续保持,这个新能源是一次能源。而甲醇则是靠煤炭、靠回收二氧化碳制作的,所以我说甲醇非常环保,而且非常适合中国的资源条件。同时,中国的甲醇汽车目前在世界上来说已经是领先的了,吉利汽车已经将其生产的汽车卖到冰岛去了,而且在冰岛还投资建立甲醇制造厂。冰岛用地热发电,电解水制氢,然后将空气中的二氧化碳吸收回来制作甲醇燃料,它不排放温室气体,而是回收温室气体来做燃料,所以说,甲醇应该是我们中国发展的方向。

我今天借这个机会吹喝吹喝这个事。专家们讲的一些意见,我听了以后很受教育,我很赞成这样的一种观点,内燃机汽车与电动汽车是相互补充的,肯定要共生发展一段时间的,不是说要把内燃机替代掉,没这个可能,这不是短时间的事。电动汽车是一个发展方向，但它不会在短期内完全替代内燃机汽车。

最近，氢能源"炒"得也很厉害，"氢"资源确实是很好，但氢在储存和运输方面需要的投入是很大的，要高压、低温，这要花很大的成本，所以氢能源是一个方向，但也不能一窝蜂地"炒"，不能"跟风"，应该要实事求是。

主持人： 特别感谢各位嘉宾的分享。今天 G9 的形式期望能够达到凝聚共识、汇集智慧、共谋发展，希望各位嘉宾能够为中国汽车产业贡献出更多的智慧。

G9 论坛成果

2019 中国汽车产业发展（泰达）国际论坛首创 G9 论坛，搭建汽车产业首个多国交流平台。G9 论坛以"开放　合作　共赢——新能源汽车产业"为主题，邀请了来自中国、美国、日本、德国、英国、法国、意大利、韩国、瑞典 9 个国家的政府领导、行业专家、企业高层进行深度研讨。

G9 论坛经近 30 位嘉宾 120 分钟的思想碰撞，形成了三项共识，针对行业面临的五大挑战提出了七项应对建议。

（1）G9 论坛形成的三项共识

第一，在相当长的时期内，传统内燃机汽车与新能源汽车是相互协同的发展关系。

第二，在新能源汽车产业化过程中，将呈现以纯电动汽车为主兼容多种技术路线共存的发展态势。

第三，应推动新能源汽车与能源、交通、通信等产业融合发展，构建和谐的生态环境。

（2）新能源汽车产业的五大挑战

G9 论坛认为，新能源汽车产业发展面临五大挑战。

第一，顶层设计有待明晰。面对快速发展的行业形势，有必要进一步明确产业发展路径，凝聚共识、坚定信心。

第二，政策体系有待完善。在新能源汽车由政策驱动向市场驱动转变的过程中，政策体系有待于及时调整及优化，支撑产业持续发展。

第三，基础设施有待发展。充电基础设施存在总量不足和区域布局不合理两大问题，制约新能源汽车产业发展。

第四，核心技术有待突破。实现核心技术尤其是动力电池的技术创新是新能源汽车行业面临的痛点。

第五，后市场及流通服务体系有待健全。新能源汽车行业规模迅速扩大，落后的流通和售后服务体系成为行业发展羁绊，亟须规范。

（3）七项应对建议

为应对挑战，G9 论坛提出七项应对建议。

第一，推动顶层设计，注重政策设计的前瞻性、中立性和科学性。

第二，部门间的新能源汽车政策要加强协调和衔接，形成合力，为产业发展提供更优环境。

第三，推动政、产、学、研合作，加快关键技术产业化。

第四，以新能源汽车为载体，更大力度地探索新的应用场景和商业模式。

第五，将充电基础设施建设放到更突出的位置，加大资源整合力度，完善扶持政策，建成布局合理、科学高效的充电基础设施服务体系。

第六，完善售后服务及流通体系建设，将新能源汽车产业建成全生命周期的绿色循环经济。

第七，加强国际合作与交流，基于中国汽车产业发展（泰达）国际论坛等平台，形成互动机制。

泰达视点：
聚焦四化 共话未来

付炳锋："新四化"推动汽车产业加速转型／041

吴志新：标准引领、创新驱动、服务支撑——共同迎接智能网联汽车产业发展新阶段的机遇与挑战／048

辛　宁：变革时代，汽车行业的未来趋势探讨／054

近年来，以电动化、智能化、网联化、共享化为导向的汽车四化快速推进，给汽车产业带来了技术变革浪潮，同时也使得行业、企业面临着新的机遇和挑战。越来越多的车企开始运用新技术、新概念将企业和产品形象都推向了一个新的高度。

就目前形势看，汽车四化已然不可逆，而接下来的十年，将是其真正落地的时代。在汽车四化的大背景下，中国汽车产业前景趋势如何？行业发展战略如何布局？新能源汽车产业又将如何应对？汽车智能制造有何用武之地，如何助力汽车产业发展等一系列问题亟待探讨和思考。

付炳锋:"新四化"推动汽车产业加速转型

付炳锋
中国汽车工业协会常务副会长兼秘书长

我汇报的题目是"新四化"推动汽车产业加速转型。这里可能涉及技术方面的内容,但主要说产业未来的走势。

我国汽车产业在快速发展的十年间,取得巨大成就,汽车市场由千万辆级发展为三千万辆级,且一直稳居全球最大的市场,应该说我国是名副其实的汽车大国。未来,要把汽车大国建设成为汽车强国,还是要靠年轻的一代。

我国民用汽车保有量自2007年以来,每年都呈现两位数的增长,极大地改变了人们的出行。今年7月的汽车销量数据显示,同比增速连续13个月呈现下降,而汽车保有量的增长率仍呈两位数,主要原因是现在我国每年新增汽车销量有两千多万辆,这个基数是非常之大的。

在近十年,我国建立了更加开放的国际化市场。随着改革开放的不断深入,我国成为全球车企的竞争舞台,乘用车外资品牌汽车销量占中国汽车市场的份额达58%。现在很难找到哪一家国际企业没有在中国建厂,也很难找到有哪个品牌没有进入中国市场,所以中国市场是一个完全开放的国际化市场。

中国自主品牌乘用车也得到了长足的发展,2000年左右,自主品牌乘用车的市场销量为 100 万辆级，现在已经上升到千万辆级，品牌的市场认知度和接受度也大大提升。

在商用车市场，自主品牌几乎占有百分之百的份额。现在，商用车的年需求是 400 万辆，几乎都是中国自主品牌，这其中包括客车、载货汽车。

2017 年，中国自主品牌乘用车的市场占有率最高，达到 44%。2018 年，这一数据开始下降。中国汽车市场对全球汽车市场的贡献，也是非常之大的，约为 10%。

在 2007 年，汽车产业已经被列为国民经济的支柱产业，汽车产业在促进经济发展、增加就业、拉动内需等方面发挥了越来越重要的作用。近两年，尤其是汽车销量出现 10% 的负增长，对国民经济的影响非常巨大。

在近十年，中国汽车产业建成了非常完善的技术法规体系。目前，我国的排放和安全法规，已经步入世界最严格的标准之列，也是最先进的技术之列，并正在引领新能源汽车和智能网联汽车标准法规的制定。

过去，我国在传统燃油车的法规制定上，基本上是消化、吸收西方的技术标准，将其转化成中国的标准，尤其是排放法规，在国五排放法规之前基本上是等效采用欧标，在制定国六排放法规时，结合我国国情增加了一些特殊要求。

现在，汽车产业遇到了一些问题，但不是汽车产业本身带来的问题，而是在其发展过程中遇到的问题，其中，交通拥堵问题的出现，使交通的负荷大大增加。

这些年，我国道路的建设速度远远低于汽车的增长速度，安全问题、城市限行限购也极大地影响了消费者对汽车使用的幸福感。汽车排放对环境造成的污染也愈发凸显，机动车四项污染物的排放在 2014～2015 年几乎达到了高峰，其污染物贡献度达 30%。最近一个时期，汽车的排放污染在空气污染中的占比进一步提高，最新的说法是达到 40%，为此，国家提出蓝天保卫战，把汽车排放污染标准从国五向国六切换。

在过去的 5～10 年中，汽车产业对国内生产总值（GDP）的贡献巨大。

在 2008 年金融危机之后，汽车产能的投入又有失理性，由于产能过剩，在汽车销量下降的时候，车企都在疲于应对产能过剩。比如，大众汽车追求全球销量第一的战略，也导致了其在中国的产能快速增长，继成都基地之后，大众汽车在青岛、天津也进行布局。而自主品牌车企的产能利用率相对更低。由于汽车保有量不断增加，石油用量不断增加，使得石油进口比例也在增加，我国石油产量从 2016 年开始持续下降，形成了我们对进口原油的依赖度达到 70.9%。

我们遇到的这些问题都是汽车产业伴随着技术的不断进步而产生的问题。目前，我国在传统燃油车制造方面的技术水平与国外品牌的差距大大缩短，现在，国外品牌的最新车型、最新制造技术在中国都是全球同步投产、同步上市，中国品牌也全面转向正向开发和品牌打造，在竞争中占据半壁江山，尤其是在动力总成、先进的平台开发与整车的轻量化制造等方面进入了先进行列。

新能源汽车的技术创新和产业化形成了先发优势，"三纵三横"产业化不断深入，市场规模也在快速形成，尤其是私家车的规模也不断扩大。目前，新能源汽车市场在汽车总体市场中的占比接近 5%。

新技术革命不断推动汽车产业的转型，互联网的崛起使汽车由一个移动私人空间转向智能终端，人工智能的技术使自动驾驶汽车成为今后的追捧，万物互联、大数据推动汽车产业由大规模制造向智能制造个性化定制转化。

我国汽车产业经历了 28 年的正增长，在对国民经济做出巨大贡献的同时，也带来了诸多的社会问题，新一轮能源革命和技术革命使传统燃油车产业进入新四化变革时代。产业转折来临的时候，市场转折点也来了。这给习惯于在增长环境下发展的车企带来暂时的不适应，使其在经营方面也承受了巨大的压力。

在变革的时代，传统燃油车受到油耗法规和减排的巨大压力，混合动力技术成为燃油汽车技术升级的必然选择。现在各种混合形式的车型都在研发上市，新能源汽车产业正经历着逐步分享传统燃油车的市场，如何把握节奏非常重要。

新能源汽车产业经历了起步期的最初考验,后补贴时代的发展环境和动力备受期待。智能化、网联化的加速发展对传统汽车企业的研发能力带来新的考验。共享化使得汽车产业的经营模式向出行服务转型,所以说,新四化正给汽车行业带来百年不遇的大变革。

说是大变革百年不遇,这一点也不为过。1913年,福特的大规模生产方式一直延续到今天,现在建成的生产线大部分仍是大规模生产,但也有一些先进的企业,现在已经开始进行小批量的个性定制生产。

新四化的趋势,在当下看来是不可逆转的。电动化改变了我们对能源的依赖,共享化使我们的制造向服务转型,网联化改变了我们的生产方式,智能化使我们的出行更加安全,更能获得愉悦的体验。

新四化给全球带来的推动力,首当其冲是二氧化碳减排。实际上,很多车企很难在正常的经营状态下达到严苛的二氧化碳标准要求。中国对原油进口高度依赖,电力现在仍是以煤电为主,正在进行转型,我国在电动化产业化方面进行了较好的实践,目前我国的电动汽车保有量是300万辆,而全球是500万辆,中国的占比是比较高的。

在智能化方面,日本已经形成了推进体系,欧盟也提出了时间表。实际上,中国已经成为新四化的重要推手。现在全球的先进资源都已汇集到中国,中国有门类齐全的工业和信息技术,加之产业政策和市场环境的营造,这是未来产业发展的一块沃土。

新四化与交通、能源的深度融合催生了新的生态,汽车与互联网加速融合催生新的业态。到底是汽车拥抱互联网还是互联网拥抱汽车,经过几年的探讨,现在基本的观点是跨界融合,汽车拥抱互联网,互联网发展获得更大空间,汽车也在向出行服务转型,拓展业务。

下面就新四化产业的现状和碰到的问题和大家做一个研讨。

当下电动汽车的发展阶段被定义为进入产业化的起步期,还没到暴增期。现在电动汽车的市场占有率是5%。中国品牌在电动汽车方面积极行动取得了先发优势，这已形成行业共识，但先发优势不是绝对优势。

电动汽车产业化基础基本形成，成为全球主要的资源提供者。目前，电机、电池都是全球企业到中国采购。前几年，在政策的引导下，电池企业获得了很好的发展机会，但这种机会也不会持续太长。将来中国电池市场也是开放的国际化市场，全球知名的制造商正在加速发展，新的竞争在3~5年内形成。这3~5年市场发展到什么程度，很大程度取决于后补贴时代政策对产业的引导。

中国的消费者对新能源汽车有了更多的认知，中国市场必将成为全球电动化的引领者，但目前电动化的过程中出现了一些矛盾，最核心的矛盾是电池的性能和成本制约之间的矛盾。而产业发展最受关注的矛盾是能量密度和安全性的矛盾，这就需要企业客观理性地对待电池产业的发展进程。在这方面，现在大家的心态有一些过急，觉得电池已经成熟了，其实电池的发展仍是在初级阶段，产能很大，但主要集中在两三家企业里面。

新四化需要汽车产业深入研究用户的使用场景并定义自己的汽车，解决成本和里程的矛盾，以及密度和安全的矛盾，电池的技术路线也要有节奏地进行探索和产业化推进。

新四化需要政策的平稳过渡。中国得益于政策的支持，新能源产业体系很健全，有更加务实的市场端开拓的鼓励政策出台。

智能化自动驾驶技术的兴起，可以提升出行安全，缓解交通的拥堵，解放驾驶员。智能汽车的发展有一个特点，人类发展到今天用了三千万年，机械化人工智能才经历了半个多世纪，自动驾驶技术才走过几年的时间，未来的产业化应用领域一定是根据场景来进行判断的，而且技术将快速迭代升级。

关于网联化，网联化将重新定义汽车，颠覆传统的造车概念，这为规模定制创造了可能，智能座舱为汽车作为移动终端开辟了无限的想象空间。现在用户可以给车企无限的想象空间，使传统的汽车企业从制造向出行转型，但向出行转型不是共享汽车，而是在智能座舱里面享受各种互联网服务，这种服务和生活的其他方面关联在一起，带动汽车企业向服务型企业转移，而不是变成出行公司。

国家给予智能互联网很大的支持，相关政策不断出台。共享化的崛起不断推动传统产业与新兴产业的跨界融合，出行服务端是跨界融合的主要领域。共享汽车的分时租赁，降低了汽车使用的门槛，也可以使汽车用户群体大幅度增加。此外，汽车产能共享利用也将成为产业发展迫切的要求。

最后，关于如何判断我们未来面临的转型这一问题，我认为在判断产业发展的时候会遇到很多误区。人们对美好生活的向往就是我们的奋斗目标。对汽车产业来说，产业的持续发展也是汽车产业努力的目标。

对于产业转型，我有四个方面的期待，一是未来政策对企业的发展将起到更加积极的导向作用。政策的制定要有科学性、可预期性，现在有些政策不断变化，使企业无所适从。政策对产业的发展至关重要。

二是期待汽车销量突破四千万辆。这个时间可能是五年或者十年。现在有不同的说法，认为由于汽车共享的出现，可能会使汽车销量下降。对未来市场的科学研判，对政府的政策制定是非常重要的，对企业的战略制定也是至关重要的。

三是高质量发展。在向新技术转型的过程中，供给侧创新不足的现象将会得到改变，领军企业将成为向新技术转型的主力，不断创造产业融合的新机遇，我们要抓住这样的机遇，抓得越早越好。

四是零部件企业要凸显创新的重要性。汽车强国的建设过程中，自主品牌走向全球化将是必然方向。"一带一路"倡议，实际上是在为产业创造市场空间。新四化将助力中国品牌加速转型，成为走向国际化竞争舞台的重要推动力。

嘉宾简介

付炳锋

付炳锋，1961年出生，中共党员，硕士研究生学历，研究员级高级工程师。历任一汽汽研所轿车部副部长、一汽集团公司大连客车厂副厂长、一汽轿车股份有限公司副总经理、中国第一汽车集团公司规划部部长、中国第一汽车集团有限公司驻京总代表兼驻京办主任等职务。获得国务院政府特殊津贴、中国汽车工业杰出人物、吉林省科技进步一等奖及一汽集团内的多个奖项。

付炳锋同志熟悉汽车行业，长期从事汽车产品研究、战略规划制定、体系建设、科技创新管理以及人才培养等工作。他在轿车设计开发技术领域具有较高造诣，成功主持开发了全新轿车产品——奔腾B70、B50，CA7202E3红旗世纪星及12万辆轿车工程基地建设重大项目，成功引进M6技术，为一汽的自主研发做出巨大贡献。他了解行业发展，科学制定一汽集团"十二五""十三五"等多项战略规划，组织完成《战略规划管理实施细则》等19个流程制度文件及多个管理文件，推进统一乘用车产品标准和汽车零部件编号规则工作，搭建新能源汽车产品标准体系结构，组织完成了530余项企业标准审查，组织参与了50余项汽车技术法规编制和修订工作。他重视科技创新管理，组织完成了一汽集团专利管理系统平台建设，科技创新成果显著。在他的推动下，一汽集团获得14个奖项，3人获得个人奖项。他注重人才培养，培养了一大批项目经理和项目骨干队伍，为一汽的发展做出了贡献。

2019年4月16日，付炳锋当选为中国汽车工业协会常务副会长兼秘书长。

吴志新：标准引领、创新驱动、服务支撑——共同迎接智能网联汽车产业发展新阶段的机遇与挑战

吴志新
中国汽车技术研究中心有限公司副总经理

今天给大家简单分享一下我们在智能网联汽车标准方面做的一些工作。

第一部分是智能网联汽车技术及产业发展进入新阶段。可以说，将来是不智能不汽车。汽车的智能化进程，就相当于模拟手机从模拟信号向数字化、从数字化到智能终端的转变。如果在这个转变中落后，企业将面临很大的发展和生存困难。

将来，智能化网联化的道路会有多长，终极目标是什么，要走什么样的技术路线，目前有许多种看法，我认为智能网联汽车是多产业融合创新发展的新型产业集群，其关键词是突破、融合、创新、发展。首先，智能网联汽车打破了汽车产业原有的边界，要融合跨界才能发展。如果将来智能网联汽车解决不了融合的问题就没有发展。当然，有人认为，一些企业是不得已而融合的。我们国家有体制优势，通信系统的建立非常快，投入非常大。汽车本身的智能化还要选择一些适合的地方去做，协同式的发展道路是非常对的，也是符合我国国情的，这样一条发展路线，我们是完全赞同的。

其次是融合创新。汽车本身需要创新的地方很多，不管是感知系统、决策系统、操作系统，还是硬件的平台，这些都是原来的汽车所不具备的，未来智能化网联化的汽车更是如此。现在汽车市场、汽车的应用状态均发生了变化，可通过网约车随时叫车，因此将来00后是否还会自己购买车辆，就成为未知数。消费的生态、使用的场景都会发生很大变化。对汽车行业来说，需要用创新去破解这些问题。由于智能化的赋能，使得汽车的功能发生了变化，将成为一个移动的空间。以前车辆是移动的家、移动的第二活动空间，现在则是移动的智能空间、智能终端，在车里可以做很多的事情，像智能办公、智能家居这样一些新的理念和功能需要汽车行业的技术研发人员去认真考虑。如果未来汽车真正变成智能终端，车厂需要有更多创新的思路和规划。

从汽车发达国家来看，美国、日本、德国、法国、意大利、韩国均投入了很多人力、物力、财力开发智能化汽车。人工智能发展到目前的状态，已超乎人的想象和判断，以后人脑的芯片可以读出人心所想。斯坦福大学有一项研究显示，在给小白鼠体内放置纳米级的传感器后，就可以知道小白鼠在走迷宫时是如何决策的，也就是说可以把小白鼠大脑的数据读出来。这可视为科学版的读心术，在人的头上贴一个贴片，就可以把其大脑中的数据直接读出来。这一技术的实现有多远尚不知道，但值得思考的是，如果真正到那个时候，人类是否还能掌控机器人，还是被机器人掌控？有人说，人会顿悟，机器人不会顿悟，人有灵感有情感，机器人没有，但现在有的居家机器人可以说是具有情感的，在安慰老人方面就做得也不错，因此我们对人工智能应该要给予高度重视，这也会牵扯到伦理、法律等问题。不仅仅是相关标准需要考虑，还有很多东西都需要我们去考虑。

目前，智能网联汽车的发展处于实验室的阶段，或称为实验厂的阶段，只是刚刚起步，未来有无限的商机，同时也会有许多困难与挑战。需要把模拟仿真做好，但在智能网联汽车中仍然无法囊括现实世界中的所有交通场景，那些边缘性、小概率的场景是很难通过试验运行获取的。车辆必须经过数亿千米试验以后才能验证网联汽车的功能是否完善、安全。在研发中，可以通过一些仿真加速进程，人为设置一些场景也有助于车辆的开发、验证。在实验室内，可以对传感器系统、感知系统进行系统的测试，也可对有限场景、封闭式场地进行测试和评价。接下来，智能网联汽车将走向公开的道路测试，希望智能网联汽车尽快实现量产，带领我们进入一个智能网联化、电动化、共享化的汽车社会。

智能网联汽车发展在技术、管理、法律、社会方面还面临许多的挑战，包括技术如何落地的问题、成本的问题、自动驾驶功能完善的问题、不同路径选择的问题，还有不同发展阶段的判断问题。美国汽车工程师学会（SAE）将智能网联汽车的等级划分为1~5级，我们认为智能网联汽车真正要落地，这种划分方式有很多缺陷。我们增加了网联的三级划分，认为将来要以场景的难度来划分。在5G环境下，如何把智能网联汽车级别的划分标准制定得更加科学化，更加具体化，这是我们未来在标准方面需要做的事情，也是技术上需要追求的。智能网联汽车不是一定要到达五级才去产业化。在每一级当中，相对高端的车辆配备智能化功能，提供安全保护的功能，正在进入大规模生产中。在管理方面，现在的管理规章不是很完善，缺乏标准和管理规定，真正的无人驾驶车在法律上还有问题，比如，在驾驶过程中，手离开方向盘的行为是违反目前的道路交通安全法的。将来，相关的法律随着汽车智能化将会不断改进和发展。在法律没有调整的情况下，可通过示范区的政策进行智能网联汽车的测试验证。当然，智能网联汽车的社会问题也有很多，比如以前没有涉及的伦理问题。现在，合规的驾驶员由于过失造成第三者伤亡，是可以获得保险赔偿的，但无人驾驶汽车发生事故则会带来很多的社会问题。

第二部分，简单报告一下智能网联汽车法律法规、技术标准、测试评价与管理研究方面的进展。我们发布的一个智能网联汽车法律法规适用性分析报告，分析了目前哪些标准是不适应智能网联汽车发展的，比如标准规定制动不能是线控的、方向盘不能是线控的，但如果不用线控就无法做无人驾驶车。目前的标准中有很多类似的不适应智能网联汽车发展的内容，需要重新进行梳理。这方面研究工作的最终目的就是采用相应的措施解决标准中滞后于智能网联汽车发展的问题，这些问题已经成为或者即将成为智能网联汽车产业发展中的一种阻碍。

在标准方面，中国汽车技术研究中心有限公司标准所与中国汽车工程学会有很多的合作，总体指导思想和基本原则是立足国情，统筹安排，以基础性的标准为主，通信标准、急用的标准要先行，要协同发展，自主创新。目前，我国的智能网联汽车发展，基本上无法参考或借鉴国外的经验，需要立足于自主创新，鼓励创新。在标准的制定上不能够限制得太死，要兼容开放，动态更新。随着技术的发展，现行标准存续的时间不会很长，要快速进行迭代升级，以便配合我国智能网联汽车快速发展的步伐。

现在，国际上也逐渐展开跨界、跨领域多层次的合作，全国汽车标准化委员会 ADAS 分会的研究工作，由跨行业的一些专家和技术人员共同参与。汽车标准委员会的成员也参与了 ICT 行业有关智能网联汽车行业管理各项标准的制定。这些工作使双方的技术人员增进了沟通与了解，形成各方的高度融合，推进智能网联汽车产业的实质性融合，标准化工作组还设置了很多的观察员和专职委员，也有顾问、专家帮助指导工作，并建立了国家标准法规制定的协调专家组和国际专家咨询组。在智能网联汽车领域，行业不是封闭的，而且，我们的国家也不是封闭的，是开放的。

关于测评方法，目前没有完全达成共识。评测方法仍在构建过程中。我们建了不少的封闭场地，每个封闭场地都有自己的特点，设置的场景数量不一定完全一样，内容也不一定一样，将来如何把自动驾驶测试的封闭场景标准化是非常重要的，因为只有在标准化的场景下，测试的结果才有公信力。智能网联汽车仿真模拟的测试，将来也会实现突破。以前，车辆的可靠性、安全性测试，都要进行实车碰撞，还要在实际道路上测试。现在的实车测试只适合智能网联汽车机械部分的测试，将来智能网联汽车中的软件实际场景、地图等方面才是价值体现点，其重要性越来越高。如何对智能网联汽车的软件、对软件网络的数据、功能等底层的东西进行测评，在智能网联汽车的标准规范和法规规定的测试当中占据非常大的比例。

现在说智能网联汽车不成熟是客观的，因为现在技术没有发展到成熟的地步，信息安全、防护设计方案、产品工具开发、风险评估等场景的数据都需要技术的支撑。智能网联汽车虚拟仿真平台规定的开发要求非常多，与原来传统车辆的仿真平台完全不一样，需要汇集行业的力量，一步步解决问题。企业对车辆实际道路测试的需求还是非常强烈的，国家三部委也公布了有关在公开道路上测试智能网联汽车的规划，现在很多地方也逐渐开放了一些道路并且也颁发了智能网联汽车在公开道路上进行测试的牌照，这一举措是具有突破性的。智能网联汽车有了牌照，车辆在限定的道路上进行测试就是合法地在做试验，企业也会承担许多技术方面的风险。

自动驾驶汽车商品化的进程到了某一个阶段就会快速发展，相关方面也在积极探索认证管理的一些新模式。我个人认为这种新模式更多的是聚集在大数据、云计算和软件测评、数据安全线路保障方面。发展智能网联汽车的初心是为了实现零事故，终极目标也是零事故。现在，我国公安部发布的信息显示，我国每年因为交通事故死亡人数为6万人。智能网联汽车的技术是可以减少交通事故，尤其是降低重伤、死亡人数的，但是如果智能网联汽车信息不安全，甚至被黑客控制了，也可能出现群死群伤的事件，这是一个大问题，而传统汽车没有遇到过这种问题，这是智能网联汽车发展需要面临的新问题。

在智能网联新能源汽车标准法规方面，通过很多部委的积极协调，中国的标准和法规得到了国际上的认可。实际上，中国的标准走向世界需要打通这样的渠道。中国汽车技术研究中心有限公司是国际标准化组织（ISO）自动驾驶测试工作组的召集人，正在召集全世界自动驾驶测试场景采集的专家，共同研讨以获得更多的场景，为未来的自动驾驶汽车研发和认证测试服务。

更多的国际交流在有力推动的过程中。中德、中法、中日、中美都有不同的很多合作，中德之间的合作更加全面、深入。我在中国汽车技术研究中心有限公司负责外事工作,我去国外考察、交流和参加的标准化方面的会议,与智能网联汽车相关的就很多。

智能网联汽车未来将形成一个非常大的市场。据美国预测,智能网联汽车到 2025 年将形成 1280 亿美元的市场规模,未来可能会更大。但是我们需要走得很积极也很稳,才能把智能网联汽车做得更好,保持在市场上的先进或者领先的地位。

嘉宾简介

吴志新

吴志新,男,汉族,1964 年生,河南武陟人,博士,研究员级高级工程师,中国汽车工程学会会士。

1997 年 5 月毕业于江苏理工大学,获得内燃机专业博士学位。

现任中国汽车技术研究中心有限公司副总经理,全国汽车标准化技术委员会电动汽车分技术委员会主任,中国汽车工程学会电动车辆分会副主任,中国汽车工程学会 NVH 分会主任,中国智能交通协会车辆专委会副主任,天津市电动车辆研究中心主任,国家科技部"十五"863 电动汽车战略规划专家组成员、国家科技部"十一五""十二五""十三五"节能与新能源汽车重大项目总体专家组专家,美国 SAE 会员和中国汽车工程学会会员,中国汽车工程学会特聘专家。天津市电动汽车领域授衔专家,天津大学博士生导师,2008 年被授予改革开放三十年"中国汽车工业杰出人物",2018 年被授予改革开放四十周年"杰出人物"。

曾任中国汽车技术研究中心有限公司试验所汽车排放研究室副主任、主任,清洁汽车研究室副主任,汽车标准化研究所总工程师,天津清源电动车辆有限公司总经理。

在国内外学术刊物和学术会议上发表学术论文 60 余篇,取得专利 16 项,其中,发明专利 9 项,获得中国汽车工业科技进步一等奖 1 项、教育部、中国汽车工业科技进步奖及天津市科技进步奖 8 项。

辛宁：变革时代，汽车行业的未来趋势探讨

辛宁
《中国汽车报》社有限公司总经理

我演讲的题目是《变革时代，汽车行业的未来趋势探讨》。互联网改变了世界，也改变了我们的生活方式，人类在工业革命时代建立的思维模式正在向一种新的思维模式延伸、转型，大数据和智能化将成为下一次科技革命和社会变革的核心动力，将对汽车行业产生重大影响。

第一个问题，对汽车产业未来发展的技术背景、社会背景，以及用户的变迁做一个简单的探讨。人类的思维模式，正在从机械思维往大数据思维延伸。17世纪以来，工业革命形成的重要的思维模式就是机械思维、工具思维，这也是现代文明的基础，机械思维直接带来了工业文明时代，其核心思想是确定性和因果关系。

机械思维的指导理论是牛顿的微积分、爱因斯坦的物理理论，这推动了社会发明。机械思维改变了人类的工作方式，建立了革命性的方法论，并在工业革命和后来全球化过程中起到了决定性的作用。目前，这种思维仍然指导着人类的行动。

互联网的出现使人类开始进入信息时代。在信息时代并非所有的规律都可以用简单的原理描述，利用因果关系已经不能讲清楚，因此不确定性或

者说难以找到确定性，是当今社会的常态。

数据为我们提供了解决问题的新方法。众多周知，信息论的奠基人是克劳德·香农（ClaudeShannon，美国数学家）。信息论是大数据思维方式的基础，大数据思维和机械思维并非完全对立，前者是对后者的补充和延伸。信息论将世界的不确定性和信息联系在一起，把复杂的问题变为数据问题，为人们看待和处理事务提供新思路。这样机器的学习能力越来越强，大数据思维是建立在不确定的基础上，其核心不是因果关系，而是寻找事务之中的强相关关系。互联网在这几年的发展猛增，用数据驱动未来社会发展的趋势越来越明显。机器具有的学习能力，最有名的事件就是 Alpha Go 战胜李世石。例如，谷歌的自动驾驶不是以汽车行业的传统思维模式实现的，而是在硅谷实现的。自动驾驶是通用汽车最早提出来的，但是现有的汽车集团包括跨国公司在内都没有实现，就是因为思维观念没有转变。思维的局限性，在任何时代都是这样的。大数据思维不是抽象的，而是提出一整套让人们能够通过数据寻找相关性的方法，可以用来解决当下的各种难题。人工智能依靠的是机器学习，大数据使智能问题变成数据问题，决定今后 20 年经济发展的是大数据和由此而来的智能革命。

人工智能有三个要素，一是大数据，二是计算能力，三是分析计算，这些是智能化的基础。三个要素缺一不可。数据反映速度，针扎手指头，人感觉到疼需 20~200ms，5G 环境下可以做到 1~5ms，5G 是实现汽车智能化的基础。

今年大概有 40 个城市开始了 5G 服务，三大运营商大概有 8 万~10 万个基站，未来基站覆盖更密更广，2020 年将建 60 万~80 万个基站，到 2021 年将建百万个以上宏基站和千万个小基站。到 2021 年，5G 大规模实现应用，对汽车行业来讲是千载难逢的机会。

据麦肯锡的报道，预计 2022 年全球网联汽车的市场占比将占到汽车市场的 24%，具有网联功能的新车销售占比将达到 94%。同时，2025 年自动驾驶将带来万亿美元的经济规模，每年减少的交通事故可挽救 5 万生命，减少废气排放90%。智能化也是减排的。到了2030年,共享汽车互联服务等延伸的商业模式将使汽车行业增加1.5万亿美元的收入。

接下来说说用户,从人的大脑分析,人类在发展中一直有两股力量在推动,一股力量推动前进,获得利益;另一股力量回避伤害,人类趋利避害功能十分强大,均由大脑做出指挥和判断。

左脑和右脑各有分工,左脑是理性的,是偏物质的;右脑是感性的,是偏精神的。现在互联网的发展大大推动了右脑的情感需求和满足感,大大开拓了人的右脑的决策度,除了满足产品的使用需求之外,还要注重用户的感受、场景等精神需求,因此产品营销必须考虑用户的情绪、情感、体验、梦想等精神层面的需求。

过去做产品大多考虑物质层面的需求,但新一代人的特点就是成长于互联网时代,经济比较富裕,文化程度高,消费能力强,消费观念比较超前,与上一代人不同,这一代人个性化需求明显,眼界开阔,了解国外的流行趋势,不仅有消费能力,而且有影响力,每个人都是传播主体,沟通能力强,比前几代人善于过滤信息,不会盲目地相信宣传,善于对比,有搞清楚事实真相的渴望和能力,网购也已经成为习惯,希望选择满足精神需求的产品,对他们而言,服务大于产品和品牌。

将来,物和人、物和物的连接让大数据洞察用户的需求成为可能。从产品决策上看,未来需要完成从物质到精神的转变,由价格到价值的转变。

第三,来说说汽车产业的发展趋势。大数据、云计算、物联网的运用,新时代新业态模式推动产业生产管理和营销模式的变革,汽车产业作为制造业技术密集型和知识密集型的典型产业,已成为智能制造的先行者,汽车企业必须实现以产品为中心向用户为中心的根本转变。

我观察到现在没有一家企业转过来,一是理念的问题,二是条件不具备、缺乏手段。要看到大数据带来的汽车产业商业模式、用户价值、使用习惯和服务方式的深刻变化,大数据带来的变革将对思维方式、生产方式、商业模式、营销合作、服务方式产生巨大的影响。

汽车的发展站在用户角度看，思维模式其实有两个，第一是工具思维和道具思维，工具思维就是交通工具，工具思维体现使用价值，道具思维体现社会价值。第二是玩具思维和道具思维，到了互联网时代，工具思维被慢慢地附加使用精神感受和功能性的需求，向玩具思维转变。玩具思维讲人的精神诉求，玩具思维有很强的用户获取能力，但是这要求很高，重要的是用户黏性，这考验的不仅是产品的制造能力，还有营销力、品牌力，以及与用户互动的能力，整个行业在发生巨大的变化。

第四，说说发展趋势和方向。所谓四化，实际上不是平行的关系，没有平行度。应该讨论的是什么？应该是在万物互联时代，汽车的智能化、企业自共享化，甚至低碳化和能源多样化。

在新时代，汽车产业实际有两个方向。

第一个方向是由于环境变化、地球变暖、空气污染，人类面临生存挑战，能源危机使得汽车向动力能源多样化、电动化等方向发展，它的目的就是尽可能节能、环保、低碳，降低排放和污染，能源多样化时代来临，电动化是其中之一的选择，氢燃料、甲醇等新能源也是一种选项。在技术没成熟的时候应允许各种发展的路径并存，但是最后是哪条路径获得成功，就看其与时代的结合度了。

第二个方向就是万物互联。实际上，2016年制定的窄带物联网的国际标准，主要体现了广覆盖、大连接、低能耗、低成本。低成本但快连接，这是汽车行业的应用特点。

在这个前提下，大数据推动汽车的智能化，最终实现完全自动驾驶的目标。当下汽车产业发展的几个特点：

一是产品形态发生显著变化，汽车的能力和作用被重新定义，汽车的属性从交通运输工具向智能移动终端平台转变，将来，汽车可以实现移动中的生活功能、娱乐功能、工作功能、服务的输入和输出功能，人机交互功能、数据采集功能等满足人类物质和精神需求的其他功能都可实现。

二是造车用车模式将发生变化，汽车生产方式发生深刻变化，大批量流水线的生产方式向大规模定制化、个性化模式转变，汽车企业逐渐向出行服务商和问题解决服务商转变，自动驾驶技术逐步应用将使道路环境数字化，智能交通和智能城市的发展步伐加快。

三是跨界融合为主流汽车产业供应链、价值链带来重构与优化。汽车零部件不仅有硬件，也有软件。未来。软件将定义汽车，软件驱动汽车创新的时代也将到来，汽车行业和智能互联网行业、大数据行业的结合，不仅要符合汽车行业的发展规律，还要结合遵循摩尔定律和信息论，否则两个行业之间很难融合起来。

如果能把工业大数据与汽车行业的质量控制能力整合起来，同时又能够非常精准地把握新用户的连接方式，兼顾用户大数据，运用先进的商业模式，才可能成功。未来，汽车企业需要找到一条既可以继承百年汽车工业成熟的先进经验，又可以充分适应未来社会发展的融合路线。融合是关键，产业重构是机会，新的汽车产业生态正在形成。

四是新型需求和商业模式将创新不断，市场进一步细分，出行方式发生变化，共享出行、个性化智能使用和服务成为主要方向，汽车营销、使用、维修、服务、管理、金融的产业链将进一步协同融合。

汽车发展的阶段性代表：第一个就是卡尔本茨发明汽车；第二个是福特让汽车实现大规模生产；第三个是通用整合渠道创造了一种新的商业模式，用大规模的社会分工创造了一个时代的辉煌；第四个是丰田，丰田的精益生产方式体系建设非常到位。我们考察一个企业，要看时代的背景也要看体系的能力，这四个阶段的代表，都是工业化时代的代表。

现在汽车的发展进入第五个阶段，目前行业发展的逻辑关系变了，思维方式也变了，汽车行业一定会有新的代表出现，我期待第五个阶段的代表能够在中国出现。这种可能性是存在的：第一是最大的汽车市场在中国，汽车产业中心逐渐向中国转移，第二是中国智能化推进速度领先。在这两个前提下，加上中国用户的适应能力和智能化的需求能力、国家的调控能力，我觉得应该在中国出现第五个阶段的代表，这也是我们的梦想。否则，我们就不能叫汽车强国。这需要全行业的共同努力。

产业的变化也会引起营销的变化。营销的本质已经变了，过去营销是交易，未来营销的本质是基于关系交易。关系在交易之前，关系交易是长期性的。传统营销模式的四要素为产品、价格、渠道、促销，在新的时代，营销的本质是以用户为中心。如果不转变营销的思维方式，再大的企业也可能倒下。新营销的四个要素：场景、IP（品牌）、体验（社群）、传播。传播形态巨大的变化，每个人都具有传播能力。传播的层次非常丰富，这将带来一种新的革命。

我国汽车自主品牌企业的制造水平、技术能力在逐步提升，但是制造能力、产品质量的提升和品牌的提升严重不匹配。品牌基本上没有提升，目前还处于低端。要想提升品牌，有五个途径：第一要把产品从价格层面提升到价值层面；第二要把企业的文化和价值提升为行业或社会的文化价值；第三是将品牌的价值由物质层面转化为精神层面；第四是企业要从满足需求上升为满足用户欲望；第五要把用户对企业的信任有效转化为企业的社会信用。

嘉宾简介
辛宁

辛宁，男，汉族，1963年生，硕士研究生学历，高级工程师。曾任原机械工业部处长。现任中国能源汽车传播集团董事，《中国汽车报》社有限公司负责人、总经理，兼任全国工商联汽车经销商商会执行副会长，中国汽车工业协会副会长，中国人才研究会汽车人才专业委员会副理事长。

辛宁具有20多年汽车行业从业经历，多次策划并主持国内外高端汽车论坛，多次参与汽车行业重大事项和活动等。

高峰研讨：
谋新求变，开放融合

张夕勇： 破局调整期　开拓新未来／063
阎秉哲： 开放合作是汽车产业发展共赢的必由之路／066
刘　波： 拥四新　谋质变　聚势能　共致远／069
李　少： 坚持扩大开放，谋求合作共赢／074
项兴初： 前行五十五载　谋新求变　再出发／078

2019年是新中国成立70周年，也是全面建成小康社会的关键之年。新的征程面临新的发展机遇，也会有新的挑战。汽车产业正面临着深刻变革，竞争格局全面重塑，进入由大到强的战略机遇期。在新形势下，汽车产业要在创新、协调、绿色、开放、共享五大发展理念的引领下，坚持推进高质量发展，谋新求变，开放融合。

当前，中国已经成为全球主要汽车企业的重要生产基地和销售市场。随着中国汽车产业步入改革开放的新阶段，相关政策导向及中外企业合资合作模式都出现了新的变化和特点。一方面，随着改革开放的全面推进，外资投资管理制度更加完善，服务保障体系更加健全，为国际汽车企业营造了良好的发展环境；另一方面，国际汽车企业加大对中国市场的投入和布局，形成了更为完整的配套体系和良好的产业氛围，实现了国际、中国两个市场的共赢。在全球汽车产业深度变革和中国市场重要性不断提升的背景下，国际汽车企业纷纷制订新思路、实施新战略、发布新规划。

张夕勇：破局调整期　开拓新未来

张夕勇
北京汽车集团有限公司党委副书记、
总经理

很高兴和大家在泰达汽车论坛共同交流、探讨中国品牌未来的发展问题。2020年是"十三五"的收官之年，五年来所制定的"十三五"规划，能够完成的有多少家？完成情况与规划有多大差距？面对当前市场环境的大变革，"十四五"发展规划应该怎么定位？总量怎么确定？未来增长将呈现什么样的曲线？这些确实值得整车企业考虑。

去年以来，中国汽车行业遭遇挫折，"冬天"来了，行业压力加大。可以说，汽车业高速发展的时代宣告结束，中国汽车业正在进入全面调整发展的新阶段。

一是中国汽车进入发展的成熟期，竞争白热化。去年，汽车销量急速下滑，企业销量和效益都出现了不同程度的下滑，供需两端均出现了转折的态势，汽车行业目前走向竞争白热化的成熟阶段。

我个人预计，今年汽车行业负增长率大概为8%左右，那么明年会怎么样呢？从9月开始，北汽也在制订明年的计划。对于明年会怎么样，我也调研了许多专业部门，大多数专家认为，明年能够守住今年的销量数字就不错。有个别专家说明年肯定会增长，哪怕增长一辆车也是增长。不管是合资品牌还是自主品牌，从总量上来说，明年守住今年这个销量数字，我觉得是可以期待的。

二是中国汽车进入全面开放期，价格下压仍将继续。随着市场进一步开放，全球化竞争加大。从目前来看，合资品牌车企在中国工厂的投入回报率整体高于全球的平均水平，这意味着合资产品在国内仍然有较大的空间，并将进一步将压力传导到中国品牌，国内汽车行业的竞争压力将长期存在。

三是中国汽车企业进入增长的波动期，调整之下风险加大。从国外企业的发展来看，日本和韩国从汽车销量首次负增长到销量恢复，用了四到五年的时间，而且逐步呈现波动增长的态势，中国汽车也将经历一个四到五年的平台期，调整之下中国汽车产业的发展机会和风险都会明显地增大。

四是中国汽车进入技术的突破期。新技术整装待发，新能源和智能网联是中国汽车发展的共识，到2024年之后，纯电动汽车的成本将和燃油车持平。同时，"十四五"期间，智能网联汽车以及无人驾驶汽车随着5G应用的开发，将迎来实质性突破。

当今汽车领域最大的变革都将在不久的将来展现，汽车新技术的竞争整装待发，行业加速调整，技术不断突破，在这个黎明前的转折点，唯有广泛合作才能开拓新未来。

一是要兴技术。打造产品新动能，关键是用技术提升品质性能、驾驶操控、设计美学等，每一个吸引消费者眼球的亮点都需要回归技术本身。当今时代，产业调整和新能源、智能网联并行，汽车技术展现新旧赋能之职，唯有创新才能打造新产品、新动能。引导新一代产品进化，在发展方向上，我们推动"双轮驱动"战略，开启了新能源化之路和智能网联之路。在智能汽车产品方面，北汽牵头建设国家新能源技术创新中心，8月，投资20亿元的国家新能源技术创新中心正式使用，技术创新就要常抓不懈。

二是要兴体系。以精准运用打造发展新动能，产业调整管理和运营至关重要，在中国汽车30年的高速发展中，多年出现供不应求，而在新的阶段，供将大于求，运营必须把握好方位，加快落地才能引领进步，赋予产业链的全球价值内涵，开拓发展新时代。出于经营和管理的正视，去年以来，北汽开始推动以深化改革为主题的变革，在战略定位上，我们聚焦定位高新特核心变局，面对新技术、特色化产品，同时着力提升全体系的管理力、执行力、创新力。

三是兴主业，打造新的生态圈。协作方能致远，尤其是在新技术快速发展的双层调整期，合作发展不仅能充分发展新技术，也能有效整合资源，这是我们突破产业瓶颈、开拓产业前景的关键武器。去年以来，北汽积极推进合作，与整车企业长城、比亚迪等建立合作，与戴姆勒推进双向持股，与战略合作伙伴韩国现代推进出口。从传统产业链到新兴发展领域不断培育行业发展向前的新动能，为中国汽车新一轮崛起贡献北汽力量。

中国品牌汽车已经走完了规模化扩张发展的第一个阶段，正在迈进技术进步和产业调整集中赋能的高质量发展全新阶段，我们坚定信心，砥砺前行，蓄积创新变革的新动力，凝聚开放合作的力量，以高质量发展迎接中国汽车行稳致远的新时代！

嘉宾简介

张夕勇

张夕勇，男，1963年11月出生，汉族，山东诸城人，博士，正高级经济师、高级会计师、高级工程师，1980年4月参加工作。

曾任北汽福田汽车股份有限公司党委副书记、常务副总经理，北京汽车集团有限公司代总经理，现任北京汽车集团有限公司党委副书记、董事、总经理。

曾获全国优秀企业家、首都劳动奖章、中国汽车工业杰出人物、全国机械工业劳动模范、中国CFO年度人物等荣誉奖励。享受国务院政府特殊津贴。主要著作有《并购与整合》《发现投资价值》《管理的省悟》《适应与变革》《芸窗小记》等。

阎秉哲：开放合作是汽车产业发展共赢的必由之路

阎秉哲
华晨汽车集团控股有限公司党委书记、董事长

很高兴和汽车界的各位同仁相聚在天津滨海，一起探讨中国汽车产业发展的相关课题。

汽车产业既是资金密集型也是技术密集型的产业，既连接着生产端，同时连接着消费端，拉动作用之大是其他行业难以比拟的。电动化、智能化、网联化等技术发展的新趋势也使企业从研发、应用到服务形成了完整链条。在共享化、个性化的市场消费新理念的驱动下，产品竞争已经从单个企业之间的竞争升级为产业链之间的竞争。在这种技术环境和消费环境下，任何一家汽车制造企业如果离开了开放合作，必将是寸步难行。

有几点体会与各位分享。

一是开放合作是产业发展趋势，也是华晨集团的必然选择。中国汽车产业从诞生到现在，是通过开放合作不断发展壮大的。这里有成功的经验，也有许多备受诟病的教训，值得中国汽车界深刻总结。华晨集团也是沿着开放合作的路径走过来的，我们从20世纪80年代起，就与日本丰田成功合作，通过引进产品技术和经营生产管理理念，自身进行消化和再创新，使得金杯这个品牌成为备受国民青睐的新型客车的知名品牌，相信各位都有深刻印象。20世纪90年代，华晨集团成为最早走出国门的车企，打造了高起点、开放式自主创新的中华品牌，此后又引入了欧洲先进的发动机技术，开发了国内第一款 1.8T 的涡轮增压发动机。与此同时，华晨集团又是第一个引进高端品牌的车企。21 世纪初开始，我们保持着与宝马的良好合作关系，同时，华晨与雷诺在高端电动车的合作上也将填补中国市场的缺口，正在陆续得到收获。正像大家所了解的那样，在去年 10 月，华晨与宝马签约，宝马将购买华晨 25% 的股份，同时承诺把更多更好的车型移植到中国研发和生产，大力推进在中国的本土化战略，引进更多的供应商来到中国，实现聚集发展，双方的合作期也将由原来的 2028 年延续到 2041 年。我们共同把合资企业这个蛋糕做大，使中方股份分红收益不会因股权的变化减少，我们相信这是一个共赢的范例。

二是通过深度开放合作，构建可持续发展的产业链。企业只有适应市场、适应消费者的需求，通过改革创新和开放合作才能够得到生存和发展。从产品研发、采购、制造到销售以及售后服务，建立一个可持续发展的完整产业链条，才能够充分适应未来的市场竞争。面对汽车产业发展的新趋势，我们将继续秉持开放合作的理念，在新能源、智能网联、智能驾驶等重点领域加大投入，在巩固和深化与宝马、雷诺合作的基础上，在德国、日本等海外发达国家进行布局，联合建立研发机构，借助这些发达国家的技术优势和环境优势，开发面向未来的新技术和新产品。同时，华晨集团已经与多家高端的信息企业，包括华为、腾讯等展开良好合作，通过大数据的管理，在智能网联方面实现转型升级。

面对智能制造的新趋势，华晨集团也将致力于打造先进高效的自动化工厂，促进汽车智能制造与智能汽车双向并行，将全面引入宝马的零缺陷管理等国际管理方法和标准，使品质控制达到国际水平。面对营销的新理念、新模式，华晨集团将顺应汽车销售的多元化趋势，彻底改变固有模式，与众多的电商平台合作，创造汽车销售新平台，聚焦"一带一路"布局销售网络，做到国内市场与国际市场并重。未来，我们也希望各位同仁和我们一起探讨全方位、全领域的共享合作，一起打造全球化市场。

面对出行服务新业态，华晨集团秉持市场化、专业化、全球化理念，与网约车平台和大数据专业公司，以及银行、保险、基金、证券、投资等金融机构合作，共同打造智慧出行平台，加快由汽车制造商向出行方案提供商进行转型,构建适应市场需求的产业生态圈。面对金融合作新模式,汽车产业的重心也正在向后市场进行转移,不论是新能源汽车企业的融资,还是销售与社会的金融服务,或是金融推动的二手车信用评估,汽车产业和金融产业的融合都将越来越紧密。

当前,华晨集团正在寻求汽车产业与金融产业合作的新模式,推动包括从新能源汽车的制造到汽车售后服务整个产业链条和金融产业的融合。

未来,华晨集团将把专心致志造好经济适用车作为自身的定位,我们将聚焦主业,专心致志做好汽车制造。通过改革创新激发内生活力,坚持改革开放,实现共生共赢。本着跨界的原则,积极推动产业创新和升级,期待与更多的卓越企业深度合作,共赢未来。

嘉宾简介
阎秉哲

阎秉哲,2018年担任国家住建部工程建设审批制度改革专家组组长。

曾任沈阳市铁西区、浑南区区委书记、沈阳市副市长。期间作为地方主要领导,深度参与见证华晨与宝马、北汽、雷诺等的合作。主持推进国家机器人创新中心、材料科学国家研究中心、中科院机器人与智能制造创新研究院建设。主持推进恒大新能源汽车、长江新能源汽车、中国航发燃气轮机等重大项目落地。主持建立沈阳市"多规合一"改革工作体系,着力推进工业转型升级。

2019年4月1日,就任华晨集团党委书记、董事长。面对汽车产业新形势,提出"改革创新、开放合作"的企业发展理念和"专心致志造好经济适用车"的发展定位,大力推进管理改革、技术创新、跨界合作和服务升级,确立自主品牌与合资品牌并重、整车制造与汽车服务并重、国内市场与国际市场并重、开源与节流并重,着力构建"科技研发—整车制造—动力总成—重要零部件—汽车服务"全产业链整合发展新格局,立足国内需求,聚焦"一带一路",使华晨集团焕发出勃勃生机,迎接汽车产业新时代。

刘波：拥四新　谋质变　聚势能　共致远

刘波
长安汽车执行副总裁

很高兴受邀参加泰达汽车论坛，与业界同仁共同讨论汽车产业当前的形势和未来。前面听了很多领导的精彩报告，使我对我国汽车产业的发展更加充满信心，对汽车产业下一步政策的走向、发展路径和将面临的挑战有了更加清晰的认识，收获很多。

我发言的题目是《拥四新　谋质变　聚势能　共致远》。改革开放四十年来，我国汽车产业快速发展，取得了巨大的成就，从无到有，壮大发展，从2009年以来，已连续十年稳居全球最大单一的汽车市场，中国品牌的规模也在不断地扩大，产品力和品牌力在稳步提升，新能源汽车在全球的销量占比已经达到90%。与此同时，中国汽车产业不断深化改革，良好的创新环境、强劲的创新活跃度都是有目共睹的，新势力、智能化共享出行、新零售等新理念不断涌现，成绩有目共睹。而当下则是如履薄冰，近两年大家都深刻感受到这种车市寒冬带来的压力。

应该说，这种压力是从2018年开始的，2018年中国汽车市场销量迎来了28年来的首跌，延续至今已经连续13个月下降，并且呈现愈演愈烈之势。从2019年1~7月的情况来看，中国汽车市场销量降低了11.4%，业界都呈现出放血求生存的切身之痛。同样，中国品牌汽车的市场占有率也在不断地下降，今年上半年中国品牌汽车的市场占有率，从39.1%降低了3.9个百分点，说明一旦市场竞争环境恶劣，中国品牌汽车的表现更加惨烈，抗风险的能力和竞争力均较弱，产品力、品牌力包括基础技术的抵御能力有待于加强。

排名前十位的汽车集团市场销量占比是越来越高，达到89.4%，排名在后面的汽车集团只占据了10%左右的市场份额。这表明在产业淘汰不断加速的当下，小规模和弱势品牌是无法支撑这种竞争的。我们认为无论是合资还是自主，或者是新的造车势力，只要未能形成真正的核心竞争力，都将被淘汰。同样，我们也可以看到，中国品牌的单一车型的销量与合资品牌相比，差距也是比较大的。2019年1～7月，销量排名前十的中国品牌单车型的平均销量为2.6万辆，合资品牌单车型的销量是5万辆。这仅是在中国的市场，如果放眼全球，这一差距更加巨大。实际上，这给中国品牌汽车带来了巨大挑战。产业寒冬加剧，在这一轮新旧动能的调整时期，中国品牌汽车面临着一系列新的挑战、新的变化。

第一，由产品力向品牌力这个方向转变。经历30多年的发展，中国品牌的产品力得到市场认可，某些品牌的产品力甚至可媲美一流品牌。随着国民生活水平的提升，消费不断升级，人们的品牌观念越来越强，豪华品牌汽车的市场占有率提升，而品牌力不足恰恰是中国品牌汽车面临的最大痛点。

第二，自主品牌汽车由过去的销量规模定乾坤，向当下赢利性定存亡转变。过去是一切向规模看齐，规模大，企业一定发展得好，但是在市场化的当下，仅仅有规模肯定是不够的，企业要生存，要发展，就必须要有赢利。而赢利能力的强弱将决定企业在这一轮淘汰进程中是否能够生存下来。而我们要看到，中国品牌汽车主要集中在低价区域，赢利性相对较低，这要引起高度重视。

第三，由过去的数量观念向质量观念转变，中国品牌的传统观念是

"多生孩子好打仗"，靠产品的数量换取销量规模，但是现在我们发现，这个路走不通了，养一个孩子的成本越来越高，产品的迭代也在加快，因此如何构建平台化，打造经典或者是爆款的产品，提升单一产品的盈利效益，这将是中国品牌汽车未来面临的新挑战。

第四，由过去小投入高回报向现在的大投资慢产出转变。在很长的一段时间里，中国品牌汽车享受着产业高速发展增长带来的红利，同时借鉴国外成熟的发展经验，以很小的投入快速成长起来，但是在技术、模式、体系等领域，中国品牌汽车的积累是严重不足的。在产业转型的竞争中，过往的红利已经失去了，再加上新四化催生出的一系列新技术、新模式、新理念，中国品牌汽车不得不加大投入，自建核心能力。因为这些能力是买不来的，也是学不来的，只有靠自己建设核心能力。这些都是在修炼自主品牌汽车的内功，耗资巨大，短时间难以成效。比如，最近这两年，车企一些研发投入已经达到营业收入的7%以上了。实际上，我认为这是不可持续的，这对中国品牌汽车的可持续发展提出了非常大的挑战。

退潮之后，才知道谁在裸泳。没有形成核心竞争力的企业必将消亡或关停并转，只有能够积极应对新挑战，迅速转型，同时具备强大能力的企业才能生存下来。基于以上认识，在2017年长安汽车实施了第三次创业，就是我们的创新创业计划。通过该计划的实施，通过近两年的探索和实践，我们坚定认为只有聚焦四新、加速转型、合作开放，方能突破困局。

第一，我们认为最重要的是要树立新形象。我们要不断地提升品牌形象，进行品牌的创新，努力开拓更加广阔的用户市场，这是中国品牌汽车当前创新发展最重要的课题。我们要看到自身的差距。有研究表明，中国品牌汽车用户换购时，购买中国品牌的比例仅有37.2%，而合资品牌和豪华品牌的这一数据分别为59.3%和78.1%，因此中国品牌汽车要精准定位、服务好用户、持续提升品牌力，才能改变中国品牌汽车忠诚度的危机。

品牌向上是中国品牌汽车绕不开的话题。近年来长安汽车在不断优化品牌架构，明确品牌定位，区分不同的目标人群和核心价值，形成了四大整车品牌及两大业务的汽车品牌，为用户提供更加专注的产品和服务，实现用户和品牌的升级，推动品牌向上。

第二，打造新能力。作为汽车企业，核心应该是产品本身，必须要充分迎合用户当前日精日新的诉求。我们要用新时代赋予的新能力打造产品基础，助力增长。研发是企业创新的原动力，更是长安汽车赖以生存的支柱。长安汽车每年坚持将销售收入的5%投入到研发之中，从"十一五"到现在已经投入9万亿元，研发实力大幅提升。长安汽车紧抓时代趋势，今年4月总投资达43亿元的长安汽车全球研发中心使用，开启了协同研发的4.0时代，这一研发中心将以大数据分析作为基础，重点突破关键核心技术，将用户大数据与产品的开发流程深度融合来精准指导产品研发，打造全球领先的数据中心。目前，长安汽车已经拥有两千人的自动化研发团队，软件工程师占比达到30%，已经完全自主掌握自动驾驶领域的控制编码、决策算法等核心技术，L3、L4级别的自动驾驶的核心技术都是由长安汽车自己主导、研发的。

第三，聚焦新产品。我们相信产品不仅是要充分服务于现在，更要永远比时代更进一步。中国市场前瞻技术云集，都是可以作为中国品牌汽车赢得差异化竞争的重要砝码，长安汽车通过北斗天书计划和香格里拉计划来实现差异化的竞争，坚持为用户提供超前的产品体验。我们将200余项智能技术、100多项智慧产品和服务转化为用户可以切身体会的现实生活，即将与大家见面的长安的CS75 PLUS将使用APA5.0代客泊车技术、手机蓝牙钥匙、车载微信等多种服务，超前满足用户未来几年的用车需求。

第四，提升新格局。多元是时代的主题，跨界是当今的常态，面对更加开放创新的市场环境，汽车产业的融合性越来越强，业界边界越来越模糊。我们认为单打独斗的时代已经过去，跨界联盟成为时代的主旋律。长安汽车坚持打造面向全社会开放的共享平台，与合作伙伴共创价值，与腾讯联手组建了车联网领域的最强组合，与华为等携手成立联合创新中心，与百度、科大讯飞等互联网企业构筑深度联盟。同时与一汽、东风强强联合，就前瞻技术、自动驾驶、氢燃料、下一代纯电动平台开发、智慧出行等开展深度合作。长安汽车秉持开放共享的理念,愿与业界同仁携手,共研技术、共建平台、共育品牌、共谋产业的发展。

中国品牌汽车必将在世界占有一席之地,携手共进,成就中国汽车强国梦,预祝本届论坛取得圆满成功,长安行天下,明天更美好。

嘉宾简介

刘波

刘波,中共党员,重庆大学硕士研究生,博士生导师,研究员级高级工程师。

现任长安汽车执行副总裁,国家百千万人才工程专家,重庆市科学技术协会副主席,中国汽车工程学会副理事长,中国汽车工程学会会士。

荣获"全国五一劳动奖章""改革开放30年中国汽车工业杰出人物""富民兴渝贡献奖""国防科技工业十大创新人物奖""中国杰出工程师奖"等荣誉,享受国务院特殊津贴。

李少：坚持扩大开放，谋求合作共赢

李少
广州汽车集团股份有限公司副总经理

非常荣幸参加本届泰达汽车论坛，与各位一起分享经验、展望未来。受广汽集团董事长和总经理的委托，下面我就对外开放和走出去战略与大家进行分享。

一、开放合作，夯实广汽发展基础

1997年，广州市委市政府决定重组广州标致，在国家相关部门的支持和指导下，我们与本田技研实现合作，合资建设经营广汽本田，为此广州市政府投资设立了广汽集团，作为广汽本田的出资人，可以说广汽集团因合资合作而生。广汽本田严格贯彻执行《中外合资法》，在我国汽车市场开创性地按照起步即与世界同步的理念，开发导入先进技术和产品，建立以服务为核心的，集整车销售、配件供应、售后服务、信息反馈四位一体的汽车销售服务网络，得到了广大消费者的高度认同。

2003年，广汽集团与丰田汽车合资建设经营广汽丰田，广汽本田和广汽丰田取得了巨大的成功，成为行业的引领者。2019年1~7月广汽本田和广汽丰田汽车销量分别同比增长12.6%和21.8%，成为推动广汽集团发展的重要引擎，为广汽集团自主品牌事业的快速发展创造了条件。

二、自主创新，进一步增强广汽实力

自主品牌是中国汽车人的梦想。2005年广汽集团决定投资发展自主品牌，2006年成立广汽研究院，2008年成立广汽乘用车公司。经过不懈努力，广汽传祺以世界眼光聚合全球优秀资源，坚持正向开发，走出了一条具有广汽特色的自主创新道路。广汽传祺新车质量连续居于中国品牌第一，成为增长速度快、效益优良的中国品牌，引起全球瞩目。2017年7月，我们又投资建立了广汽新能源公司，新车型供不应求，今年前7个月销量同比增长87%，迅速跻身中国品牌电动汽车的前列。下一款量产SUV纯电动汽车将具有L3级别的自动驾驶能力，已于今年8月29日公开预售，自主创新取得了阶段性成果，广汽的实力得到了进一步增强。

三、合资合作和自主创新并举，是中国汽车产业的必然选择

实施合资合作，为我国汽车市场提供了大量质优价廉的汽车产品，替代了进口汽车，催生了大批汽车品牌。迄今为止，我国的中外合资企业，其技术、产品主要依靠外方伙伴，中方在合资公司里的话语权是有限的，我们认为中国汽车产业的高质量发展，最高效的发展方式是要合资合作和自主创新齐头并进，两条腿同时走路。既不能完全依赖引进来，也不能够在完全封闭的状态下进行自主创新。应该坚持以开放、创新的思维优势互补、加速进步、谋求合作共赢。

四、广汽合资合作，自主创新协同发展

一是坚持以质量效益为中心。质量是企业的生命，是品牌的基础，效益是企业发展的宗旨，盈利是硬道理。广汽始终坚持以质量效益为中心，始

终把质量效益摆在最重要的位置,统揽一切经营工作。

二是坚持合资合作不动摇。合资合作版块在广汽事业板块中所占比重最大,我们要坚持扩大开放、谋求供应,全力推进合资合作的转型和升级。一要加速推动合资合作的转型升级和深化,支持合资企业生产股东双方的品牌产品;二要鼓励合资品牌和自主品牌之间人才的双向流动;三要进一步强化产品研发、零部件、汽车后市场及新四化等领域的合作,满足消费者日益美好的新需求。

三是坚持自主创新不动摇。创新是广汽发展的核心,我们决心以全球化格局持续推动自主品牌加快发展。一要提高研发水平,实施平台化和模块化,提升研发投入产出效力;二要增强产品力,打造若干民心车型,实现销量和利润稳定增长;三要强化供应链布局,打造具有广汽特色的产品开发体系、生产管理体系、采购体系和营销体系;四要大力发展新能源汽车,实现广汽新能源与广汽乘用车在产品、品牌、制造、人才等方面的协调效应;五要加强共享化布局,逐步扩大服务区域,向移动出行供应商转型。

五、中国品牌走出去市场前景广阔

海外市场是全球市场的重要组成部分。随着全球经济一体化的快速发展,中国与国际之间的交流合作必将更加密切,尤其是"一带一路"倡议、粤港澳大湾区等国家战略的实施,将推动中国与世界的高度融合,为中国品牌、汽车企业走出去提供了空间。广汽将通过强化专业队伍建设,加强国内外市场的互相学习、借鉴,构筑完整的全球业务生态链。首先,考虑进入"一带一路"市场;其次,考虑选择性地进入金砖五国等新兴市场;最后,根据全球贸易环境的发展状况,择机进入北美以及其他发达国家,为全球消费者提供质优价廉的产品和服务。

嘉宾简介

李少

李少,广州汽车集团股份有限公司副总经理,毕业于华南理工大学金属材料及其热处理专业,获工学学士学位,参加香港公开大学研修获工商管理硕士学位。曾先后担任广州市高强度螺丝厂技术员、车间主任、分厂长,广州市计划委员会工业处主任科员、副处调研员,广州市政府汽车工业办公室计划处处长,广汽集团投资计划处处长兼外经处处长、总经办主任、总经理助理,广州骏威汽车有限公司党委书记,广汽日野汽车有限公司执行副总经理,是广东省"五一劳动奖章"获得者。2004年起担任广汽集团副总经理,目前分管经济运行、资源协同、安全生产、商贸事业工作,兼任广汽本田汽车有限公司董事长、广汽本田汽车销售有限公司董事长。

项兴初：前行五十五载 谋新求变 再出发

项兴初
安徽江淮汽车集团控股有限公司党委副书记、安徽江淮汽车集团股份有限公司总经理

很荣幸受邀参加此次会议，并和大家一起分享江淮汽车在谋新求变上的举措。我今天演讲的题目是《前行五十五载 谋新求变再出发》。

今年是新中国成立70周年，也是江淮汽车成立55周年。70年来中国汽车工业从无到有，由弱到强，一路走来虽步履维艰，但仍取得了不少成绩，为汽车强国梦打下了坚实基础，江淮汽车在这条道路上前行了55载。江淮汽车建于1964年，第一代江淮人自力更生打造了安徽省第一辆汽车，坚守自主创新，开放合作，历经半个多世纪的发展，江淮汽车从单一生产轻型载货汽车产品，发展为传统节能汽车与新能源汽车并进的综合性汽车产业集团。

当前，汽车产业正经历一百多年来的深刻变革，中国汽车市场进入微增长甚至负增长，中国汽车品牌不但要面临传统燃油汽车升级、追赶的压力，还要面临长期挑战，产品、技术、品牌升级与电动化、智能化转型的巨大资源投入所引发的矛盾凸显，江淮汽车的发展也深受影响，谋新求变成为当务之急。

江淮汽车将新能源车业务提升至公司的战略层面，抓住机遇，快速发展。2016年，江淮汽车发布了"十三五"发展规划，确立了做强做大商用车、做精做优乘用车，大力发展新能源车和智能网联技术的战略方向。在新能源车业务上，坚持技术创新，历经13年迭代研发打造的全新第八代技术、第三代产品，更是在产品续驶里程、安全性能、智能网联、客户体验上迎来全线升级。

与此同时，江淮汽车和德国大众成立江淮大众合资企业，共同开发新能源汽车的全新平台。与蔚来汽车联合打造国内先进的纯电动制造基地，深化新能源汽车产业链和配套设施的合作与共建。

谋新求变，新在借助"一带一路"倡议，瞄准海外市场。在国内市场整体低迷、竞争激烈的情况下，更为广阔的海外市场将是自主品牌汽车重要的机遇。截至目前，江淮汽车已经建立了覆盖南美洲、非洲、中东、东南亚、南亚、东欧等131个国家和地区的营销网络，并成功进入土耳其、意大利、墨西哥等高端市场。出口产品覆盖"一带一路"沿线62个国家和地区，2018年出口量超过5万辆，"一带一路"沿线国家出口量约占江淮汽车出口总量的72%，近三年"一带一路"沿线国家出口累计达15万辆。江淮汽车有19家海外工厂，其中有15家分布在"一带一路"的沿线国家和地区。未来，我们将继续坚定全球化发展的思路，让中国品牌汽车享誉全球。

谋新求变，变在加速业务的调整和管理思路的创新。当前，汽车行业由注重销量规模增长的外延式扩张转向注重内涵式改造转型，这已经成为政府、行业、企业的普遍共识。对江淮汽车来说，这也是当下的重大战略任务。2017年以来，在乘用车业务销量剧烈波动的情况下，江淮汽车从组织专业化、产品平台化、营销数字化、渠道便利化等方面大力调整，到目前为止，产品结构、市场结构的调整已呈现出稳中向好的态势。江淮汽车还积极布局出行服务业务，和行约车正式上线，实现市场化运营。在市场方面，江淮汽车加快变革，2018年2月，经过多轮研讨，江淮汽车调整后的股权激励方案落地。近期还对内部的组织架构、人员进行进一步的深入调整，以增强内部的强度，应对外部的竞争。

谋新求变在开放合作。在汽车新四化的趋势下,全球汽车产业合作常态化,合作内容不限于技术的共享,还有平台的共用共造,渠道的共建共研。江淮大众开创的全新合资合作模式,紧扣中国汽车强国战略和新能源汽车发展路线图,整合优势资源,持续强化科技创新,有效形成核心技术的持续供给能力,不断提升企业的核心竞争力。江淮全新的研发中心将为开发移动出行解决方案的目标奠定基础,并将整合各方资源。共同研发电动汽车的产品和零部件,开展车辆技术的应用研究。此外,江淮汽车与蔚来汽车联合打造的世界级智能工厂。采用互联网+制造的模式,拥有国内自主品牌汽车首条全铝车身的生产线,焊装整体自动化率达到 97.5%。在发动机领域,江淮与康明斯公司成立了合资企业。

谋新求变是为了整装再出发。只有顺应时代发展才能勇立潮头。未来江淮人将不忘初心,砥砺前行,致力于为全球客户制造节能、环保、安全、智能网联、舒适的产品,将坚持底线思维,坚持创新与开放合作发展,坚持高质量发展,不断打造有效益、有技术、有质量、有特色、有规模的世界知名汽车品牌。

嘉宾简介

项兴初

项兴初,男,1970 年生,籍贯安徽霍山。1994 年 7 月参加工作,历任合肥江淮汽车制造厂车间主任,安徽江淮汽车集团有限公司人力资源部副部长,安徽江淮汽车股份有限公司企业管理部部长、总经理助理、总质量师。现任安徽江淮汽车集团控股有限公司党委副书记、安徽江淮汽车集团股份有限公司总经理,兼任安徽省质量管理协会理事长,当选安徽省第十三届人大代表。

院士论坛：
科技前沿与产业趋势

衣宝廉：提高车用燃料电池可靠性与耐久性／083
杨裕生：当前电动汽车及动力电池产业的发展／091

科技力量，决胜未来。持续加大技术创新力度，以技术引领发展是实现汽车产业高质量发展的关键之一。本届论坛增设"院士论坛"，邀请中国工程院院士对汽车产业发展发表精彩研判。

衣宝廉：提高车用燃料电池可靠性与耐久性

衣宝廉
中国工程院院士

我的演讲题目是提高车用燃料电池的可靠性和耐久性，分为两个部分，第一部分简单介绍一下国内外燃料电池汽车的现状，第二部分是如何提高燃料电池的可靠性和耐久性。

燃料电池的发电原理是电化学，效率较高。燃料电池的工作方式是内燃机的，与锂电池相比，它的能量不是储存在电池里，因此尽管燃料电池的膜时有破损，但是膜破损后其电压下降，把氢气关掉就不会产生燃烧和爆炸。由此可见，燃料电池能量和转化发电是分开的，相对比较安全。

把燃料电池装到车上，现在一般都是采用混合动力的、电电混合的或直驱的方式，而不是充电式。与燃油车相比，用氢气瓶代替了油箱，燃料电池发动机代替了内燃机，好处就是没有污染物排放，排放物只有水，代价是"双高"，即运行费用高、发动机成本高。

现在，燃料电池汽车的性能从续驶里程、加氢时间、驾驶人员的感受以及舒适性、适应性等方面都达到了燃油车的水平，因此如果不存在"双高"，燃料电池汽车完全可以代替燃油车。"双高"是燃料电池汽车发展的两大拦路虎，从发动机成本来看，一辆燃料电池汽车的售价是燃油车的一倍，比如对于大型客车，柴油车的售价为一百多万元，燃料电池汽车的售价能达到200万元，对于小轿车也是如此。从运行费用来看，现在燃油车行驶100km大概消耗7～8L油，需要四十多元，用市电电解水制氢，1kg氢则需要七八十元，运行费用较高。费用最低的是锂电池车，行驶100km平均耗电15度左右，1度电1元，才15元。因此燃料电池汽车要想实现大规模应用，就要消除"双高"，1kg氢卖40元左右就可使燃料电池汽车的运行成本与燃油车相近。目前来看，燃料电池汽车是可以普及的，时间预计要三五年左右。

燃料电池发动机从体积来看，已经可以与内燃机相比。本田的燃料电池发动机已达到六缸内燃机水平，乘用车寿命超过5000h，大型客车寿命高达20000多h，这一寿命还可以，但不是每辆车都能达到这种水平。从造价来看，燃料电池发动机依然较贵，不仅仅是价格的问题，还有资源的限制，也就是铂的用量问题，现在发电1kW电堆，国际上的用铂量是0.2g，国内是0.3g左右。要想成百万辆地生产燃料电池汽车，用铂量需要降到0.1g以下，目前实验室的数据已经达到这个水平，因此用铂量已不是核心因素。原先我们把这个问题看得很重，现在由于比功率和催化剂活性的提高，铂的问题现在看来可以很好地予以解决。

我国从2001年成立电动汽车国家专项以来，到现在一直在做这方面的研究，已有20年的时间。从2005年开始，燃料电池整车开始实车运行，2007年参加了上海必比登大赛，2008年奥运会有23辆燃料电池汽车参与运行，2007年有16辆燃料电池轿车到美国加州进行了试验，2010年有一辆燃料电池大型客车到新加坡参加了世青赛，196辆燃料电池汽车参加了上海世博会的示范运行。从国际上看，中国示范性的燃料电池汽车相对较多，积累了丰富经验，但是在世博会以前的示范运行着眼点不是经济性，即不是看制造一台燃料电池汽车花多少钱，运行100km花多少钱，而是着眼于论证燃料电池汽车能不能适用，关注的是技术问题。那时的示范称为技术性示范，现在也称为示范，但是产业化初始阶段的示范是经济性的示范，要考察燃料电池汽车在经济上可不可行。

在2008年奥运会进行示范以后，上汽开启创新征程，分南线和北线，目的是考察三种电动车（锂电池车、燃料电池汽车和混合动力车）对中国环境的适应性。所有车都在西藏进行试验，当时，我最担心的是燃料电池汽车在西藏能不能跑起来，试验结果是能跑，只是速度上不去，因为西藏的氧体积分数只有10%。试验证明三种车在我国的地理环境下，不管是沿海还是内地，都是可行的，所以这个示范还是成功的。

另一个大行动是2018年2月11日成立了中国氢能源及燃料电池产业创新战略联盟（简称中国氢能联盟）。国家能源集团、中石化、中石油、中海油等都是中国氢能联盟成员，它是发展氢能和燃料电池的中流砥柱，国企还是有雄厚的资金实力的，联盟又发表了《中国氢能源与燃料电池产业白皮书》。

2018年，"十三五"规划支持燃料电池的经费已经超过8亿元，最后一批经费还未计入，获得经费最多的是北方团队，也就是中国科学院大连化学物理研究所，该所专注于燃料电池基础和新源动力研究，其中新源动力总计获得经费近1.8亿元。

现在装车的电堆功率大部分依然是以补贴为指导，以30kW起步，上限是60kW。国际上，装车的电堆功率都是100kW左右，我国的电堆功率相对来讲偏低，特别是对于乘用车而言，如果燃料电池的功率在50~60kW，就需要依靠锂离子电池，因此将锂离子电池的不安全性也带到了燃料电池汽车上。乘用车用的燃料电池电堆功率应该在100kW这一数量级。到目前为止，大概有4000多辆燃料电池汽车投放市场，但是只有2000多辆车在运行。

在发动机的成本中，燃料电池电堆的成本大约占50%。现在实际装车的燃料电池发动机的成本中，燃料电池电堆成本已达60%~70%，因为空气循环泵和氢瓶的成本都在大幅度下降。

到现在为止，已有23个省市相继发布了氢能和燃料电池的发展计划。

我认为基础最好的还是以上海为中心的长三角地区，该地区有三大平台，示范运行车辆近千辆，发展基础最雄厚，其次是以广东省为核心的珠三角地区，还有就是以清华、亿华通、宇通公司为支撑的以冬奥会为突破口的张家口地区。

现在国内公开出售的燃料电池商用车是上汽大通的 V80，用的是大连新源的电堆。辽宁省新宾计划购入 60 辆，实际到货只有 40 辆，已在新宾县运行。

燃料电池乘用车方面以上汽荣威 950 为代表，已在黑龙江省上路，可以在 -20 摄氏度的环境中储存和使用，用的是新源动力复合板的电堆，性能不错，可以公开买到。

亿华通收购了上海神力，能够组装三种功率的电堆，其中，30kW 和 60kW 的电堆，其双极板是由石墨粉和树脂冲压所得，电导率较低，但是较为实用，可以跟新源动力复合板电堆相比。实际上，丰田采用的也是复合板电堆。亿华通在燃料电池系统方面是稳坐第一把交椅。

宇通汽车的燃料电池汽车研发较多，目前已是第四代；还自建加氢站。亿华通和宇通汽车的燃料电池客车在张家口运行，一共有 74 辆大客车。福田汽车利用亿华通的技术装了 49 辆燃料电池汽车，宇通汽车提供 25 辆燃料电池汽车，这 74 辆车在张家口的运行效果很好。由此看出，燃料电池汽车非常适合在寒冷地区运行，因为锂离子电池车在冬天 -30℃ 的时候容量衰减较大，如果开空调，续驶里程会大幅度下降。燃料电池工作温度靠自身余热，所以冬天跟夏天区别不大，夏天排热较困难，冬天可以用燃料电池的余热给大客车取暖，空调不耗电，因此，在张家口的示范运行证明燃料电池汽车特别适合在寒冷环境下运行，不但里程不缩短，由于空调不必耗电，能量利用效率反而提高了。

上面提到的燃料电池汽车不管是上汽与新源动力，还是亿华通和上海神力都是采用国产技术。引进技术的代表有国鸿，它采用膨胀石墨双极板，把膨胀石墨冲压成型灌入树脂，这种电堆体积比功率在 $1.5 \sim 1.8 \text{kW/L}$，比较低但是很可靠。国鸿生产的电堆在国内示范运行车中的占有率达到了

70%～80%。

国鸿的电堆功率除了30kW和50kW，还有80kW和85kW，其中85kW的电堆装在大型客车效果更好。国鸿还在云浮将这种电堆装入城市的轻轨示范运行。

现在看来，国内电堆运行大部分已经超过5000h，有的高达1万多h。目前的问题是产业链还不健全，大部分关键材料与部件依然依赖进口。现在装车的电堆都在2kW/L左右，正在发展的以新源动力为主的公司做到了3kW/L，这些电堆虽已装车，但是运行还未超过5000h，与国外水平相比仍有一定差距，还有很长的路要走。

新源动力的金属板电堆正常输出功率是75kW，峰值功率是85kW，已达3.4kW/L，正在装车跑。科技部万钢部长在有关会议上讲过，国产燃料电池在寿命、可靠性、使用性上基本达到了车辆使用要求，中国初步掌握了相关的核心技术，基本建立了具有自主知识产权的燃料电池汽车动力系统技术平台，未来要加强协同创新，加快推进氢能燃料电池产业的全面发展。我总结了如下几点。

第一，我们积累了大量的示范运行经验，具备了进行大规模示范、考核经济性的基础。

第二，我们应该尽快实现关键材料、电催化剂、质子交换膜、双极板等批量生产，为降低电堆成本和提高电堆一致性奠定基础。

第三，提高电堆的比功率，降低电堆成本和铂用量。燃料电池汽车发展了二三十年，成本下降主要是提升比功率。燃料电池的电流密度早期为$300mA/cm^2$，后来升到$500～800mA/cm^2$，第三阶段是$800～1000mA/cm^2$，现在是$1～1.5A/cm^2$，未来的发展方向是$2～3A/cm^2$，如果能做到$2.5～3A/cm^2$，燃料电池的成本就能达到1000元/kW，铂用量就小于0.1g，所以说提高电堆的比功率是降低电堆成本最有效的办法。

第四，我们要进一步提高电堆的可靠性和耐久性。因为现在燃料电池电堆里所用的材料适合在稳态下运行，在车用工况下就难以持续了。我们要给燃料电池电堆制造一个非常适合它生存的环境来确保燃料电池的寿命。

我首先讲一下车用工况，车辆在行驶过程中一会儿加速，一会儿减速，一会儿停车，导致燃料电池电堆电流电压产生大幅度波动，湿度、压力也都不稳定，这些波动就会导致催化剂产生化学损伤。刚开始示范运行时，三辆大型客车行驶了不到一个月的时间就产生了问题。

解决这个问题的措施，第一就是采用电电混合，驾驶人把加速踏板踩下去，这个电在毫秒级到微秒级的时间里就会发生变化，可是燃料电池发电需要把空气中的氢气送进去，这个时间是秒级的，所以加速时燃料电池的供电就跟不上，容易欠气，会产生反极和腐蚀。国外在开始做燃料电池汽车时，要做预供气，驾驶人踩油门先把气量增加。我们开始买的外国的纯燃料电池汽车都有预供气，也就是说踩加速踏板时供电都有延迟，速度不一样，延迟时间不一样。

采用了电电混合以后，燃料电池汽车的驾驶性能达到了燃油车的水平，踩下加速踏板后锂离子电池先给驱动电机供电，燃料电池增加气体的同时增加功率输出，随着燃料电池功率输出的增加锂离子电池供电下降，最后全部转化为燃料电池供电，锂离子电池电量少时，燃料电池给锂离子电池充电，所以电电混合是必需的，被全世界所采用。这就是我国以万钢为代表的同志提出来的，这不是可有可无的事，纯燃料电池汽车需要预供气阶段，它的操作方式跟燃油车不一样。驾驶人的感受不一样，不能立马加速，也就是说，燃料电池的功率快速增加有一定限制，需要先把气供上，电电混合就解决了这个问题。

另外，电电混合使燃料电池运用更平稳，寿命更长。例如丰田，为保证安全，虽没有用锂电池，但也用了超电容，同样是为了解决快速加载的问题。

其次，讲开路、怠速、低载都会产生高电压的问题。电压在 $0.85V$ 以上，碳粉的氧化速度加快，这将导致铂流失，铂越来越少，电池寿命就会缩短，要把燃料电池的电压控制在 $0.85V$ 以下，特别是限制起动停车阶段的高电压。起动停车会造成铂的大量流失。起动停车最有效的办法是采用放电消除高电压。高电压不消除，起动停车一次，每节电池衰减 0.35 mV。消除高电压以后基本平稳，像丰田的电堆，一个电堆 370 节电池，一次起停需要下降十几 mV。

再次，讲要解决低温储存和起动问题。低温环境电池里边有三种水，一种跟磺酸结合的束缚水，一种是自由活动的自由水，还有一种是介于上述两者之间的半束缚水。半束缚水的束缚力越强，结冰温度越低，在低温下要将燃料电池内自由水全部吹光，这样结冰以后才不会破坏膜和电极的结构，起动时可以用二次电池辅助加热电堆，在制订一定提升电流程序后就可起动。

丰田为了更好地解决这个问题，采用了可以现场测量水含量的技术。现在国内清华大学和大连化学物理所都能做到这一点。最后是阳极水管理的问题，燃料电池的水是在氧电极生成的，所以氢电极表面不能有水滴，要做阳极的氢循环，氢循环做起来阳极就没有水滴，这样可以延长燃料电池的寿命 2000 h 以上。

在中国，还有一个问题就是硫化氢和二氧化硫。二氧化硫对燃料电池而言是一个累积性的毒物，二氧化硫增加会导致燃料电池性能下降。我们曾购买德国的三辆大型燃料电池客车，在北京只开了两三个月就出现性能下降，后来分析可能是由于受北京市冬天大气中的二氧化硫的影响所致。二氧化硫中毒可以用高电位方法扫描清除，但是电池性能不会恢复到最初。大连化学物理所研究用电化学的办法把二氧化硫氧化为三氧化硫。氧化就是要做一个电化学反应器，它的电量消耗很少。作为燃料电池，除了要解决上述问题，还要借助锂电池汽车的经验解决电安全的问题、氢安全的问题，要建立燃料电池健康状态的指示。亮红灯表示必须停止运行，亮黄灯表示需要检修，亮绿灯表示是正常的。另外，在发生突发事故的时候，怎样把燃料电池电堆电压从 200 多 V 降到安全电压 60 V 以下，这些工作我们都在做，都获得了一些结果。

最后，我建议尽快完善燃料电池发动机的产业链，提高电堆的工作电流密度，提高燃料电池的体积和质量比功率，为燃料电池乘用车奠定基础。另外，要深入研发电堆衰减机理，开发抗腐蚀新材料、大幅度提高发动机的可靠性与耐久性，希望我们在2023～2025年把燃料电池汽车的成本降到与锂离子电池车相近的水平。

嘉宾简介

衣宝廉

衣宝廉，1962年毕业于吉林大学化学系，同年考取中国科学院大连化学物理所研究生，1966年毕业。现任中国科学院大连化学物理研究所研究员。燃料电池与液流电池标委会主任委员，新源动力公司名誉董事长。国家"863"、"十五"、"十一五"、节能与新能源汽车重大专项总体专家组成员，燃料电池发动机责任专家。2003年当选中国工程院院士。

长期以来，一直从事化学能与电能的相互转化研究与工程开发，如燃料电池、水与水溶液电解工业节能技术和电化学传感器等。2011年，创建了大连新源动力股份有限公司，推进燃料电池产业化。发表400多篇学术文章和申报200多项发明专利，著有《燃料电池——原理·技术·应用》专著一部。

杨裕生：当前电动汽车及动力电池产业的发展

杨裕生
中国工程院院士

我今天介绍一下我对当前电动汽车以及动力电池产业发展的一些看法。

新能源汽车的补贴还有16个月就要取消，市场化的进程已经开始。有人说现在是汽车新的起点，实际上电动汽车也要开始新的起点。那么，在这样的情况之下，我们要发展什么样的电动汽车？发展什么样的动力电池？我想从四个方面来讲讲。第一，节能减排是电动汽车的宗旨；第二，既安全又节能的车才有前途；第三，安全节能的车需要用什么电池；第四，充分利用积分促进节能减排。

第一个方面，节能减排要从电动汽车的全周期衡量，而不是单指哪一段，譬如，不能这样讲在路上行驶这一段，纯电动车用电，燃料电池电动车用氢。要讲电从哪来，氢从哪里来，它的节能减排效果怎么样，需要从全周期来考虑。

进行全周期考虑之后，就产生了下面的一些结果。第一，长里程纯电动车不节能减排；第二，插电式混合动力车假节能减排；第三，燃料电池电动车难节能减排；第四，微小型纯电动车真节能减排；第五，增程式电动车很节能减排。在这里，我对五种车型用了五个形容词，下面讲讲理由。

第一，为什么说长里程纯电动车不节能减排？在电网的电能主要来自燃煤的情况之下，纯电动车虽然节油，但长里程乘用车是不能减少排放的。特斯拉是长里程纯电动汽车，虽然不用油，但它在新加坡受到罚款。一位新加坡人从香港买了一辆特斯拉，运到新加坡去，本来想得到一万美元左右的奖励；新加坡政府测试了该车的耗电量，根据耗电量结果，不但没有给奖励，还罚了这个人一万美元。新加坡的政策是对的，这是从节能减排出发的，真正体现了发展电动汽车的初衷。追求长里程的纯电动车多装了很多电池，车子就重；车子重，耗电就多；耗电多，在发电的时候排放的二氧化碳及其他有害物就多，说它不节能减排的道理就在这里。

即使将来电网的电能主要来自太阳能等清洁能源，高能电池也"过关"了，长里程纯电动车也未必可取。一是多装电池会使比能量高，爆炸危险性大；二是多装电池，电池生产和废电池处置耗电多；三是多装电池，负重行车，浪费能量；四是电池用量大，车辆价格高，竞争力就低；五是电池寿命短于整车，换新电池就要用户另出钱，现在的电池一般质保五年或质保八年，而一辆车要开十几二十年，所以就要配两套到三套电池。现在买车的时候看重牌照不要钱，可以有补贴，但是买主有没有考虑第二套、第三套电池是要自己掏腰包的。再就是充电桩要密，既费钱又占地，且难符合要求。所以，长里程电动车一是背离了发展电动车节能减排的宗旨，二是用户多花钱，补贴取消之后竞争力差。

第二，插电式混合动力车为什么假节能减排？第一点是插电式混合动力车有独立完整的内燃机动力系统，同时独立完整的纯电动力系统。它有两套系统，这样的车辆就重了，耗电就多。第二点是其在行驶里程超过50km时用传统的内燃机，现在传统汽车的发动机功率有很大的冗余量，这个车仍然是大马拉小车，所以是不节能减排的。第三点是标榜"油耗很低"，实际是油耗计算方法有问题造成的假象。譬如，一辆插电式混合动力车，百公里油耗只有1.5L，实际上，1.5L是怎么来的？它是装了能行驶七八十千米的电池,剩下二三十千米用油,把二三十千米用的油算到一百千米里面,这样算油耗当然降下来了。所以这是一种假的计算方法。第四点,不少用户不充电,把这个车当燃油车用,不仅费油,排放也是有增无减;还有的人把电池卖掉,这种现象不是个别人,是有一些人买插电式混合动力车,拿到了补贴,牌照又不花钱,尤其在上海,一个牌照值八九万元,买这个车是非常合算的,它可以不充电,而且有车用,牌照又不花钱。所以,插电式混合电动车畅销实际上是"虚胖",不是真正的"结实"。科技部 2018 年已经把插电式混合动车从"三纵"里面去掉了,2018 年 1 月的百人会上,万钢部长宣布,科技部已经把"三纵"确定为纯电动车、增程式电动车、燃料电池电动车,这其中已经没有插电式混合动力车。国家发改委 2019 年把插电式混合电动车从电动汽车里面除名了,国家发改委 2019 年发布了一个文件《汽车产业投资管理规定》,把插电式混合动力车归到燃油车范围里面了。现在对于插电式混合动力车的认识已经逐渐清晰了,但是各个部委之间的政策还不够统一,有的还把它当成"宝贝"。下面我讲双积分的时候还会提到这一点。

第三,为什么说燃料电池电动车难节能减排?燃料电池是用氢做能源,而氢是没有矿藏的,当然也有人说水是氢的矿藏,但氢和水终究不是一回事,需要解决的问题很多。

第一条就是要高能效、低排放制氢。刚才衣院士讲到现在的很多氢是用电解水的方式制取,如果直接用电解水制氢,再到燃料电池里面去发电,前面那个电解的效率大概是 85%,燃料电池发电的效率算 50%,计算下来,经过这两步,电网的 10 度电变成了 4 度电,再加上燃料电池运行本身还要消耗电,压缩、运输氢气也要消耗电。因此,最后的效率是不高的,送到电动机上大约只有 3 度电。如果用电池蓄电—放电,从电网取 10 度电,可以用到大约 9 度电。

有人说可以用副产氢。实际上,副产氢也是有限的,氯碱工艺产生的副产氢可以用,里面有少量的氯气、氧气,比较容易纯化。根据现在燃料电池用的氢气的国家标准，一氧化碳的含量是千万分之二以下，就是0.2PPm，可见对氢气的纯度要求很高。要把煤转化出来的氢气中一氧化碳去掉，难度很大。因为要纯化到0.2PPm，代价非常高，主要是耗能的问题。

第二条是氢的安全运输、分布和储存都有技术问题。今天在这里不详细讲，最近我有一篇文章投到《科技日报》，如果登出来请大家看看，就是说氢的制备、安全运输和储存等问题非常大。

第三个问题是燃料电池的寿命不够长，在实验室可能做到1万小时，到路上是不行的。

第四个问题是结构复杂、部件要求高，造成了制造燃料电池耗能远比内燃机耗能高。

第五个问题是铂资源，我国现在一年产铂4t左右，主要用在化工方面的催化剂，还有做首饰，产量远远不够，还要进口大概40t左右。只能拿出很小部分的铂做燃料电池，于是燃料电池车的量就很有限，大概就是几十万台。正在研究用铂少的燃料电池，现在可以做到每千瓦用铂$0.2 \sim 0.3g$；但是用铂越少，越容易因中毒而使其性能和寿命降得越快。因此，要研究不用铂的催化剂，这是世界性难题，正在攻克。

上述这些问题都要经过长期的努力才能解决，所以说燃料电池电动车难节能减排。

政府尤其要考虑三个问题：第一个就是质子交换膜、碳纸、气泵、高压储氢罐已经研发20年，至今生产不过关，原因到底在什么地方？我三十多年前参加核试验，经历过我国原子弹、氢弹的发展，好像也没有感到有这么难。第二个问题是进口燃料电池和进口部件来装车，对于我国的技术发展有什么好处？第三个问题是燃料电池电动车应多大规模演示？在什么地方演示？如何实现市场化？

燃料电池电动车只是增程式电动车的一种，也就是燃料电池作为发电机给电池充电，因此它今后就要和其他发电技术竞争，要是竞争不过，就上不了市场，也就谈不上节能减排。

第四，为什么说微小型车真节能减排？它用的电能虽然也全部来自电网，但是微小型纯电动车电池少，以220V、充电8小时就能行驶100公里，它用的电相当于3L油的排放，耗电少，所以真正节能减排。如果1亿辆微小型纯电动车夜间充电相当于100座百万kW的抽水蓄能电站，可省1.5万亿元建站费用。微小型纯电动车安全性高，适应城市、乡镇交通的普遍需求，价格便宜，容易推广，还可用铅炭电池做低速车，安全性更好。

第五，增程式电动车为什么很节能减排？这里讲的是第二代的增程式电动车。所谓第一代增程式电动车就是宝马i3，它的发动机排量是0.7L，电池的电用完之后，增程器开始发电，只是供电的关系，发动机与增程器两者没有进行优化组合。而第二代的增程式电动车优化了电力系统，一是发动机排量大概比同级别燃油车减小一半，使得它的节油率高了；二是可以调节发动机转速，使之在很窄的转速区间下发电，能效优化，不像普通的发动机要有一个很宽的动态范围；三是电池用量只有纯电动车的30%~40%，电池少了车子就轻了，更加节能；四是电池在"半充半放"工况下运行，不仅寿命长、成本低，而且废电池生成少，处置废电池耗能少。

我归纳增程式电动车有7个优点：电池少，补贴取消的影响小，容易推销；比燃油车节油50%以上，省钱；可以不充电，免建充电桩，而且可以远行；如果有充电条件，城市里面百公里节油率可以达到80%；现在的燃油车生产和加油设施全部可以继承，传统汽车企业就可以发挥作用，避免很多浪费。它没有纯电动车的里程焦虑、安全焦虑、充电焦虑、价格焦虑、电池焦虑等问题。

第二代增程式电动车是燃油车与电动车的融合，节能减排。沈阳华龙做的12m增程式客车，百公里油耗为12L，公路模式百公里油耗为16.3L。加拿大PlanB公司运集装箱的大货车，百公里油耗为17L。日产汽车NOTE紧凑型乘用车用的E-POWER系统，百公里油耗仅为2.9L。山东德州做了增程式低速车，用的是摩托车的单缸发动机、铅酸蓄电池，百公里油耗仅为

1.8L，2017年当年销售1万多辆。最近，港东集团的国马50辆增程式SUV，从广东的佛山经过井冈山到武汉，行驶1800km不充电，气温在38～40℃之间，全程开空调，这对于纯电动车是不可想象的。它在平均速度为90km/h以下，百公里平均油耗为3.9L。一辆SUV在这种条件之下百公里油耗为3.9L，节油率是非常高的，节油50%以上。这个例子在网上都已经传得很广。

我今天讲的第二个方面内容是既安全又节能的车才有前途。

我把对车辆的评价要求列出7项指标：安全性高、节能减排、使用方便、价格低廉、能源费少、维修方便、使用期长。

首先，安全性高的车，用户才能欣赏。据相关数据统计，特斯拉纯电动车2017年前共有十几辆车着火燃烧，那时，它的车比较少。到了2018年，一年就烧了11辆。2019年2月26日美国佛罗里达州车主烧死；3月26日广州、4月21日上海、5月12日香港、7月30日德国，都发生了无故自燃事故，差不多一个月烧一辆。根据不完全统计，我国着火燃烧的车辆2017年有103辆，2018年51辆（对这个51辆要打了个问号，因为有人有意删除烧车的新闻，所以统计不准）。着火车辆中，90%以上是用三元锂电池的纯电动车，2019年4月21日以后的这一个月就烧了11辆车。深圳电动物流车2018年烧了5辆，其中4辆是电池自燃。2019年3月6日、12日、16日深圳市用三元锂电池的某品牌物流车充电时自燃。高镍三元锂电池燃烧起来火势蔓延很快，车里的人来不及逃生，车外的人来不及救援。

我把各种电动车辆竞争力评价进行量化，把上面提到的7个指标做了一个表。分别对5种车型的7个指标进行打分，单项最高为5分，最低为0分。从计算出来的总分看，长里程纯电动车为12分，插电式混合动力车为14分，燃料电池车为11分，微型纯电动车为27分，增程式电动车为33分，这是我的看法。

车种	安全性高	节能减排	使用方便	价格低廉	能源费少	维修方便	使用期长	总分
长程纯电动车	0	0	3	1	3	4	1	12
插电式混合动力车	1	0	4	2	3	2	2	14
燃料电池车	3	2	1	0	1	1	3	11
微型纯电动车	4	4	3	5	4	5	2	27
增程式电动车	5	5	5	4	5	4	5	33

我希望大家可以用这个表自己打打分，看看是不是这样的趋势。这个表中的 7 个指标是等权相加。实际上，安全性应该加权重，节能减排是宗旨，也应该加权重，如果这两项权重增加了，那么总分差距更大。请各位试试，看看结果如何。

下面介绍一下第三代增程式电动车技术。江苏公爵提出来的发电直驱电动车，与第二代增程式电动车不同，发电不经过电池，发电机发的电直接到电动机，这样就减少了电池充电—放电大概 10% 左右的能量损失，可以提高节油率。另外，这个车的电池寿命也长了，因为大电流不经过它。因此，第三代增程式车型是集安全、节能减排、方便、长里程、省钱优点于一身。

有人说："增程式电动车还是要用油，不是我们的最终目标"。我想提醒两个问题，第一，如果我国汽车的油耗都降到一半以下，就可年节省原油 2 亿 t，环境改善了，能源安全性提高了，我国由汽车大国向汽车强国迈进一大步，全国人民都非常高兴。第二，纯电动车的电池多，车重，耗电多，未必是最终目标。如果大家都认清发展电动车是为了节能减排，政策就会改变，改变了之后，纯电动车就不应该是最终目标。

过去，我也认为纯电动车好。从八九年之前我开始认识到，要对纯电动车的问题进行分析。最近八九年，我一直讲，不能够搞长距离的纯电动车，要衡量全过程的节能减排；而且我认定，把发动机和电池配合好，是效果最佳的方案。未来的增程式发动机可以不烧油，不增加二氧化碳的排放，能量全部由太阳能提供：太阳能通过风力发电、光伏发电，给蓄电站充电，蓄电站给车上电池充电；我国每年有7亿多吨的秸秆，可以转化产生1亿多吨的酒精。现在甜高粱的项目由清华大学牵头，国家已立项，甜高粱秸秆里面有大量的糖，而且这种高粱在什么样的土地都能生长，能生产大量的乙醇，给发动机供应燃料，就像现在巴西有一半左右的汽车是用酒精。这样，可以全部由太阳能给增程式电动车提供能源，可以不烧油。因此，增程式电动车不是向纯电动汽车的过渡，而是未来汽车的主力。

我今天讲的第三个方面的问题是安全、节能的车需要什么电池？

高镍三元电池不应该是重点。只要补贴取消了，或者补贴不与里程挂钩，不与电池的比能量挂钩，政策改变后，就很少会有人冒险去做高镍三元电池。

全固态电池的前景又远又悬，如将"全"字去掉，固态电池可能发展。

磷酸铁锂电池应是动力电池的主力。要进一步提高寿命，降低成本。现在有的地方电池价已经从每瓦时1元多降到了0.8元。

回收制动能量是电动汽车节能减排非常重要的内容。回收制动能量需要用5C～35C的快充电池。微混车只用0.4度电的电池，故需要35C的快充电池回收制动能量。所谓5C就是五分之一小时把这个电池充满。现在的锂离子电池都是用石墨做负极，石墨电极可以快放，但是难以快充。钛酸锂电池可以快充，但是它的价格高，比能量很低。因此，要发展高安全性、廉价快充的电容电池。我们提出，正极用磷酸铁锂加多孔碳，负极用硬碳加纳米硅，硬碳不容易长枝晶。调节这四种材料的比例和电极的厚度，就可以调节充放电倍率和比能量。虽然我们是申请了这个技术专利，但是大家都可以用此技术。这种电池做好之后，它的比能量比钛酸锂电池高一倍，价格是钛酸锂电池的三分之一到四分之一。

我今天讲的第四个方面是充分利用积分促进节能减排。

现在的双积分政策存在两个问题：一个问题是正积分过剩，不能有力促进燃油车节能减排；另一个问题是正积分决定于纯电动里程，不利于节能减排。

工信部正在征求对双积分《并行管理办法》修改稿的意见，征求意见稿开始改正第二个问题，里面有一条就是纯电动车的积分等于基准分值乘上电耗调整系数：**纯电动车积分＝基准分值×电耗调整系数（EC）**，这就弱化了里程因素，我赞成。我同时还有三点建议，第一点建议是针对现在的基准积分等于0.006乘以R加0.4（这里R是纯电动里程），我建议改为0.004乘以R，以进一步弱化里程的因素，推动节能减排；同时分数也降低一点，有利于政府更有力地平衡正负积分。第二点建议是针对插电式混合动力车。现行办法中插电式混合动力车的积分是2分，在征求意见稿当中改为1.6分，虽然打了个八折，但比征求意见稿中150km的纯电动车的1.3分还要高，这是很不合理的。现在国家发改委已经在《汽车产业投资管理规定》中把插电式混合动力车列为燃油车，所以取消它的积分也不为过，但是为了照顾现状和习惯，可以照顾暂给它1分。第三点建议，要给增程式电动车1分，和改进后的方案中150km纯电动车及插电式混合动力车的积分持平，推动节能减排贡献大的增程式电动车发展。

从根本考虑，应尽快调整政策，以节能减排水平作为积分的唯一衡量标准。

最后是结束语。

第一，政府的政策要改革，电动汽车和动力电池必须安全第一，而不是里程第一、比能量第一，必须改变观念，改变政策。再有，就是不该要求急速提高比能量，这会增加危险性。现在电池指标是一年提高一个指标，电池没有经过充分测试就装车，甚至还将"国标"中的针刺试验也免除掉，这是非常危险的。

第二，企业经营要改向。在市场化环境下，必须减少电池用量，提高安全性、节能减排、降低车价，而不是追求长里程纯电动、多装电池、浪费能源、增加排放、加大废电池的处置量。

第三，提高安全性、坚持节能减排宗旨，具体做法有四条。一是积分与节能减排挂钩，进一步与纯电动车里程脱钩；二是纯电动车微小型化，并鼓励发展低速车，电池随市场来定；三是发展增程式技术，用于各种电动车；四是发展安全、可快充电、廉价的磷酸铁锂电池或者是电容电池，回收制动能量。

嘉宾简介

杨裕生

杨裕生，核试验技术和化学电源专家，1952 年毕业于浙江大学化工系。

参与我国核试验工作二十七余年，获多项国家级奖，历任基地研究所所长和基地科技委主任等职，1988 年 9 月被授予少将军衔。1995 年当选中国工程院院士。现为防化研究院研究员（退休）。

1996 年发起"中国士兵系统"及其电源的研究，1998 年创建我军化学电源实验室，2002 年成立军用化学电源研究中心，从事高能二次电池、超级电容器、液流电池、燃料电池等研究开发，2007 年率先在国内开发出 300 W·h/kg 的锂硫二次电池，是中国锂硫电池和铅炭电池的开拓者。现从事新电池、新电极材料的工程化、产业化开发。

参与推动我国动力电池和电动汽车的发展，提出"纯电动汽车应以微小型为突破口，大中型车应主要发展增程式"的发展路线，于 2012 年出版《纵论电动汽车和化学蓄电》和 2017 年出版《续论电动汽车和化学蓄电》两本著作。

5

专题峰会：电动化、智能化引领汽车产业变革

李万里："百年未有之大变局"下对汽车产业的几点思考／103

王晓明：汽车产业格局重塑与创新趋势／110

黄希鸣：坚持自主创新，迎接新能源汽车产业的机遇和挑战／115

茅海燕：软件定义下的汽车变革／118

陶　吉：从测试到运营，无人驾驶的发展之路／122

科技创新是汽车产业做优做强的基础，面对新一轮科技革命和产业变革的重大机遇，要坚持以电动化、智能化引领汽车产业发展，努力提升我国汽车产业电动化、智能化的产品设计能力、技术研发能力以及应用服务水平。汽车电动化、智能化的发展为相关产业之间的融合发展创造了契机，有利于形成新的产业增长点和产业优势。电动化、智能化将扩大汽车产业链、重构价值链，促使企业转变发展战略和产品策略，更好地满足市场需求，抢占竞争制高点。

李万里："百年未有之大变局"下对汽车产业的几点思考

李万里
中国国际工程咨询公司专家学术委员会专家、工业和信息化部产业政策司原副巡视员

作为一个老汽车人，就百年未有之大变局下汽车工业的发展，我谈一下自己的观点。

第一个观点，我们能干成是大概率的事件。

当下，尤其是今天上午的大会开幕式上，就笼罩着一种压抑气氛。汽车行业面临着下滑，前景的不确定性引发了全行业的焦虑。我个人认为，从长远的角度看，我们能干成的是大概率事件。第一，十九大已经提出了要建成现代化强国，明确了要加快建设制造强国，加快发展先进制造业的要求。第二，经国务院同意印发了汽车产业发展的中长期规划。第三，工业和信息化部正在组织编制新能源汽车产业发展规划（2021—2035）。因此，我判断，国家要强大是大概率事件，汽车产业对国家的贡献率提升是大概率事件，为数不多的中国企业有可能干成是大概率事件。

第二个观点，汽车产业的布局要有国际范儿，这分为五个维度。

第一个维度，汽车产业要全面开放。习总书记2018年在博鳌论坛中明确，中国开放的大门不会关闭，只会越开越大，并且专门讲到了汽车行业已经具备开放的基础，要尽快放宽外资股比限制特别是汽车行业外资限制，将降低汽车进口关税，宜早不宜迟，宜快不宜慢。一周后，国家发展改革委确定了汽车产业外资股比要放开的时间表，汽车产业的布局出现了新变化。特斯拉在上海建设了第一家外资独资的汽车企业，宝马集团已经将收购的华晨宝马的股份升至了75%。

第二个维度，国际规则将畅通无阻。2018年12月，中央经济工作会议指出，在推动国家全方位对外开放中，要推动由商品和要素流动型开放向规则制度型开放转变。其中就包括放宽市场准入和扩大制度规则的开放等重大的内容，由此引发汽车行业的管理体系、认定体系以及流程出现重大的变革。

第三个维度，全球顶尖产品大举压境。自2018年7月1日起，降低汽车整车及零部件的进口关税以来，汽车整车关税降至15%，汽车零部件关税降至6%，当下进口总量不足国内市场10%的局面将发生改变。

第四个维度，"一带一路"要另辟蹊径。经过四十年的改革开放，中国已经形成了巨大的市场，市场和制造过剩能力的状况必然会激发对外发展的强烈内生动力。当"一带一路"的网络形成之时，中国汽车产业拓展空间的良机就到来了。

第五个维度，中日决定在多个领域开展第三方市场合作，有待于深入实践，这也是汽车产业对外开放的一个新渠道。

第三个观点，能源结构多元化。分为七个方面。

一是纯电动汽车在后补贴时代将呈现两极分化的局面。近些年来，新能源汽车产业发展快速，在后补贴时代，企业从市场的状况考虑，一定要降低成本，减少电池用量，降低续驶里程的指标，车型要设计得更小巧，这样纯电动汽车的成本可能会降低百分之几十。电动汽车要回归到短途车的定位，低端车则更接近低速电动车，像日本汽车公司开发的极小型的机动车。高端产品的解决方案是以插电式混合动力和增程式电动汽车为主流。

二是混合动力要担当主角。这里说的不是插电式混合动力，混合动力的指标表现出相当大的生命力,在双积分政策的引导下,混合动力汽车将成为中国汽车产业的主角。

三是内燃机仍有巨大的发展空间。传统燃料汽车退出的讨论风靡全球,一些国家的政府、议会、党派、环保团体纷纷通过计划、倡议提出传统燃料汽车退出时间表,但上述计划还没有具备法律的约束性。传统燃料汽车退出不是纯技术性的问题,产业安全、国家安全、政治博弈的考量更值得深入研究。

四是燃料电池技术应用任重而道远。专家们预计今后的三十年,大概到2050年,车用能源的40%将由纯电动和氢能来承担。如果电和氢的能源能够摆脱从"油井"到"油箱"依赖传统能源的路径,那么真正的新能源时代就出现了。当然作为汽车产业,要集中精力,不等不靠,率先做好从"油箱"到"车轮"的技术实践和产业化的方案。

五是智能网联汽车前景光明。智能网联汽车是智能汽车社会的组成部分,中国智能网联汽车的优势在于车上的智能化和车下的社会资源,尤其是5G技术高度融合的技术路线。这样车上车下充分融合的路线,将充分体现中国的制度优势和产业特色的竞争力。

六是分布式可再生能源与移动储能终端的体系将逐渐成为有力支撑。

七是各类电池的梯度利用也迫在眉睫。

第四个观点,是体制机制的新元素。

第一,在体制方面,汽车产业是一个典型的一般制造业。汽车产品,尤其是乘用车,是最终的消费品。最近,国务院的领导讲到,在激烈的市场竞争中,具有体制机制明显优势的混合所有制民企和外资企业都要承担起产业链消费端的重担。

第二,在机制方面,汽车制造产业链正在从垂直分工转向垂直+水平分工的生态,更多地体现出传统制造商与数字化、网络化的供应商按照功能横向展开深度的合作和分工。机制的演变过程扑朔迷离,还需要进一步观察。

第五个观点，主营制造和服务。

我国经济增长的"三驾马车"投资、消费、出口正在深刻调整中，其中，消费对中国经济的贡献率始终是稳定的，其他两项有波动。服务业从2012年开始成为第一大产业，到2015年服务业的产值占比超过了50%。对汽车产业而言，评价汽车产业的发展状态，国际上有一个指标叫千人保有量，用这个指标来考察社会经济流动性水平，从欧美各国工业化进程的状况来分析，为了满足现代化社会体系的需求，汽车的千人保有量一定要处于600~850辆左右的水平。目前，我国的千人保有量2018年是166辆，应该还有很大的发展空间。由于我国人口巨大，人均道路拥有量远远低于欧美，即使是目前保有量的水平，现有的能源、道路、交通能力已经难以承受。我国东部和中部的一些城市迫于压力，采取了限购的严厉措施，还有向全国蔓延的趋势。如果说现代工业经济社会中的技术、资本及人员的流动性是一个刚性指标，那么我国的出行流动性现状就要有所变化，要在远远低于欧美汽车保有量水平的条件下满足实现国家现代化进程的要求。因此，出路只有一条，就是提高流动性的效率，由此引发了对共享汽车的强烈需求，我觉得共享这个概念应该是从这样一个角度出发的。

对于我国的制造业而言，第一，主业一定要延伸到制造+服务，这是必然的趋势；第二，要经营市场更要经营消费环境，参与经营包括共享出行等各种消费的形态；第三，要深度介入智能交通体系建设，争取参与制定标准和规则的工作。

第六个观点，市场要兼顾新旧与内外。现在正在进行的关于市场的讨论包括四方面内容。

第一方面，讨论一是目前的市场状况是周期性的还是阶段性的？我个人认为当前中国经济高速发展的周期已经完成了历史使命，汽车市场的发展模式已经从高速增长期转向中速增长期，甚至是中低速增长期。现在汽车市场负增长的过程是增长期调整过程中的波动状态。讨论二是市场形态大转型的过程中，会发生哪些深刻变化？中国汽车流通协会的罗磊秘书长对此有四个观点，他观察到，第一，新能源汽车在非限牌区域的购买量占比超过了50%，说明非政策因素开始产生推动作用，新能源汽车市场真的在崛起。

第二，传统汽车市场的增长方式已经发生转折。汽车首次购买率从2009年的93%逐渐降低，到了2017年已经降低为30%。增换购的比例从2009年的6.8%提高到2017年的60%，这个是消费增长规律的重大变化。

第三，二手车三分天下有其一。2018年，我国二手车交易量达到了1382万辆，接近新车销售量的一半，三分天下有其一，成为汽车市场的主流之一。

第四，中国汽车在国际市场崭露头角。与国际汽车制造大国和使用大国的状态相比，中国汽车及零部件出口的实际情况是非常糟的。商务部、公安部、海关总署三部门近期联合发布了《关于支持在条件成熟的地区开展二手车出口业务的通知》，已经开始正式启动二手车出口工作。就像日本向发展中国家出口的第一批汽车都是二手车。

一方面是将导致在近期内加快低端产品走出去的趋势，由此形成"一带一路"的新格局和新局面，另一方面也会进一步加大高端产品升级的机会。如果是国际国内的严峻形势迫使我们加快出口和产品升级，那么这样的一个过程也许是我们都始料不及的。不仅是我们自己，连国际上给我们制造压力的一些始作俑者也始料不及。也许这就是我们开拓国际市场难得的历史机遇。

第七个观点，大变身的产业政策。

汽车产业政策经历了前几个时期的发展过程，1994版、2004年版汽车产业政策发挥了重要的作用。进入新时期以来，汽车产业政策的思维在国家层面发生重大变化。2018年11月，习总书记在民营企业座谈会上讲到一个观点，要推进产业政策由差异化、选择性向普惠化、功能性转变，这是第一个重要的转变。2018年12月，中央经济工作会议又指出，在推动国家全方位对外开放中，要由商品和要素流动型开放向规则等制度型开放转变，这是第二个重大转变。第三个重大转变是2019年3月，十三届人大二次会议通过了《外商投资法》，规定对外商投资全面实行准入前国民待遇加负面清单管理制度。产业政策最大的变化体现在这三个方面：普惠化、功能性，制度型开放，实行准入前国民待遇加负面清单管理。在大变化的产业政策当中，我们要根据不同的场景制定新的产业政策。在宏观层面，我们要防止一个现象，产业政策在深入工业化的过程当中要防止出现"过早去工业化"的趋势，这是当前产业政策制定最迫切的任务。同时，在国内生产总值的构成中，消费占了很重要的比例。今年8月16日，国务院办公厅发布了关于加快发展流通，促进商业消费的意见，共有二十条。其中，专门讲到了汽车，第一要探索推行逐步放宽或取消限购的具体措施；第二有条件的地方对购置新能源汽车给予积极支持；第三促进二手车流通，进一步落实全面取消二手车限迁政策。中央的这些新政策会对整个的宏观经济产生重大的影响。要大幅度提高管理和运行效率，其中要实行前沿性的创新引领、绿色消费推动、服务性消费增值等全方位提高效率的政策。

第八个观点，汽车产业再定义。

汽车产业要再定义，我建议有十个指标：要突出低碳化、信息化、智能化、共享化和制造＋服务的创新性；要呈现技术创新的双向性；要发挥产品研发的互补性；要鼓励品牌建设的共享性；要坚持国内外市场的开放性；要维护供应链选择和定价的互利性；要增强合资企业中方的能动性；要提升构建全球价值链能力的主动性；要体现多元包容中西合璧的中国文化属性；要凸显汽车产业"范式革命"的时代性。

嘉宾简介

李万里

李万里，1952年生。1969年在内蒙古锡林郭勒盟插队，知识青年。1976年毕业于北京钢铁学院机械系。1986年进入汽车行业管理部门。先后在中国汽车工业公司科技部、中国汽车工业联合会科技部、中国汽车工业总公司科技司、国家机械工业部汽车司、国家机械工业局行业管理司汽车工业处、国家经济贸易委员会产业政策司、国家发展和改革委员会产业政策司、工业和信息化部产业政策司等部门参与汽车产业政策研究、制定和汽车产业运行管理工作。曾担任副处长、处长、调研员、副巡视员等职务。在国际事务中曾担任：联合国世界车辆法规协调论坛管理委员会（UN/ECE/WP29）中国政府代表；中国—欧盟工业政策对话框架汽车工作组中方组长；中美汽车技术法规战略合作机制成员；中韩经济贸易合作委员会汽车工业专家工作组中方组长；中英经贸联委会汽车工作组成员。2008年获中国汽车工业协会、中国汽车工程学会、中国汽车技术研究中心、中国国际贸易促进委员会汽车行业分会、中国汽车报社颁发"纪念改革开放30周年中国汽车工业杰出人物"。2012年退休。经工业和信息化部推荐曾任中国汽车工业协会副秘书长。2015年《汽车行业管理现状分析和改革建议》（主要撰稿人）获中国汽车工业科学技术二等奖。2017年至今受聘中国国际工程咨询公司专家学术委员会专家。

王晓明：汽车产业格局重塑与创新趋势

王晓明

中国科学院科技战略咨询研究院研究员

当今的时间点确实有特殊性，上午有领导说汽车产业现在站在了新的发展起点上。汽车产业的几个时间点包括汽车发明是在 1886 年，第一座加油站建成是在 1905 年，第一条流水线建成是在 1913 年，第一条高速公路建成是在 1932 年。传统汽车产业"四大件"的形成用了将近 50 年的时间。刚才李万里先生讲到我们现在要把握汽车变革的时代特征。前面也有领导讲，我们正在经历百年未有之大变局，汽车产业也正处于百年时代变革的一个新起点。在这样的新起点下，把握汽车产业的趋势性发展特征，对于我国汽车产业由大变强是有建设性的，这就是我发言的出发点。

我的发言分为三方面，第一方面是关于顶层设计，就是对汽车产业发展"新四化"趋势的认识，第二方面是阐释产业格局变化的驱动力和趋势特征，包括五个分离和五个协同，第三方面是对整车企业发展趋势的认识和看法。

汽车产业顶层设计，或者是说范式变化，到底应有哪些特征？我认为它已经超出了传统汽车构成要素的范围。汽车"四大件"同时从国家所制定的战略和规划来看，也在发生变化。前面也有专家讲到汽车千人保有量，其实这是研究汽车产业发展规律性的一个指标，国家的能源、交通等基础设施的建设和城市的规划都要依据汽车千人保有量这一指标来设计。当汽车共享成为产业发展趋势之一，意味着汽车的使用方式和使用强度发生了变化，此时再用汽车千人保有量这一指标作为制定规划的依据，可能导致失真，需要转换方式，对汽车的使用情况、使用场景和使用规律进行深入的研究，准确地把握规律，帮助我们更好地认识汽车产业的发展趋势。汽车产业的组织方式和汽车产品的设计，比如电动车是长续驶里程的好还是短续驶里程的好，要由未来的使用场景和使用特征决定。这是我理解的产业范式变化的主要内容，这是我的第一个观点。

汽车产业的这些变化，其实意味着传统汽车产业打破了自身发展的规律性特征。汽车产业要和交通、能源、环境、城市、通信等领域协同发展，这是一个巨大的变化。

今年6月，我到德国调研，得知德国原来的电动车国家平台，升级为未来出行的国家平台。它包含的内容要比以前多，有6个专题组，包括交通和气候变化，替代能源、新燃料和可持续交通发展，数字化和未来出行的方式，产业链和供应链的组织，车联网（车与车的连接，车与相关设施的通信连接），以及标准。传统认知中不属于汽车行业的像德铁、空客这样的大公司也加入了专题组。德国未来出行的国家平台，既体现了汽车电动化、智能化、网联化和共享化的发展趋势，同时又把单一的汽车交通拓展为大交通。从一个局部的系统拓展到一个大系统，这是我对德国国家战略的新认知。

反过来看我国，我国制定了新能源汽车的国家战略和规划，国家发展改革委正在牵头制定智能网联汽车的发展规划。如此一来，关于共享是否也要制定一个战略和规划？是否可以在国家战略和规划层面把"四化"作为整体进行设计和考虑，以为未来汽车产业的大发展指明道路。

第二方面，我认为未来出行的趋势性变化，将带动汽车产业转型，紧密围绕汽车产业的新四化，我用五个分离与五个协同来概括这一转型趋势。

我认为有三个重要的因素驱动五个分离和五个协同，第一个因素是新一代信息技术，包括数字化、智能化、网络化技术。这种技术体现为算例、算法、平台、连接的指数性增长，以及成本的指数性下降。信息技术与传统以机电为特征的汽车技术趋势对比，汽车技术的变化是线性的，信息技术的变化是指数性的。正因为信息技术的变化是指数性的，就有了对传统汽车进行赋能和提升的杠杆能力。

第二个因素还是汽车需求的变化。汽车需求变化是购买交通服务，而不是购买产品的消费模式变化。这种变化对于汽车产业来说，是根本性的变革。汽车作为一种交通工具，正在回归它作为交通运输工具的根本属性。

第三个因素是环境的变化。节能减排、蓝天行动这些都对汽车产业的未来趋势产生重要影响。

上述三个因素驱动了五个分离与五个协同。第一个分离是车电分离。车电分离是一种模式构想，按照传统的模式，电和车是一体的，它不仅是物理上的一体，在价值上也是一体，这给新能源汽车产业和消费者带来很多困惑。比如，在新能源汽车价格中，电池所占比例很大，当电池达不到车用电池的标准时，电池的梯度利用、回收、管理等问题现在是由厂家负责，这种情况给厂家造成了很大的困难。如果车电在价值上分离，有一个独立的第三方运营平台作为电池的资产持有者，同时又通过平台对电池进行全生命周期管理，既可解决汽车生产企业的难题，又可解决消费者的难题。这种平台金融属性和数字化管理能力，我想是我们未来解决汽车电动化电池问题的一种重要方式。

未来百年汽车产业的转变将出现很多新主体和新商业模式，我们可以去设计和构想。

第二个分离是车和控制的分离。这实际上指的是智能交通，特别是自动驾驶技术突破之后的智能交通和智慧城市的概念。传统的车肯定是要由驾驶人控制的，如果驾驶人不控制，就违反了交通法规，但是未来从车辆行驶最优到交通路网的局部最优，到整体智能交通最优，必然要经历车与控制的分离，或者称之为协同控制的过程。这过程为数字化、平台化、智能化技术的应用提供了载体和空间，同时也为未来城市的交通系统提供了新的平台和载体。

第三个分离是软件和硬件的分离。传统的车辆是偏硬件的，它在生命周期中的价值也是由硬件的价值来决定的。如果实现软件和硬件的解耦，通过软件的快速迭代重新定义车辆生命周期中价值曲线。未来，车辆通过软件升级和迭代实现它的体验价值，这与传统车的设计和使用模式是不同的，这也会带来汽车产业的深刻变革。

第四个分离是车和用分离，就是汽车的所有权与使用权分离。特别是消费者已出现代际变化，越来越多的年轻人与上一辈人的消费理念完全不同，而汽车共享也会越来越经济，越来越高效，其带来的体验和增值服务也将越来越丰富，这些必然会增加汽车共享的吸引力。车和用分离已经是看得见的趋势。

第五个分离是车和制造分离，这种分离可以借鉴手机行业的代工模式。随着汽车设计与生产制造的分离，整个生产系统也会发生变化，从垂直一体化到水平分工，这带来的改变也是根本性的。

有五个分离，也必然要有五个协同。分离是协同的基础，因为有了分离就会有新能源汽车和储能、新能源系统进行协同。这种协同必然会对与未来车和能源相关的功能属性进行定义。车和交通的协同，也是建立在车与控制分离的基础上，并上升到智能交通和大交通的层面。未来车和城市的协同融合发展，也是必然趋势。

五个分离和五个协同意味着汽车产业在新的起点上进入一个解构与重构的新时代。解构和重构是以新四化为方向，三个驱动力为动力特征，五个分离和五个协同为组织结构变化特征，它将改变传统汽车链式的格局，形成一个新的网络化格局。这种网络化格局包括新的市场主体、独立的模块化供应商、独立的汽车设计公司和独立的无品牌代工厂。同时，品牌是推动新的组织模式关键力量，品牌既包括轻资产的平台，也包括重资产的平台和轻重混合资产的平台。对于终端消费者，是选择买车买服务，还是租车，完全根据他的需要来进行选择。从趋势上来看，可能是有这些变化。

这些变化也改变了传统汽车发展的模式和形态，使整车企业、零部件企业、汽车关联企业甚至汽车所在的地方园区、地方政府都面临转型的压力，这种转型既包括从车端的产业链、供应链的全链条转型和产业组织的转型，也包括社会化转型，比如车和能源、车和交通、车和电信的转型，这种转型的力量是推动汽车产业向前发展的重要因素。

今年大会的主题是要全面深化改革，发展壮大新动能，必须要有新的思维、新的体制机制、新的产业组织形态，以及新的驱动力，使汽车产业转型顺利进行。最后我非常赞同李万里先生的观点，中国汽车产业的成功是大概率事件，汽车产业由大变强也是大概率事件。

嘉宾简介

王晓明

王晓明，中国科学院科技战略咨询研究院研究员。2000—2006 年在国务院发展研究中心信息中心和办公厅工作，主要从事交通、环保、医疗、住房等公共领域的研究。

2006—2018 年在国务院发展研究中心产业经济研究部工作，2006 年开始从事制造业、能源、交通、城市化等领域的研究。

2009 年主要研究传统产业转型升级、战略型新兴产业发展、区域产业发展。

2013 年开始研究科技革命对传统产业的影响、中国制造强国战略、中国能源发展战略。

2015 年重点研究工业 4.0、工业互联网与智能制造、能源互联网与能源革命、智能网联汽车与智能交通。

2017 年重点研究传统产业的数字化转型和基于新一代信息技术的知识自动化。

2018 年调入中国科学院科技战略咨询研究院，主要研究第四次工业革命与国家创新体系、产业技术创新战略与政策、区域创新体系和创新生态建设等。

黄希鸣：坚持自主创新，迎接新能源汽车产业的机遇和挑战

黄希鸣
南京博郡新能源汽车有限公司董事长、首席执行官

大家讲到电动化、智能化和网联共享化是电动汽车发展的大趋势，也是承载整个社会发展新动能的基本点。在今年的论坛开始时，大家谈论更多的是汽车销量下降的各种情况，我的基本观点是，中国汽车产业保持高速增长已经有二十年了，在这二十年里，增长率高达两位数，实际上使中国汽车产业走向了世界市场。中国在新能源汽车产业中也是最大的市场。二十年做一个产业，调整是必然的。我认为现在正好是进入调整之后的再发展时期。

新能源汽车的销量在2019年上半年和过去几年一直保持高速增长，仅在7月有所下降。实际上，这种情况有整体市场影响的原因，也有一些特殊的原因，如排放法规国五升级到国六。这些数据并不表示新能源汽车发展存在多大的问题。新能源汽车销量的下降，我认为主要有以下原因。一是经济调整，2019年包括2020年燃油车市场销量，还是会处于下降或者是微增长的局面；二是新能源汽车燃烧事故对行业产生了负面影响，这是在新的产业发展过程中，技术不成熟或者追求速度高于追求质量带来的问题。

我认为现在补贴退坡实际上是正常的过程。新能源汽车的市场占有率已经接近5%，已进入政策扶持到市场竞争的产业进程。当然，补贴退坡对一些一直以来靠补贴生存的产品会有影响。实际上，现在国际汽车企业巨头

纷纷进入中国市场，特斯拉在上海建厂，怎么迎接未来的挑战，企业关心的是在充分竞争的市场上未来怎么与特斯拉、大众等这些最先进的企业进行竞争，狭路相逢勇者胜，我们能不能做到勇者胜？

我依然看好新能源汽车产业的前景。我国的交通条件特殊，即使有完备的航空系统、高铁系统，电动车市场的持续发展也是可以存在的，它也是主流市场。我预计在2035年电动车或者新能源汽车的市场占比将持续上升达到50%以上。据德勤的分析，在2030年以后，中国新能源汽车销量能达到1700万辆，增长机遇还是存在的。

怎么做到在今后的竞争中狭路相逢勇者胜，这是企业要回答的问题。我们认为围绕电动车把好技术关，打造好产品的基础是最关键的。现在，很多新能源汽车都是由燃油车改造过来的，大众平台生产的电动版车辆续驶里程也只有两三百公里。

博郡汽车从2016年开始，就着手打造自己的原生态平台。我们与大众走的道路不一样，我们认为要在市场上要保持强有力的竞争力，要围绕年轻人，打造以降低成本为导向的小型车平台、电动车平台。我们的想法是在每一个产品领域，无论是产品、性能，还是构架，都要有很强的竞争力。人们总是在讲平台开发，实际上，能真正把平台开发做好的企业并不多。平台开发带来的优势是比较明显的。在全新平台开发的初期过程，开发成本相对要高一些，但是后期成本可下降10%～15%，甚至更多。另外，后期的车型开发时间基本可以控制在12个月内，这会给企业提供持续发展的优势。目前，博郡汽车三个平台开发接近完成，每一款平台上可以开发十款以上的车型，且能保证今后每年至少有一两款新车推向市场。

现在很多的新进入汽车行业的企业面临的局面困难，开发一款车要投入十几亿元，这是不太合理的，成本控制是企业在竞争中取胜非常关键的能力。与传统的国际大品牌竞争的时候，客户端对国内汽车的品牌认知度还是要差一些，议价能力也是要差一些的。国内企业如果在成本控制上不下苦功，开发一个油改电的车，是不可能与国际汽车企业巨头竞争的。

博郡汽车坚持走自主开发的道路，我们在很多方面都是靠内部开发，整个平台开发是完全独立做的，在三电系统整车控制、电池管理系统、驱动系统的应用和优化方面都是自主进行的。同时，我们在效率上非常追求极致。

对于博郡汽车，我们认为生产制造、品质把控是博郡汽车的一个短板，我们可以建立一个全新的工厂，但缺乏完整的生产管理团队。现在很多企业的产品问题频繁发生，也是与这方面有很大的关系，当然也与研发有关系。为此，我们与天津夏利合作以实现强强互补，博郡的研发体系，加上天津夏利的生产体系，这样才能形成完备的体系。

实际上，我国的汽车产能今年是很多的，我们更注重充分利用现有产能，而不是考虑新建。另外，博郡在国际化过程，非常关注并立足于国际标准，以尽快进入国际市场开拓出一个新局面。我认为无论经济形势有多差，企业保持定力是最关键的。企业的定力来源于企业自主创新能力。很多人在经济下行的时候比较悲观，对未来也比较迷茫，但是我认为不必。只要我们坚持自主创新，坚持走国际化道路，还是能够在未来狭路相逢时作为勇者取得胜利的。

嘉宾简介

黄希鸣

黄希鸣，毕业于美国弗吉尼亚理工大学，获航空航天专业博士学位。现任博郡汽车董事长、首席执行官。

黄希鸣拥有20余年汽车行业经验，曾长期任职于美国福特汽车公司，专注整车性能开发，并自2007年起先后创立美国先进车辆技术有限公司（AVT）和上海思致汽车工程技术有限公司，期间为多家国际国内知名整车厂出色地完成百余款车型的底盘设计开发、整车性能调校等项目，树立了良好口碑。

2016年，黄希鸣整合了国内外优秀人才及资源创办博郡汽车。目前，博郡汽车拥有一支近1000人的团队，实现了中美两国多地的全球化布局。

茅海燕：软件定义下的汽车变革

茅海燕
东软睿驰汽车技术（上海）有限公司
全球营销总经理

东软睿驰依托东软集团在汽车领域 27 年的发展，在汽车产业里有很多收获，从做车载系统嵌入式软件开始到今天来这里谈"新四化"的软件定义汽车，我们期望在今天与大家分享我们的看法。

软件定义汽车（Software Defined Car, SDC）是下一阶段汽车变革的一个趋势。我今天的演讲分为三个方面，第一是到底发生了什么变革，第二是什么因素影响变革，第三是我们需要怎么进行准备。这两天在论坛上，多位汽车界的专家都认同四化是趋势，是不容忽视的。正是这个趋势推动了汽车产业变革，一定会需要软件来经营汽车。20 世纪 70 年代的时候还没有 CAN 总线，到现在车内的软件和硬件处于平衡，未来的车则需要软件来进行定义，定义网络，也定义系统。有一个有趣的数据显示，在 20 世纪 70 年代的时候，软件在汽车成本中所占比例为 2%，现在接近 40%，目前电动车的销量占比为 4%，到 2030 年的时候将占 20%，2035 年电动车销量占比将达到 50%。另外，L3 级别、L4 级别和 L5 级别的智能网联汽车也会到来。目前预测 L3 级别的汽车在 2020 年将达到 10 万辆，但是到 2030 年就会达到 1000 万辆。L4 级别和 L5 级别的汽车在 2030 年可以达到将近 500 万辆车。正是因为四化影响，目前车的占比也很大程度地推动了软件来定义汽车。

还有一个很有趣的数据与大家分享。L1 级别传统燃油车，价格为 2000 美元；L3 级别智能车的软件和汽车电子部分的成本为 1500 美元。L5 级别纯电动汽车软件和汽车电子部分的成本为 3800 美元，从这三个数字的变化可以看到软件及其零部件组成在整车架构中所占比例的变化。

在汽车设计里，是由主机厂提出技术规范，由供应商进行交付。刚才我们谈到四化，谈到未来科技的这些要求，核心技术包括 AI（人工智能）、大数据、深度学习、V2X，还包括本田技研提及的车内虚拟现实（VR）技术，这些技术代表了未来，这些技术发展需要独立空间。只有通过一个软件架构让这些技术得到独立发展，才能够加快汽车技术的迭代更新。

另外，随着用户体验、芯片、传感器的发展，未来的软件架构将加快发展，也能够赋能汽车技术的发展，体现在三个方面，第一就是技术方面，汽车的功能安全需要空中下载（OTA），技术是强势的因素，需要软件来进行定义汽车。同时，还要考虑市场的需求，昨天很多主机厂都提到要出二十几款电动车，但这并不是二十几款新车都是平台化的。平台化带来的是成本下降和可快速推出产品，整车平台化的开发需要的就是软件能够使平台化的开发成为可能。

今天上午的嘉宾发言中，长安汽车刘总（刘波）也提到，长安 2000 人的智能化研发团队里 30% 是研发工程师，也就是说，整车厂现在已经在做软硬分离的工作，就是开放性、标准化的软件平台可以对应不同的硬件，这样可使开发成本最低。以前的软件是嵌入式的，换一个硬件就需要重新开发软件，而软件开发的投入是巨大的。因此技术、市场以及商业模式的变更，也决定了软件定义汽车。下一代汽车一体化的架构，是由底层的车辆平台、中间层的开放式标准化软件架构和整车设计组成。

过去，汽车有将近 100 个电子控制单元（ECU），每一个功能都有一个 ECU。随着汽车信息化进程，汽车开始有软件和硬件，但是两者是强耦性的。现在汽车里面有自适应巡航控制（ACC），这已经表明现在的汽车已有域控制器，原来车身、底盘、车载娱乐系统、动力系统独立的网络开始进行互通和对话。下一步要做的是实现进一步融合和结合，也就是说，通过一个中心的网关，把相应的域控制器的功能融合起来，达到最后呈现的完全零耦合。这不是天方夜谭，现在有很多公司已经在做高算力的车用计算机，这其实就是我们刚才说的指数级变化。

第二个问题，通用部件部分采用什么样的架构？整车开发平台本身是一个开放性的标准平台，它能够覆盖整车设计、开发和验证，整车开发平台使整车实现硬件的通用化，降低成本，能够加快技术更新迭代。

第三个问题是我们该怎么进行准备。东软睿驰和本田合作多年，就本田的电动车和智能网联开发，我们做了很多共同的探讨。我们的产品结构像四层楼一样，第一层是软件，是东软睿驰推出的 Neusrr 产品，这个产品目前也已经与一些主机厂开始进行合作，已经通过了主机厂的验证。

在这个基础上，第二层是智能硬件，包括 EV 产品全系，及与电桩制造商的合作提供电桩，自动驾驶 L0 级别到 L3 级别的量产和 L4 级别的开发。东软有自主知识产权的软件，也和行业内的多家企业在软件方面进行合作，我们跟高通、大唐都是战略性合作伙伴。

在东软 27 年的发展历程里，我们在车载方面做了很多产品。在软件和智能硬件之上，我们还有平台，VSP 是整车服务的数据平台，RTM 是东软与宝马及多家企业进行合作的氢能源监控平台，DPV 是新能源产品大数据平台，在包括如何进行产品全生命周期的跟踪、优化和持续改进方面发挥作用。昨天和今天，大家都谈了很多基础设施充电的问题，我们有幸在中国汽车工程学会各方面领导的认同和支持下，建立了一个充电设施互联互通的平台，电动车找充电桩和支付的问题，都有了非常便利的解决方案。

今天上午，本田的嘉宾讲到目前已有 17 个城市建立了氢能源车运营平台。另外，我们和本田就如何在中国的城市进行自动泊车、自动洗车、自动服务，包括接收快递这些场景都进行了合作。东软做了多年有关智慧城市的项目，我们在跨行业、跨生态系统领域的项目上有很多心得。

四化的发展已经成为必然趋势，我们希望为四化发展赋能，为四化发展提供助力。没有一家企业可以把所有的事情做好,所以我们非常强调生态。东软有三所 IT 学校,每年向社会输入 35000 名学生,这些 IT 专业的学生经过培养之后都是能够直接胜任相关工作的。目前,主机厂、行业急需的是人才。另外,我们一直致力于建立互利共赢的伙伴合作模式,我们在进行市场推广的过程中也建立了标准,东软睿驰参与了国内和国际在四化领域的多项标准制定,包括信息安全。当然,我们也是非常开放的,希望构建开发者的生态联盟,有利于降低成本,也有助于推广我们的软件产品。

在此,我对行业发表倡议,希望大家共同构建一个好的生态伙伴关系,共同为下一代汽车的变革做好赋能者的工作。

嘉宾简介

茅海燕

茅海燕,东软睿驰汽车技术(上海)有限公司全球营销总经理。

1997 年毕业于浙江大学,就职于上海汽车工业公司,美国 TRW,任上海 TRW 安全系统公司总经理助理,后赴美获得 MBA 硕士学位。

成长于汽车世家的茅海燕在美国汽车城是最早从事中国汽车企业拓展国际市场业务的优秀代表,从 2002 年起,曾任曙光集团美国公司总经理、集团采购副总裁、国际业务总监,并担任中国汽车企业协会美国分会理事。2016 年被《中国汽车报》评为汽车界杰出女性领导者之一。2017 年,茅海燕加入围绕 CASE 进行战略布局的创新型企业东软睿驰,担任全球营销总经理,已牵头多项与全球 OEM、国际 Tier1 在 CASE 领域的合作项目,包括多项软件定义汽车闭门项目。

陶吉：从测试到运营，无人驾驶的发展之路

陶吉
百度智能驾驶事业群组自动驾驶技术部
副总经理

作为一家科技公司的代表，我从汽车智能化的角度，从我们行业实践的经验出发，给大家分享一下我们的一些想法。今天，我演讲的题目是"从测试到运营，无人驾驶的发展之路"。

2018年，北京市的自动驾驶车辆测试年度报告显示，2018年有来自8家不同公司的54辆自动驾驶汽车，在北京市三个不同的开放道路区域进行了自动驾驶测试。今天，我讲的测试主要是指L4级别以上的自动驾驶。

在这54辆汽车中，百度的车辆数占83%，测试里程达15万千米，占总里程的91%。测试道路覆盖从最简单的城市道路到普通城市道路，再到具备V2X车路协同功能的智能网联道路，全年的测试是零事故的安全测试。

在今年，我们又在北京拿到了目前国内等级最高的自动驾驶测试牌照。自动驾驶测试牌照等级从T1到T4是随着道路级别的提升而提高的，T4牌照意味着可以在最复杂的道路上进行测试，T4牌照对应的测试内容包含了道路的动态变化，如施工、潮汐车道、临时红绿灯等，在这种道路场景中，车辆如何准确应对是很重要的。

除了在北京市进行的测试，我们还积累了在全国不同城市进行测试的数据。总结来说，我们有超过300辆的L4级别的自动驾驶车辆在全国13个城市积累了超过200万千米测试里程的数据，在这些城市里通过这么多里程的积累获得了丰富的数据信息，涵盖了不同的季节、不同的道路类型、不同的交通状况等各种工况数据，这将会成为提升和改进我们的驾驶模式的基础。

我们测试里程一开始是非常少的，从几千千米、几万千米到今天两百万千米的变化过程可以看出从一百万千米到两百万千米的区间上升曲线非常陡，最近一百万千米测试里程只用了半年的时间就做到了。

通过这么长时间、这么多里程的测试积累，百度从自身对于车辆能力观察角度出发，把自动驾驶车辆L4级别的发展归为两个大阶段、六个小阶段。简单来说，第一个大阶段是测试，第二个大阶段是运营，涵盖了从一辆单车开始做研发，到未来将这样的车队部署到商业化落地的全生命周期。

测试阶段，简单来说，就是改装的车辆只搭载测试设备和研发人员，在限定的少量区域内以固定路线进行测试。在这个阶段，我们主要关注的是车辆的技术指标，其中核心的指标是每两次干预之间的自动驾驶里程（MPI）。这个阶段，我们认为是测试、研发和关注车辆核心能力提升的阶段。

第二个阶段是运营。运营最重要的变化是什么？首先，需要大规模的车队，这意味着不能用过去的改装车，而需要用定制化的量产车辆部署在区域路网，很有可能是有真实的运营需求，运行的方式不再是类似公交车的固定路线，而是采用点到点的方式。除了搭载测试人员之外，还会搭载有真实需求的乘客，听取他们的意见和反馈。因此，在运营这个阶段，我们主要关注运营效率这个核心指标，即每行驶1千米要花多少钱，这个效率包含非常多的内容，一是整车的成本，现在无人车的主要成本来自于自动驾驶相关的成本，如激光雷达、数据计算的成本都是非常高的；二是运维成本，车辆出故障的时候需要有多大规模的技术团队予以支持才能维持日常的运营，当然，车越稳定、质量越好，成本越低；三是安全员或者驾驶员的成本，这部分成本占比最大，当未来有一天自动驾驶商业模式形成闭环的时候，一定会去掉驾驶员，这能够节省一笔很大的费用。当做到这几点之后，我们每天可以跑更多的里程，可以进一步降低每千米的成本，到达那一天就可以真正实现商业化的运营。

当然，上述两个大阶段内还各有三个小阶段。目前，百度已经从过去的测试阶段跨越到了运营阶段的测试运营阶段，但是这一阶段会持续非常长的时间，直到有一天有把握去掉安全员。之所以说从测试到运营是 L4 级的必经之路，是因为运营会让我们贴近更加真实的应用场景。不运营就不知道把车停到准确的位置有多难，有人驾驶时，可以通过电话沟通知道准确的停车地点，未来怎么做到？我们刚刚说到，更大的车队需要更高的稳定性，同时搭载乘客也需要舒适性。当有了真实用户后，用户反馈的真实意见，可以帮助企业全流程打磨技术，更重要的是打磨产品，使得它向商业化落地。

企业要想做到从测试到运营的转变，我们认为需要三方，也就是科技公司、政府和 OEM，做到三位一体。测试阶段可能不需要多方合作，科技公司找到改装厂改装车辆即可进行测试，但是要运营就需要三位一体。在三个顶点上，每个角色都有自己很多的问题、顾虑和思考。比如，科技公司在想能给我更大的路网吗？允许搭载真实乘客吗？政府可能会想车辆上路的安全标准是什么？车在路上会不会影响正常的道路交通？OEM 会想车造出来了谁来买？研发成本谁来分摊？当运营的时候，传统的主机厂以什么样的身份和角色参与未来无人车出行的运营服务？这都是各方在想的问题，期间有一个核心的问题，就是如何使测试运营安全进行。

首先讲一讲科技公司和主机厂的合作，简单来说，在这样的合作中，科技公司更多的是提供全套的解决方案、软硬件的能力，主机厂和 OEM 提供的是车辆定制化的设计和生产，以及整车质量保证的服务。

这并不是说主机厂成为一个简单的代工，它需要深刻理解目前自动驾驶涉及的软件和硬件到底有什么需求，有什么样的长处和不足，需要通过什么样的设计方法克服它带来的问题。我们将之划分为四个阶段，包括产品定义、研发、量产和运营四个阶段，在这四个阶段，合作双方都要各自贡献出长处。比如，在产品定义阶段，OEM 需要根据我们需要什么样的传感器和计算设备、散热条件进行车辆的正向设计。在研发阶段，OEM 需要提出整车的集成方案，解决如何做到性能的测试以满足要求。在量产阶段，科技公司提供量产线上 OEM 没有的工具。在运营阶段，科技公司提供整个的运营服务体系，OEM 公司可以参与进来进行整车的售后和销售管理。

以百度和一汽红旗的合作为例，2018 年百度和一汽红旗进行了定制前装量产合作。我们在红旗 H3 纯电版 SUV 上进行了尝试。在 H3 的车型上，基于百度的方案进行了新的设计，包括整车自动驾驶部分的融合、整车的电子电气架构。有了这样的设计之后，我们在红旗的量产线上进行了改造，添加了很多新的工具和手段帮助我们把设备集成进去。在集成完毕之后，不管是零部件的测试还是整车测试，都会按照车场的要求进行严格的测试。这款车是目前在中国市场上看到的 L4 级别的测试运营车中最符合车厂规范要求的，是一款高质量的自动驾驶车。

在与一汽红旗合作进行生产、研发过程中的零部件和整车测试时，我们进行了高温环境舱的模拟测试。它是根据 L4 级别要求设定的标定间，包括室内和室外部分。所有的车身打孔、线束走线都是从白车身开始就集成进去的。我们做了很多零部件级的测试，我们称之为 DVP 的验证。实际上，严格来说，这并不能严格地称为 DVP（设计验证计划），因为没有涉及 D（Design）这个阶段，不是在设计时就明确在什么样的工况下运行和开发的，而是市场上已经有了这样的产品，我们对其工况能力进行验证。这种验证更多的是"V"（Verification）的过程，虽然我们知道目前零部件尚达不到车规要求，但是这个过程是非常有价值的。做完零部件的

DVP 之后，就会知道每个零部件的工作边界在哪里，就会明白定义 L4 级别的车 ODD（设计的适用范围，Operational Design Domain）到底是什么。有了这样的定义，再对车辆进行部署才是负责任的，才可保证车是在可控的环境下做这样的测试。同时，我们希望通过这样的工作进一步推动行业规范，我们知道什么样的 L4 级别的车是可以上路测试的，目前行业中缺乏这样的规范指导。

其次，讲一讲科技公司和政府之间的合作。这里也以百度为例，百度与长沙市政府合作在今年即将落地的自动驾驶服务上做了一些事情。首先，百度提供的一批自动驾驶车辆，在长沙通过了自动驾驶车辆的牌照考试。长沙现在有中国智能网联的测试示范道路可以让我们进行测试，但是长沙缺乏相关的经验，不清楚怎么去测试一辆无人驾驶车并给它发放牌照才是符合国家政策的。在这方面，我们在北京积累了非常多的经验，我们可以把这些经验告诉长沙测试示范道路的主管机构，帮它建立这套体系。当车辆测试完并获得上路牌照之后，百度会提供全套车路协同方案。作为地方政府，一方面要合规地把牌照发放出来，同时要制定可以真正进行运营载客测试的标准规范。实际上，目前在国内还没有这样的规范标准，美国加州已经有了。同时，基于安全，必须考虑如果车辆出现事故怎么办。政府也要大力推进相关的保险配套，出台新的保险条例。

最后，讲一个非常重要的观点，中国的自动驾驶一定是走"聪明的车+智慧的路"这样一条有特色的道路。政府有责任和义务对基础设施进行智能化升级改造，提供具备车路协同功能的测试道路。长沙市政府目前在湘江新区投入了大量的精力做道路的升级改造，百度作为一个科技公司也提供了全套的车路协同方案，帮助政府进行车路协同的升级。

说到车路协同升级，我重点讲一下我们对于车路协同的看法。第一个问题是我们为什么需要车路协同。从马车过渡到汽车的时代，最早的一代汽车是开在行走马车的路上，这种路其实不适合汽车，新的汽车行驶需求产生之后，"马"路才逐渐变成了公路。当更多的智能网联车出来后，传统车走的道路是不是适合智能网联车的驾驶呢？自动驾驶领域有 90/10 的理论，意思是花了 10% 的时间解决前面容易的 90% 的问题，对于最后 10% 困难的问题可能需要花 90% 的时间。车路协同的作用更多的是帮助行业用更短的时间、更少的成本代价和更廉价的传感器去解决 10% 最复杂的场景。比如，说路口的盲区怎么样探测，从单车角度想有很多办法；如果想要弯道超车，首先要做的是什么，是否在直道必须先追上，如果在直道没有追上，弯道也没有机会超车。在车路协同领域，要先把前面 90% 的事情做好，做好之后才知道未来智能的道路、路侧的设备可否解决剩下 10% 的问题。现在产业界做的测试，更多的是基于已有通信条件可能想到的能做到的事情，但是这离具备上路还有很大的距离。

我们认为，符合 L4 级别的车路协同一定能够做到对象级的精确感知，能够做到毫秒级的延时。就是因为我们有了基于过去单车智能的测试积累，才能提出这样的需求，才能把需求转化成功能，并反馈到车队上进行很好的应用。通过 L4 级别的车路协同解决超过一半的单车智能在路上出现的问题。以我们在早期做车路协同研发的模型为例，我们在百度公司附近的十字路口，安装了智能红绿灯和多传感器融合的车路协同设施，可以检测这个路口里面所有的车辆障碍物，藏在大车后面的行人都能够被非常准确地检测出来，这使得车辆在通过路口的时候有安全性。

可以预期，自动驾驶将给城市带来智能化的升级。今年我们计划在多个城市部署自动驾驶的测试、出租车的测试运营服务，包括北京的亦庄、长沙的湘江新区、河北的沧州……我们希望百度通过总结积累无人驾驶技术，针对车路协同的需求，和车厂、政府一起打造新出行的智能化体验。

百度阿波罗这个品牌一直坚守开放能力、共享资源、加速创新、持续共赢，跟业界的伙伴一起将自动驾驶推到新的高度。

嘉宾简介

陶吉

陶吉，博士，本科毕业于西安交通大学，后于新加坡南洋理工大学获得博士学位。2010年加入百度，曾任百度深度学习实验室（IDL）资深研究员和高级技术经理，从事大规模计算机视觉与机器学习技术研发。2013年底负责启动组建自动驾驶项目团队，并带领团队完成百度无人车首次北京五环无人驾驶测试。目前任百度智能驾驶事业群组（IDG）自动驾驶技术部副总经理，负责Robotaxi与车路协同等技术和产品。陶吉同时担任全国汽车标准委员会智能网联分技术委员会副秘书长、中国智能交通协会专家委员会智慧公路专业工作委员会专家、5G自动驾驶联盟副理事长，以及多个国家重大专项课题负责人。

热点解析：
新能源汽车产业链的重构与融合

马仿列： 新能源汽车换电技术及其商业模式应用与创新 / 131

Patrick Mueller：重组与整合华晨宝马新能源汽车产业链 / 135

赵卫军： 动力电池产业可持续发展与技术创新 / 138

李建忠： 动力锂电正极材料现状及发展趋势 / 142

随着新能源汽车补贴政策的逐渐退出，新能源汽车将与传统燃油汽车同台竞争，市场发展的驱动力也由政策驱动向终端需求驱动转变。在整车性能提升与用户购车成本增加的双重压力下，新能源汽车产业链必将迎来重构。与此同时，在智能化、网联化、共享化等影响下，新能源汽车产业链在加强产业链协同合作的基础上，还需要不断实现与相关行业的融合，着力提升新能源汽车产业链的整体创新能力与可持续发展能力。

马仿列：新能源汽车换电技术及其商业模式应用与创新

马仿列
北京新能源汽车股份有限公司党委
副书记、总经理

北汽新能源作为新能源领域的先行者，随着产业的发展取得了快速进步，连续六年位居行业纯电动领域榜首。今天我希望与大家分享一下我们在充电和换电技术上的一些突破和探索，分享的题目是新能源汽车换电技术及其商业运营模式与创新。

当前，随着汽车整车技术、新能源技术的快速发展，世界汽车产业正经历着颠覆性的变革，传统燃油汽车向全面新能源化和智能网联化发展，成为不可逆转的趋势，美国、德国、法国、英国等世界强国已制定了燃油车的停售时间表，计划全面推广新能源汽车，中国作为世界汽车产销量第一大国，也在全面加速迈向新能源化的进程。中国新能源汽车产销量自2014年起迅猛增长，2018年中国的新能源汽车产销量已超过125万辆，位居世界第一，占据了世界新能源汽车市场的50%。

新能源汽车产业在快速发展的同时，也面临着巨大的新要求和新挑战。新能源汽车发展至今，充电模式已成为市场普遍认可的电池能源补充方式，但这种方式存在三大问题：成本、安全、充电便捷。慢充时间过长效率低、快充模式因技术瓶颈导致电池寿命迅速衰减，并会引发安全事故，这些仍困扰着新能源汽车的快速发展。面对这种情况，换电模式找到了属于它的生长空间。尤其对于运营车辆领域，充电模式难以满足出租车、网约车运营时间长、行驶里程长、寿命要求长的需求，换电技术及其商业运营模式将成为纯电动汽车未来发展的又一重要模式，对未来新能源汽车产业发展将会产生巨大影响，需要我们认真思考和探索。

北汽集团协同合作伙伴，通过多年的攻关突破了换电技术，并以市场为导向优先满足北京等大型城市运营车辆需求，率先在全国出租车、网约车领域推进换电技术，围绕以出租车为例的运营里程长、车辆负荷大的特点，改善了电池安全与整车成本问题，成为充电模式的又一重要补充。换电模式通过对大量电池集中充电、统一电池调配、更换。

下面谈一谈换电技术相对于快充和慢充的充电模式有哪些明显的优势。

第一，用时短。慢充一般需几个小时，快充至少也得30~40分钟，而换电只需不到3分钟就能实现电池能源的补充。

第二，由于换电采用小电流慢充，可延长电池的寿命30%~60%，这由目前运营车辆的统计数据得出的结论。同时，由于换电采用恒温恒湿、小倍率充电，实现了多重保护，使电池过热的风险得到很好的控制，提升了安全性。

第三，购车成本低。我们在换电技术的模式下，派生出车电分离的商业模式，用户买车可以只买裸车，电池可以采用租赁模式，这种商业模式可大大降低用户购车成本。

第四，大大降低充电成本，这是因为换电模式可以利用夜间波谷充电。

第五，对电网的冲击小。由于可实施分阶段小负荷充电，因此对整段的电网冲击负荷也比较小。

第六，设备投资小，一个换电站至少服务200~250辆车，投资一个换电站100多万元，而如果建设为200~250辆车提供服务的快充站，其投资成本远远大于100万元。

第七，土地利用率高。同样是服务200~250辆车，在快充站，一辆车要占用一个车位，而换电站一个车位就可以完成。当然，我们也并不排斥慢充和快充的方式,而是快慢充加换电于一体,这样可以实现多种能源的供应补充。

在换电站建设方面,经过多年的发展,目前北汽新能源已经具备工业化、模块化换电站的建设能力,可以在前期准备好换电站的前提下,三天之内完成一座换电站的建设和安装,具备了换电站的模块化建设、快速建设的能力。在公用车领域,2019 年北京市计划新增 6000 辆换电出租车,2020 年还要再增加两万辆。换电业务将是新能源产业未来的重要发展方向,2010 年,我国开始在新能源领域开展换电模式的探索和研究,受技术水平、换电模式、市场压力的限制没有得到大规模的推广,但随着换电技术的日益成熟,市场推广的快速扩大,产业发展及相关标准的完善,换电模式的机遇期已经到来,车电分离将成为新能源汽车重要的发展趋势。放眼未来,随着补贴退坡,市场竞争更加激烈,新能源汽车技术不断发展,需要持续加强产业链应用能力。

在此,我们也呼吁国家和行业更加关注和支持换电技术及其商业模式的推广,使其健康、快速、有序发展,大变革孕育新机遇,新时代期待新伟业,作为参与者,北汽集团秉承开放、共享、融合的发展理念,希望与行业同仁共同为促进中国汽车产业更加快速、健康、可持续发展不断探索、坚定前行,走出一条属于中国新能源汽车品牌的发展之路。

嘉宾简介

马仿列

马仿列,男,1960 年生,回族,毕业于内蒙古工业大学内燃机专业。

历任中国重汽集团工程师、质量管理部部长、厂长;北汽福田公司国际合作部副经理兼欧曼汽车厂副厂长;陕西汉德车桥有限公司副总经理;山东泰汽投资控股公司副总裁兼新能源产业总经理。于 2014 年初至 2017 年,历任北京新能源汽车股份有限公司副总经理；党委委员、副总经理职务。2017 年初任北京汽车集团有限公司新能源汽车管理部副部长（主持工作）。现任北京新能源汽车股份有限公司党委副书记、总经理。

  马仿列自 1983 年至今已在汽车行业深耕三十六载，从业经历丰富，尤其对新能源汽车行业有深入了解，对北汽集团整体新能源业务战略有深刻理解，对资源统筹协调有丰富经验。

Patrick Mueller：重组与整合华晨宝马新能源汽车产业链

Patrick Mueller
华晨宝马汽车有限公司研发中心副总裁

华晨宝马在中国已有15年的发展历史，我来介绍一下华晨宝马新能源汽车的产业链。

华晨宝马的路线与竞争对手是有差异的，尤其在未来发展方面。比如说我们拥有先进的动力组成技术可以减少二氧化碳的排放，个人电动出行方案的优势也越来越突出，特别是我们的一些超豪华电动车型由于采用了非常先进的技术，实现绿色出行，从而不断减少温室气体的排放。

华晨宝马持续提升电动车的性能，不断地推出新的服务模式，比如提供即刻出行服务，与用户分享汽车，通过平台提供出行服务等。

宝马一直致力于高科技的发展，在德国研发中心研发出来的技术在中国也得到了更加广泛的应用，同时不断加强全球化布局。全新宝马X3能够提供多元化的选择，同一款车型可提供三种动力传动系统，包括纯电动传动系统、插电式混合动力传动系统和传统内燃机，可为客户提供更多选择。其中，插电式混合动力车型已分别在北美及中国上市，而纯电动车型也即将上市。

华晨宝马是宝马与华晨的合资企业，成立于2003年，从华晨宝马的发展路径可以看到，伴随着中国汽车行业的发展，华晨宝马也取得了巨大成功。

首先，谈一下研发方面。宝马一直以来非常重视研发，在慕尼黑设有宝马研发中心，同时在中国也加强了研发实力。在上海和北京设有宝马中国的服务公司，直接由宝马运营，主要负责早期研发，并开展中国的消费者调研，尤其在数字化领域的消费者调研，为车型进一步开发设计打下基础。

另外，宝马中国在沈阳的研发服务中心主要针对华晨宝马这家合资企业的需求开展车型设计等研发工作。

华晨宝马在成立之初，就已认识到要更好地服务中国市场，必须要加强研发力量。2017年，建立了庞大的研发团队，并在不断地扩张，使研发中心拥有强大的研发能力。同时，研发中心的地址距离工厂非常近，可以更好地提升研发效率。华晨宝马沈阳研发中心对于新能源汽车的开发标定和集成起到了非常关键的作用。比如一些针对中国特有模块的开发工作，包括一些新的内饰、线束、空调装置等，都是在沈阳研发中心做的，仅供中国市场使用。

此外，我们还进行夏季和冬季的整车测试。要保证强大的研发实力，必须有强有力的合作伙伴，在中国，我们已经建立起长期稳定的供应商网络，在中国已经拥有了378家供应商，仅在辽宁省就有88家。

2018年，我们对279家供应商进行了三个类别的调研，满意率达到83%。2018年，宝马在全球共生产220万辆汽车，其中55万辆产自沈阳的华晨宝马，也就是说，5辆宝马中就有一辆产自中国。

在沈阳有一家发动机工厂，可以为铁西工厂和大东工厂供货，并建有一个大型研发中心。2018~2019年，华晨宝马面临着挑战，上市的新车型包括5系混合插电动力车等，今年在销售方面我们获得了中德智能制造荣誉及其他一些奖项，生产厂大概有200万辆车下线，市场正在不断地扩大，我们在中国的增长也是非常强劲的。

我们还非常关注整个汽车生产链，不断进行技术创新，主要包括动力总成方面的创新。我们与供应商在汽车生产、技术研发、动力电池等方面开展合作。在电池方面，我们进行了很多研发工作，但并不是要自己做电池组，我们的目的是在这方面积累知识与经验，以便能够挑选最优秀的供应商，并与他们一起发展。

我们与中国的一些电池供应商有着很好的合作，共同进行设计研发，更大限度地提高电池效率，通过双模块模式，开发出高压电池（HVB），其效率和性能均表现优异，可达到普通电池的四倍，且安全性极高。

宝马的全面新能源推广路径在中国取得了突出的成绩，基于强大的研发实力及各方面的综合能力，无论电动车型还是燃料电池车型所拥有的性能都是一样的，能够为客户提供高质量的产品，并能提供包括充电和技术设施方面的售后服务。

其次，在中国推广新能源汽车需要不断创新市场营销战略，才能更好地吸引客户注意力，让他们产生购买的冲动。经过多年的发展，华晨宝马的研发能力已经有很大提升，产量也有大幅提高，收入增加了81%，2018年完成了1380亿元的营业额。我们将保持企业的良好发展势头，对销售的车辆实行统一标准，保证中国用户购买产品的质量与欧洲用户是一样的。

嘉宾简介

Patrick Mueller

Patrick Mueller（米乐），出生于1963年7月17日，拥有德国卡尔斯鲁厄大学机械工程硕士学位。

米乐于1990年在慕尼黑加入宝马公司动力总成部门。随后，他在宝马集团相继担任工程传动系统资深专员、戴姆勒克莱斯勒驻美国奥本山常驻工程师及外围设备4/6缸发动机经理。2008年，米乐加入了宝马集团未来出行新方式智能项目i，成为首款电动MINI的动力总成总负责人，并负责1系ActiveE汽车、i3和i8动力系统的开发。在2014年交付i8后，米乐晋升为宝马集团紧凑型和MINI项目的电气化总监。

自2018年5月起，米乐被任命为华晨宝马汽车有限公司研发中心副总裁。

赵卫军：动力电池产业可持续发展与技术创新

赵卫军
远景 AESC 执行董事、中国区总裁

今天我就新能源汽车产业链中动力电池这一话题来谈谈远景 AESC 的认识。

简单介绍一下远景 AESC。AESC 是 2007 年由日产和 NEC 合资建立，其前身是日产集团旗下的动力电池公司，它陪伴着日产的纯电动汽车——聆风（leaf）一路走来。AESC 电池有以下几个特点。

第一，它是目前全球最安全的动力电池之一。到目前为止，它已为 48 万辆聆风纯电动汽车提供电池产品及服务，并在日本、北美、欧洲运行将近十年的时间没有出现重大的着火、自燃等安全事故。

第二，它是高度国际化的动力电池企业。目前在日本、北美、欧洲都拥有生产基地，并即将在中国拥有生产基地，拥有全球化的供应能力。

第三，AESC 还有一个重要的特点，就是拥有遵循整车厂的质量体系。因为它脱胎于日产，符合汽车行业标准，特别是新能源汽车的要求。

远景是一家全球能源科技公司，一直专注于新能源发电。远景能源以风电业务切入，目前是全球前五、中国第二的风机制造商。远景收购 AESC 的主要目的是公司将开始致力于用户侧业务，我们认为纯电动汽车是未来用户侧最大的增量市场，而这个增量市场最关键的载体就是动力电池。纯电动汽车是一个运载工具,但也是一个移动储能,以能源角度来看动力电池,就会发现它具备更大的价值。今年 4 月,远景完成了对 AESC 的收购,到目前为止,远景是 AESC 最大的控股股东。

动力电池是行业的热点话题,今天我们主要聚焦两个方面:第一是安全问题;第二是新能源汽车与能源体系融合的问题。

AESC 的电池能做到将近 50 万辆电动汽车、超过 8000 万个电芯,车辆运行了十年没有出现严重安全事故。

汽车工业的百年发展史离不开安全的技术创新和质量体系的不断完善。动力电池的安全问题、新能源汽车的安全问题如何解决,都可以从过去的历史中寻找答案。汽车产业发展的核心是技术的创新,以及对质量体系的完善和坚守。在不断发展的过程中,越来越多的汽车安全技术与产品被发明出来,包括安全带、安全气囊、ABS 等,这使得汽车越来越安全。

安全问题的关键是质量体系以及相关法规的建立,这使得汽车的准入门槛越来越高,安全测试以及认证的不断完善也使得汽车产品本身越来越安全。新能源汽车是个新生事物,要推出好的产品,依然要遵从传统规则。第一是坚持技术创新,第二是坚持安全法规,坚持完整的系统测试。

远景 AESC 在动力电池方面做了一些战略选择并严格实行。

第一是测试验证。一款车要走向市场可能需要六年的开发周期,经过大大小小无数次的测试,从零部件测试、单元测试、整车测试,测试之后还要经过国家严苛的质量体系认证。对于新能源汽车,特别是动力电池的测试认证体系一定要完善。安全是坚守和效率成本之间的取舍,我们认为一定是在安全的基础之上再来谈成本与效率,这个坚守是至关重要的。

远景 AESC 之所以看好它的原因就是它来自成熟、顶级的汽车厂商,日产对它有苛刻的研发测试要求,完整的全生命周期测试与验证是 AESC 确保安全的基本保障。

第二,技术的坚守。在技术的选择上,我们坚守叠片工艺,在这基础之上再通过技术的创新提升生产效率,这是非常重要的。因为我们发现其他工艺存在一些安全隐患,所以我们认为只有在最安全的工艺基础上提升生产效率,降低生产成本是技术上的一种坚守。

第三,电池里还有关键的一点就是老化。现在市场上,有些动力电池的老化时间只有两天,而有些则是二十天甚至于三十天。两者之间在于巨大的资金占有以及成本消耗的问题。为什么我们要坚持二十天甚至于将近三十天而不是两天?因为我们对于安全的敬畏,是对质量体系的坚守。当然,我们也希望通过更多的数据来验证,更多的机理来说明为什么需要二十天、三十天,而不是两天,我们也希望电池老化的时间越来越短,但是技术的发展要遵循其发展规律。

第四,一定要坚持从整车厂的质量体系要求进行动力电池的生产,汽车行业的质量体系是全球工业体系里最严苛的体系之一。动力电池作为新能源汽车的重要零部件,从研发到产品出厂严格按照整车厂的质量体系。

第二方面就是动力电池的发展未来对能源系统融合的挑战。大家时常忽略的一个问题就是纯电动汽车给能源体系带来功率的挑战,举个例子,北京的汽车保有量是600万辆,如果其中60万辆是纯电动汽车(占汽车总保有量的10%),按照50kW的快充功率,给这些车充电需要30GW的用电负荷,而北京2018年的平均用电负荷约为20~25GW。或许大家会说这些车不会同时充电,但如果到某地参加会议的人员都开新能源汽车,需要同时充电,会使该区域的功率达到峰值,这是一个很现实的问题。解决这些问题只能通过物联网技术,实现动力电池或者新能源汽车与能源体系的协同。

随着新能源产业的规模化发展,未来我们将迎来碎片化的能源体系,无论是发电侧还是使用侧。纯电动汽车是未来整个电力市场最大的增量,对于楼宇、工商业来说,也成为存量市场。如何将这些碎片能源更好地融合?我认为,通过物联网技术将新能源汽车、储能以及分布式能源进行相互协同,才能解决能源碎片化带来的挑战。

物联网技术未来能够给新能源汽车特别是电池带来主动安全,我们认为对动力电池必须实施实时监控。一旦发现电池有任何问题,系统会主动上报,并提示用户达到主动安全,而不是被动达到安全线之后再去提醒。通过全生命周期数据,电池才可以在梯次利用时进行筛选,从而做到不拆包、不检测,极大减少筛选成本,这也一定程度上减少新能源汽车第一次购置费用昂贵的问题。

动力电池行业未来的核心任务是利用好物联网,而物联网是一个基础的关键技术。

嘉宾简介

赵卫军

赵卫军,远景 AESC 执行董事及中国区总裁,同时负责远景储能、充电及智慧楼宇业务。曾在华为服务 14 年,历任无线研发、解决方案、区域主管、大客户主管。

2015 年加入远景,致力于推动可再生能源的发展与实践。

李建忠：动力锂电正极材料现状及发展趋势

李建忠

北京当升材料科技股份有限公司
董事、总经理

我今天演讲的主题是动力锂电正极材料现状及发展趋势，主要包括三个方面：动力锂电正极材料体系的现状、动力锂电三元材料技术发展趋势以及动力锂电三元正极材料的安全性问题与解决方案。

目前的动力电池的正极材料的主要体系有三元材料体系（包括 NCM 和 NCA）、磷酸铁锂体系以及锰酸锂体系。目前，三元材料体系单体能量密度可以做到 250~280W·h/kg，电池包（Pack）能量密度可以超过 160 W·h/kg。磷酸铁锂体系单体电芯能量密度达到 180W·h/kg，电池包能量密度目前可以做到 145 W·h/kg 左右。锰酸锂体系单体电芯能量密度达到 170W·h/kg，电池包能量密度可以做到 135W·h/kg。

从全球主流车型电动化路线来看，车企大多都采用高能量密度的动力电池，以提升车辆续驶里程。以特斯拉为例，2014 年特斯拉 Model S 的电池包能量密度大概是 125W·h/kg，到了 2018 年，Model 3 已经提升为 165 W·h/kg。国内的车企如比亚迪、吉利、广汽等的电池能量密度提升都比较显著。

通过对比国内外主流车企电动化规划布局发现，国际车企大部分是采用三元材料的动力电池，主流配套电池企业如日本的 Panasonic、AESC，韩国的三星 SDI、LGC 和 SK，目前选择的材料体系来看，NCM 还是占大多数，主要以 NCM523 和 NCM622 为主，不少车企也在积极推动 NCM811 三元材料电池的应用。目前，国际主流车企在乘用车领域应用磷酸铁锂材料体系的基本上没有。国内的车企及其配套动力电池采用的材料体系也是三元材料占了大多数。不过，国内的电动大客车和专用车市场采用磷酸铁锂体系的动力电池多一些。

全球主流车企积极发展新能源汽车，虽然今年我国新能源汽车受购车补贴政策退坡影响，市场出现了较大波动，我个人总体判断：一是全球新能源汽车大的发展趋势没有变，特别是推动电动化战略没有改变；二是技术路线大的方向没有改变，研发更高能量密度的材料和电池，提高安全性和续驶里程这个大方向没有改变。

从电池材料技术路线发展趋势来看，高镍三元、NCMA 材料、固态锂电、锂硫电池等都是重要的研发方向。动力电池和材料技术的发展非常迅速，以当升科技为例，当升科技的高镍三元 NCM622 和 NCM811 材料已经批量供应国内外主流动力锂电池客户，在固态锂电池和富锂锰基电池材料研发方面均取得明显进展。NCM6 系列 Ni 的占比从最初的 60% 目前已做到 65%，甚至达到了 70%，目前，6 系列的最高质量比容量将近 $190\text{mA}\cdot\text{h/g}$，电池循环寿命在常温下可以达到 3000 次以上。8 系列的最高质量比容量在 $210\text{ mA}\cdot\text{h/g}$ 以上，电池循环寿命常温下为 2000 次以上，高温循环达 1200 次以上。NCA 的最高质量比容量做到 $215\text{mA}\cdot\text{h/g}$ 以上，压实密度在 3.7 以上，而且显示了很好的循环寿命。第三代 8 系列产品 NCMA 加了铝（Al）以后，输出性、容量各方面表现都比较突出，循环寿命也表现良好。磷酸铁锂体系动力锂电池技术也得到了长足的发展，磷酸铁锂向单晶化和纳米化方向发展，当升科技的样品可以做到质量比容量 $160\text{mA}\cdot\text{h/g}$ 以上，且保持良好的循环稳定性。同时，衍生出磷酸锰铁锂材料，质量比容量保持的情况下电压平台从 3.3V 提高到 3.8V，提升比例为 20%~25%，电芯能量密度提升约 15%，预计后续还有一定的提升空间。磷酸锰铁锂材料热稳定性良好、循环良好、倍率性能也超越磷酸铁锂材料。同时，磷酸锰铁锂材料的工作电压为 3.8V，与三元材料相仿，如果与三元材料进行混合使用，既保证了循环寿命和热稳定性，再配合压实提升和负极材料配合，混合材料的成本将极具优势。

固态锂电和富锂锰基电池材料研发方面都取得明显进展。当升科技实验室全固态电池正极采用 NCM622 材料，质量比容量发挥超过 $180mA·h/g$，达到目前液态锂离子电池同等水平，循环性能取得明显改善。实验室做出的富锂锰基样品，0.1C 质量比容量达到 $288mA·h/g$，首次效率达到 94%，1C 质量比容量为 $255mA·h/g$，倍率和循环性能取得较好的改善。

通过与多家国际主流车企的技术交流可以发现，动力电池能量密度、成本和充电速率仍是车企急需解决的短板。宝马和大众的技术发展趋势都是围绕续驶里程提高和成本降低的要求展开的，他们希望能够在 2025 年前后在能量密度方面有一个大幅度的提升，届时使用的可能是固态电池，同时电池成本不断下降。日本和中国的动力电池技术发展也是沿着相似的路线前进。总体而言，电池的技术发展路线在液态锂电下不断提升能量密度，达到极致后，逐步走向固态锂电池。按照这个材料路线，以三元材料为例，逐步实现单晶化、高镍化，未来三五年的电池和材料技术将会取得突破，锂电池的成本会进一步降低。

成本不断下降是各家车企和电池厂共同追求的目标，但是目前的正极材料成本与原料的成本密切相关。如果镍、钴、锂等金属价格反复波动，想要预测电池成本或者达成成本目标也是比较困难的。当然，如果富锂锰基和固态锂电的进展较快也会带来电池成本的快速下降。

对于国际车企来说，安全问题是前置要求，他们从材料到电池系统等方面的安全解决方案，已经取得了很好的效果。

新能源汽车安全问题是一个系统工程，每个环节都要控制好，首先是材料的设计和制备，要设计生产出热稳定性更高的电池材料；其次是做好电池的设计和制备，电池的设计和制造过程控制很关键；三是要有好的电池管理系统（BMS）；四是车辆的安全防护设计；五是电动车的正确使用和维护保养，以上每个环节都做好了，车辆才能安全。从材料角度，我们认为首要问题在于怎么解决在100℃以内不出现热失效现象，150℃内不出现热失控。从正极材料设计角度有几种方案可以加强正极材料安全性，一是从前驱体开始就提高径向结构的强度，抑制颗粒粉化、裂化的问题；二是采用掺杂改性手段，稳定材料晶体的结构，使它耐受高温高压；三是通过特殊包覆的处理来稳定结构，减少过渡金属的逸出；四是采取单晶化设计，使得结构稳定性增加，从而使安全性也得到加强；五是要在材料制备过程中严格控制金属异物。要想根本上解决液态锂离子电池的安全问题，还有待于固态锂电的突破，固态锂电将会极大地改善并解决液态锂电池的安全问题。

嘉宾简介

李建忠

　　李建忠，出生于1967年12月，硕士学位，教授级高级工程师，现任北京当升材料科技股份有限公司董事、总经理，并兼任中国有色金属工业协会钴业分会轮值会长、中国化学与物理电源行业协会常务理事、中国化学与物理电源行业协会动力电池分会副理事长、北京动力电池创新中心技术专家委员会专家委员、安鹏中国新能源汽车产业发展基金专家顾问委员会专家委员等。

▶ 7 ◀
焦点透视：
燃料电池汽车研发与产业化提速

2019泰达汽车论坛集萃

章　桐： 中国燃料电池汽车产业化之路／149

卢兵兵： 上汽集团燃料电池汽车产业化之路／155

林　琦： 新动能——车用燃料电池技术商业化应用探索／158

潘　牧： 商业化过程中的障碍／163

李汉斌： 车用燃料电池产品开发／167

燃料电池汽车是我国汽车动力系统转型升级和新能源汽车战略的重要方向。虽然燃料电池汽车尚处于产业化起步阶段，仍存在关键材料缺乏自主研发能力、配套基础设施不足等诸多问题，但是近年来在政府和产业链企业的积极努力下，燃料电池汽车技术与成本瓶颈取得一定突破，产品使用寿命、可靠性和使用性能不断提升，产业配套也逐步完善。未来，燃料电池汽车产业链企业将加大研发与创新力度，加快推动燃料电池汽车的产业化进程。

章桐：中国燃料电池汽车产业化之路

章桐
同济大学燃料电池汽车技术研究所所长

我从 2006 年回国以来，一直从事燃料电池领域的工作。我的演讲主要分为四个方面：一是中国汽车电动化的成果和今后的挑战；二是燃料电池汽车发展的必要性和前提；三是中国燃料电池汽车发展的机遇；四是燃料电池汽车的示范与运行。

一、中国汽车电动化的成果和今后的挑战

1. 中国汽车电动化成果

从成果方面看，中国新能源汽车产量 2018 年是 120 万辆，今年要达到 150 万辆的目标，虽然大家对这个目标还有些疑虑，但是总的来说，目前中国在全球新能源汽车市场的份额超过 50%，是全球新能源汽车行业的主导者。其中，纯电动汽车占 80%。通过中国近些年在纯电驱动领域的努力，中国在新能源汽车领域已经站在了国际前沿。

从产业链的发展方面看，中国在电池、电机、电控方面也在全球有了一席之地。

在新能源汽车配套的电池包领域，前三名全是中国企业，这是中国汽车工业在新能源汽车领域多年积累的成果。

在电机行业，目前给中国新能源汽车配套的也是中国的零部件企业。当然，这包括一些进口的功率电子元件，但是零部件方面来讲，中国也是站到了国际的前列。

此外，中国在充电设施领域也走在全球前列。国内几家大的充电服务型公司发展得也相对可以，可提供各种功能的服务。

总体来看，中国在新能源汽车行业通过近些年的发展，已经走在国际前列，这也是我国新能源汽车产业政策推动的成果。

2. 中国电动汽车发展的挑战

我们在获得成果的同时，也面临着挑战，目前，新能源汽车向好的发展趋势如何能持续下去？有哪些挑战？

首先，续驶里程焦虑仍未完全消除。虽然新能源汽车实用的续驶里程在300km左右，但还存在一系列的问题，比如充电时间，快充技术在中国的推进还面临很多问题。另外，成本费用仍然居高不下，虽然与前几年相比有下降，但还有很大的下降空间。再就是辅助设施方面，今年6月底，国家对于新能源汽车的补贴全部取消，对于充电设施的补贴保留，但情况并不明朗。目前，纯电动汽车在国内的保有量约280万~290万辆，到2020年将达到500万辆。如果500万辆新能源汽车中，80%是纯电动汽车，意味将有约400万辆的纯电动汽车要充电，与充电设施的比例不能达到1:1，目前的比例是8:1或者7:1。当然，还有部分充电桩是不对公众开放的。所以，整体新能源汽车市场能不能按照2016年、2017年、2018年的速度发展下去，个人认为还是值得商榷的。

充电单项领域也面临着各方面的挑战。一是充电费用问题，充电费用越来越高，除电费问题，服务商、停车场也要收钱，费用越来越多。二是充电接口的标准统一问题，其中包括充电时间问题、数量问题、工艺问题、智能充电、快充和慢充的均衡性问题。总体来看，充电领域还存在一系列的问题需要进一步商榷和深入探讨。所以，我认为，中国在新能源汽车领域通过努力取得了很多成果，成就举世瞩目，但我们现在仍然面临挑战，就是新能源汽车现在的发展趋势还能不能继续下去。

昨天有很多院士包括部委的领导也谈到中国新能源汽车的战略问题，其实，中国推动新能源汽车战略不光是节能减排，其背后蕴含一个非常重要的问题，那就是中国汽车工业的转型升级。

二、燃料电池发展的必要性和前提

正是在上述挑战之下，我们来探讨燃料电池发展的必要性和前提。

中国汽车工业要想实现产业转型，一定要坚持纯电驱动路线，这个方向不能再变，也不容再讨论、争执。现在很多人讨论是不是要做混合动力，我认为，要坚持纯电驱动路线不放弃。但是，坚持纯电驱动路线，还要看一看纯电动汽车和燃料电池汽车的区别，二者在电气架构方面是完全一致的，所有纯电动汽车遇到的问题，可以通过燃料电池汽车来弥补，同时，推广燃料电池汽车可以解决目前的一些问题。总体来看，燃料电池汽车和纯电动汽车发展并不对立，不存在谁要代替谁的问题。我从来没有说燃料电池汽车是终极发展方向，燃料电池汽车和纯电动汽车各有各的用途，二者互补。

如果把中国汽车工业通过新能源汽车实现产业转型当作必须要做的事情，还缺少一个前提，就是能源行业能不能跟上新能源汽车产业的发展。从能源架构角度来看，当前整个社会面临着能源结构的调整。在今后的整个能源架构里面，存在无炭和可再生两个关键词，而氢能越来越体现出它巨大的优越性，它可存储、可运输、可再生……它的来源也是多元化的。

从国际趋势来看，氢能发展已经提上日程，这已经是共识，疑虑越来越小，也是推动和辅助燃料电池汽车发展的前提。

能源架构实现调整找到一个突破口，中国汽车行业若想实现产业，转型拿什么做突破口呢？燃料电池。汽车产业实现转型，要利用能源架构调整的机遇，两者相匹配，这是在中国发展燃料电池汽车的重大前提。

三、燃料电池汽车发展机遇

燃料电池汽车发展已经具备了必要条件。

第一个条件是中国电动汽车产业化的基础已经形成。电池、电机、电控领域的发展成果，为燃料电池汽车发展提供了非常好的技术支撑，这也是我们的强项，燃料电池汽车发展基础已经具备。

第二个条件是中国在燃料电池汽车发展方面具备一定的基础。2000年，我国燃料电池汽车发展就已经起步，也进行过世界上最大的燃料电池汽车集中示范运行。在上海世博会期间，173辆中国制造的燃料电池汽车，集中展示并形成了三条成果：一是国内已经具有自主知识产权的集成技术，形成了一定的经验；二是已形成了配套体系；三是我们已经具备了百辆级的整车生产能力及大规模运行经验。

第三个条件是从整车发展来看，特别是从2018年开始，国内整车厂多对燃料电池汽车有所布局。从产业链发展情况看，我国已经形成了具有自主知识产权的产业链，包括关键的材料、核心部件、系统和整车。但是这里存在一个巨大的问题，就是目前所有的关键材料和零部件，特别是从产业链的上游部分，我们不缺实验室技术，但是缺少批量化的产业技术。这方面我们正在发展过程当中，这是中国发展燃料电池汽车产业链需要具备的前提条件。

第四个条件是中国有一个巨大的优势，即政策红利。面向汽车产业和氢能产业的转型，从中央政府到地方政府都有相关的产业政策支持。

第五个条件是氢能与电一样，是二次性能源。但氢气的来源最大的优点是多元化。我们可以单纯用电解水制氢，也可以工业副产氢。

总体来看，我国推广燃料电池汽车具备国家政策支持、产业链配套、整车企业积极布局、能源架构调整、氢气来源多元化等多方有利条件。

四、燃料电池汽车的示范与运行

针对燃料电池汽车发展，我们目前想做什么？是燃料电池汽车的示范与运行。为什么要做这件事情？在我国，我们要利用体制上的优势形成三位一体的布局，国家要有战略、行业要有投入，包括能源行业和汽车行业，要做示范运行，基础和运用并举，运行非常重要。

目前，国内有近30个城市和地区已开展一定规模的示范运行，主要路线是商用车先导，公交、物流作为主要区域，在特定场所、特定的用户场景下运行。示范运行主要有三大目的，一是从全球角度来说，节能减排是大势所趋，示范运行展现节能减排的意识和决心。从中国的角度，除节能减排，还要实现汽车产业转型，这是中国政府的定力。二是通过示范运行来做市场和技术的滚动性发展，纯电动汽车的发展经历也是类似，这是中国特色，是令人非常眼红的，这里面虽然有一些弯路，但是我们最终成功了。在燃料电池汽车方面，通过示范运行提炼技术，从整车到系统到部件到关键材料，一环一环滚动式使技术成熟，把实验室技术变成可商业化、市场可接受的、经得起市场考验的技术是非常难的。但是，我们是应该忙于做示范运行，还是让整车厂做车？技术材料发展往哪个方向走？哪些指标对行业是重要的？怎样排列科研的优先度？我认为是应用来指导研究。当然，如果我们只做车，不做基础研究，最后的技术也是上不了市场的，也不可能形成具有自主知识产权的、在中国具有主导地位的完整的产业链。所以，示范运营、系统、部件都要做，市场也要上，基础研究不能停。目前在这一块有很多的讨论，国家的补贴到底补给谁，这里有很多商榷的余地，大家都可以考虑自己的一些发展。

总体来看，通过中国在整体燃料电池产业发展过程当中的特殊体制优势，可以在政府主导和支持下进行大规模的示范。但是，我们可能不像当初推广纯电动汽车那样，全国遍地开花，我们可以找一些有积极性、与技术基础的地方率先展开规模化的示范运行。

目前在国内，正处于示范运行的阶段。北京、张家口、佛山、江苏等地均已开展了一系列的示范运行，背后都是政府的有力支持。

燃料电池汽车要想被市场接受，要想由政策驱动变成市场驱动，最终还是要降低成本。如果成本无法降低，是难以实现市场驱动的。但是，成本怎么降下来？需要通过示范运行实现。

从整体来看，纯电动汽车正处在成长期，还远未达到成熟期。燃料电池则处于导入期，在中国的特定条件下必须通过示范运行来促进产业发展，而这只有中国能够实现，通过示范运行，不断推动技术成熟，这也是中国实现在燃料电池汽车领域占主导且可持续发展必经的产业化发展之路。

嘉宾简介

章桐

章桐，1960年生，本科就读于清华大学汽车工程系汽车专业，并获得学士学位。毕业后于1982—1983年在中国湖北第二汽车厂（东风）道路试验室任试验工程师。

1985—1987年就读于德国柏林工业大学汽车工程专业，并获得德国 Diplom Ingenieur 学位。

1987—1991年在德国柏林工业大学汽车研究所攻读博士学位并任助理，毕业获得德国工程博士学位。

1992—2006年在德国科隆市福特汽车公司欧洲产品开发中心工作，历任整车方面开发及试验工程师、高级工程师、部门及项目主管及技术主管等。

2006年回国，历任同济大学新能源汽车工程中心副主任，上海燃料电池汽车动力系统有限公司总经理，同济大学新能源汽车工程中心主任，国家燃料电池汽车及动力系统工程技术研究中心主任。

2009年入选第二批中央中组部"国家千人计划"。

现任同济大学校学术委员会委员，汽车学院学术委员会主任，燃料电池汽车技术研究所所长。

卢兵兵：上汽集团燃料电池汽车产业化之路

卢兵兵
上海捷氢科技有限公司总经理

今天我汇报的主题是上汽集团燃料电池汽车产业化之路。

2014年5月24日，习近平总书记视察上汽集团技术中心时提出了发展新能源汽车是我国从汽车大国迈向汽车强国的必由之路的指示精神，上汽集团遵照总书记的指示精神，结合科技进步大方向，市场演进大格局，在国内率先提出了电动化、智能网联化、共享化、国际化的新四化发展战略，并把新能源汽车的发展放在首要位置，将发展目标定为，到2020年，在新四化领域成为国内技术和市场全面领先的汽车集团，到2025年，成为具有全球竞争力和市场影响力的出行服务和产品的供应商。

2014年以来，上汽集团新能源汽车销量不断增长，2018年销量达到14万辆，同比增长120%，连续五年实现翻番式增长，2019年将以翻倍速度增长，树立起上汽集团新能源汽车中高端化的品牌形象。

上汽燃料电池技术快速发展，实现从概念设计到商业化起步，产品从无到有，技术从弱到强的剧变，成为中国燃料电池汽车行业的引领者。目前，上汽集团自主研发的电堆和系统已经完成开发，实现了与国外一流燃料电池车企的技术对比，荣威950是国内首款应用燃料电池70MPa储能系统的车型。此外，上汽集团累计参与15个燃料电池国标制定，发布70个燃料电池汽车标准，推进整车市场与核心技术双轮驱动。主要的思路是，在燃料电池乘用车方面攻坚克难，在燃料电池商用车方面推进落地应用，具备从电堆核心零部件、电堆集成、燃料电池系统集成、动力系统集成、整车集成的完全正向开发能力，拥有完善的自主知识产权，获得350多项燃料电池相关的专利。我们基于上汽集团成熟的开发流程，根据燃料电池的特性建立了严苛的技术规范，燃料电池整车均通过道路耐久性及整车氢安全、电安全和整车碰撞实验考核，荣威950燃料电池轿车单车行驶里程最高也达到了5万km。

上汽集团在2001年就启动了燃料电池汽车的研究，是国内最早从事新能源汽车研发和产业化发展的汽车集团，2010年有174辆燃料电池车参与世博会运行，通过试运行充分印证了车辆的稳定性和环境的适应性，2017年大通FCV轻客开启商业化运行。2016~2018年，燃料电池产量逐步增长。

上汽集团在燃料电池汽车研发领域持续投入巨资，成立了上海捷氢科技有限公司，它的愿景是氢能驱动世界，捷氢引领未来，为行业提供燃料电池产品和服务，整合集团内外资源，加快电动化汽车产业化发展。捷氢科技现在主要的产品有P240、P260、P390，实现了与丰田汽车、现代汽车等国际先进企业燃料电池汽车的技术对标。

上汽集团燃料电池汽车的量产车型涵盖燃料电池轿车、轻客及公交车。2019年，上汽集团又陆续推出燃料电池多用途车，燃料电池轻卡、中卡、重卡等多种车型。

嘉宾简介

卢兵兵

卢兵兵，上海捷氢科技有限公司总经理，高级工程师，1996年硕士毕业于上海交通大学焊接专业，1996年3月参加工作；2003年获得加拿大多伦多大学EMBA学位；曾任上汽通用汽车整车制造工程副总监、上汽通用汽车东岳三期项目副总监、上汽通用汽车东岳整车北厂总监、上汽通用汽车网络发展与管理部总监、上汽通用汽车售后服务事业部部长、上汽通用东岳汽车/上汽通用东岳动力总成有限公司总经理；现任中国汽车维修行业协会第四届理事会副会长。曾获"国家科学技术进步二等奖""上海市科学技术奖一等奖""上汽技术创新奖三等奖""上海市企业管理现代化创新成果三等奖"等，擅长工程管理、项目管理、生产管理、售后服务管理、经销商管理等。

林琦：新动能——车用燃料电池技术商业化应用探索

林琦
上海重塑能源科技有限公司董事长

我今天演讲的题目是《新动能——车用燃料电池技术商业化应用探索》，重塑科技是一家专注于燃料电池系统研发、生产制造以及相关工程服务的企业，以推进燃料电池技术商业化为己任，成立至今已有四年时间。作为从2004年开始进入燃料电池行业的从业者，我非常荣幸能够在泰达汽车论坛上为燃料电池行业发声，分享对燃料电池行业的想法和公司情况。

过去20年时间里，我国持续支持燃料电池汽车相关技术研发的积累，终于让燃料电池技术在整个新能源汽车产业的三种技术路线中崭露头角。

从近期数据来看，燃料电池汽车接入监管平台的数量已经达到3509辆，累计运行里程超过1500多万km。这些数据主要集中在2016~2018这三年，不包括今年还未统计的数量。这对汽车行业来说数量并不大，但对于燃料电池汽车行业来说是非常重要的数据，产销的数量由百过千至近4000辆，运行里程数也是由10万km到100万km再迈过1000万km，这些数据是过去一两年的时间里累积起来的，这也是过去20多年燃料电池汽车行业的高峰。

今年整体发展趋势还是持续向好的。我国目前已经有几个关键区域的示范运行项目，初步奠定了市场推广基础。据衣宝廉院士介绍，中国燃料电池汽车示范地区目前主要集中在以上海为中心的长三角、以广东为核心的珠三角，北方包括在北京、张家口等示范区域。而从去年以来，山东、湖北、四川、辽宁等地也陆续启动了一些燃料电池汽车商业化的示范项目。

重塑科技参与的示范项目主要集中在以上海为核心的长三角地区和以广东为核心的珠三角地区。从2016年开始，佛山展开13辆燃料电池公交车商业示范运行，到今年佛山市场投入燃料电池公交车累计313辆，其中近200辆进入到运营状态。随着加氢站的完善和车辆持续全部投入使用，这批车累计运行里程已达到277万km。在长三角地区，如张家港、常熟等市场，重塑科技也会陆续参与到公交示范运营项目中。

除了公交车，2017年在上海上牌照的500辆燃料电池物流车，在2018年初开始运营，累计服务了20多家电商物流企业，并保障了"双十一"等购物狂欢活动物流运营。车辆运营强度非常大，基本由早到晚，加氢站的工作也是24小时，日配货量达到30万件，累计运营里程742万km，这是燃料电池汽车应用场景、运营模式的良好验证。

从燃料电池车产业基础、技术成熟度、政策趋势来看，行业发展较过去20年有非常好的态势，近三年增长非常快，个人的观点是已经步入向市场导入产品的阶段，企业已经开始由研发、生产到销售走向良性市场化推广的趋势。这个趋势有数据可以支撑。从重塑科技参与运营的上海示范项目2018年全年数据来看，从2018年的第9周到2018年的第52周，每周的运行里程和故障数的统计，平均首次故障里程数是14657km，两次故障的间隔里程是13844km，2019年这两个数据分别提升到23554km和42528km，这个数据比预期好。

我非常认同中国汽车工业协会原常务副会长董扬先生近期提出的一个建议，即中国燃料电池汽车市场的保有量建议在2025年规划到50万辆的规模。因为对于一个开拓型的汽车产业来说，如果没有50万辆的保有量，很难拉动一个拥有这么长产业链的产业。考虑到能源体系或基础设施建设带来的困难，建议将50万辆保有量的实现时间延后到2026年或者2027年，但不建议调低这个数量。

　　站在未来看现在，如果要实现50万辆保有量的规模，哪些问题需要解决，哪些资源需要拓展，如果实现了这个规模要做到什么样的协同，这是值得思考的问题，也是企业探索的方向。如果我们实现这个目标，意味着产业链基本成型，核心技术和装备基本本土化，也将汇集全球范围内优秀的科学家、工程技术专家，同时该技术也将扩展到多元化的商业应用场景，包括工程动力、船舶动力、电力供应等。我们可以站在中国燃料电池汽车50万辆的基础上去放眼全球市场。

　　如果要达到这个目标，中央政府应该完成顶层设计，实现能源转型的战略决心，带动整个氢能产业化的战略方针。对于地方政府来说，要能够产生协同，能够聚焦产业，能够贯彻落实，让氢能社会可持续发展的意识带动地方资源高度协同，开展示范运行的工作，推进国家方针的贯彻落实，做到目标统一、上下协同。

　　对企业来说，要实现技术的长期规划以及研发的长期投入，同时在这个过程中，要完成应用一代、研发一代，在上游及前沿技术领域上，特别是材料领域要早做规划和投入。最关键还是要形成多领域人才的培养和聚集，同时做到市场和成本的平衡。

　　当然，我们有很好的基础，过去10年里有成功的电动汽车推广基础，它和燃料电池汽车在推广过程中有同样的挑战。例如，同样需要通过政策的积极指引，同样发展受限于基础设施的布局，但是燃料电池汽车产业链更长，能源供给的体系比电动汽车更为复杂。

　　在目前这个阶段需要积极探索，燃料电池汽车产业需要能源行业、汽车行业、政府、学界、用户端的共同努力。重塑科技作为产业中的一员，过去几年时间里，协同整个产业链上的合作伙伴，做了一些积极的探索。2017年开始规划面向商用车的CAVEN系列燃料电池系统产品，包括CAVEN3和CAVEN4两款已批产状态的产品，累计投放超过1600套。今年年底重塑科技会推出60~80kW的燃料电池系统，应对更多的多元化应用场景,通过基于远景市场的规划,向中重型载货汽车方向发展,同时匹配经济性最佳的动力系统。

同时,为了满足在广东和上海地区的燃料电池汽车商业化示范运行,重塑科技在售后服务方面也着力打磨整个服务体系的质量,推出"安途ONWAY"售后品牌,目前服务于公交系统以及电商物流等场景应用,做到快速响应,发掘客户应用价值。

当然,商业模式探索是最重要的,对于开拓性的产业来说,应用新产品,一定要找到真正的用户,给用户带来真正的价值,在这方面,重塑科技与合作伙伴也做了积极探索。首先选择长三角区域公路运输这个业态作为切入点。长三角、江浙沪地区的化工基础带来的氢气资源相对丰富,同时这个区域的经济相对发达,氢能产业的基础比较完善,因此我们开展了轻型和中型货运市场的尝试。为了打造这个业态,切入应用场景中,我们联合产业链上的合作伙伴,通过政策支持、产业支持和资本支持去打通能源供应、研发制造、金融支持和运力服务,去开展燃料电池商业化运营模式的探索,服务于电商物流配送,最终希望这种探索能够带来示范性作用,通过氢气来源的经济性、加氢站的投资运营分析、运力的规模化测算,去分析全生命周期成本的控制,探索给用户带来的真正价值。

同时,为了解决当前阶段基础设施不够或者稀缺的问题,重塑科技也和产业链上相关的氢气装备企业、运营企业合资建立了加氢站公司,最高峰的单日加氢可以达到1.1t左右,目前累计加氢数量应该有240t左右。这也是目前在上海的一个全天候运行的加氢站。

产业的未来还是要基于全球化的格局,同时政策合理、给力,建议中央政府制定明确的战略目标,长期稳定的给予燃料电池稳健的财政支持,地方政府也落实相应的规划,推动示范运营,在区域范围内解决能源体系标准法规以及加氢站的建设,产业能够组织协同解决共性问题。这个阶段要抱团取暖,共同推动产业往更大规模发展,企业要做长期的规划。

在2018年11月,重塑科技云浮工厂正式下线了1000套燃料电池系统,到2019年7月累计运营车辆行驶里程超过1000万km。这两个数据说明，在过去的三年时间，这个产业在政策的鼓励下得以快速发展。据个人不完全统计，2015年从事这个行业的公司可能不超过10家，但到2019年9月，在这个行业的企业应该已经超过100家甚至更多，有很多大型的央企和大型公司都参与了进来。

另外，从工信部车型公告目录来看，2015~2017年上公告的车型中，燃料电池系统有许多关键零部件包括电堆是进口的。到今天可以看到，一些上游的膜电极、双极板到电堆以及系统都是自主开发。据我个人了解，目前有不少于5家企业在膜电极上已经在做产品相关的自主化开发验证，包括自主的质子交换膜、催化剂等，这就是在过去五年的政策支持下带来的产业长足的发展。

我国燃料电池汽车已经到市场导入期的阶段，趋势已经来了。中国如能成为在全球范围内第一个实现燃料电池汽车保有量达到50万辆的国家，就可以做到立足中国，放眼全球市场，以期未来能够引领全球的能源转型。

嘉宾简介

林琦

林琦，上海重塑能源科技有限公司创始人、董事长兼首席执行官，中国汽车动力电池产业创新联盟燃料电池分会理事长。林琦于2004年进入燃料电池汽车行业，曾在国内领先的燃料电池系统公司和大型车企的燃料电池部门任职11年，作为主要研发人员参与过"十一五"期间和"十二五"期间的国家"863计划"燃料电池汽车重点攻关项目和工信部的创新工程项目。林琦于2014年创立重塑科技。公司主要从事燃料电池系统的研发、制造及相关整车工程服务。

潘牧：商业化过程中的障碍

潘牧
武汉理工大学首席教授

现在国内非常多的企业家都很关注氢能和燃料电池产业。从环保、效率等方面来说，这确实是一件非常好的事情。氢能和燃料电池产业的发展前途肯定是光明的，但又是曲折的，那么曲折的地方在哪里？今天我想讲讲我对于燃料电池商业化的一些思考。

燃料电池发展有三座大山，就是性能、寿命和成本。这三个问题的研究经过中国还有全世界的科学家十几二十年的共同努力，已经取得了很大的进展。

在成本上面，电堆的功率密度已经达到 3.1kW/L，这个指标还是比较好的。它对应膜电极性能的指标是 $5.4W/cm^2$，如果只算双极板加上膜电极的体积，它的功率密度可以达到 5.6kW/L。当然，实际上并没达到 5.6kW/L，但是潜力是有的，我们确认这是完全能够做得到的。另外的成本问题就是铂的用量。大家觉得催化剂是最贵的，我们的目标是从 2006 年 2g/kW 降到明年的 0.12g/kW，现在已经可以做到 0.2g/kW 了。如果 0.125g 表示每个车装了 10g 铂，这个是可以接受的，并不算贵。综上，经过努力，催化剂的性能、电堆的性能、膜电极的性能几乎达到可以产业化的水平了。

下面介绍一下一个专门做膜电极的公司——武汉理工氢电。这个公司

2006年成立，目前已销售膜电极100万片，大部分出口国外，这个数量的膜电极大约可以装3000辆车。

成本方面，按100kW的电堆计算，核心面积的成本大概是两万多元钱。还有结构设计所消耗的材料，也就是考虑材料的利用率，或者说材料的损耗率和良品率，成本大约是四万多元，再加上双极板的成本是一两万元和其他东西等的成本一共约十万元。在理想的情况下，一个100kW电堆就搞定了。此外，还有BOP的成本为十万元，加在一起就是一共二十万元。与传统发动机相比，这个成本还是高了，但作为电动汽车来讲，也不是完全不能接受的。这就是成本放慢的问题，虽然还有很大的距离，但是有可能完成。

燃料电池最大的问题是寿命。现在，质子交换膜的结构是非常巧妙的，用了非常强的全氟树脂来传导质子，这个东西的价格非常贵。2000年左右的时候，用的是非常厚的膜，大约170μm。由于树脂很贵，导致这方面的成本很高，而现在我们全部采用减薄工艺，成本就可以降低，所以现在膜的价格与之前相比，不可同日而语。针对膜减薄后强度也大大降低，所以又增加了增强层。但这个增强层的强度还是不够，假设它是30MPa，那么一个15μm的膜，一个袋子只能承受450g的力，也就是相当于一瓶矿泉水的重量。另外一个问题是催化剂。第一点，这种纳米材料有个天生的弱点，就是热力学不稳定，它天生就要长大。第二点，催化剂在电化学反应中，从低电压到高电压，在每一次电压循环，催化剂就改变一次。这些都会缩短燃料电池的寿命，而我们对它的机理了解并不深刻，解决的方法并没有完全实现。这都需要我们做进一步的探索。

相比较下来，影响燃料电池发展的阻碍因素中，成本排第二，寿命第一。因此，所有参与燃料电池的单位、企业都把精力放在这上面了。那么，它的机理是什么，到底怎样造成的，需要大量的测试数据才能分析清楚，才能把燃料电池车做好。

我们只有做好以上工作，才能制定出一些基础规则来保证燃料电池的发展。现在国家有一个燃料电池标准委员会,委员会的主席是衣院士(衣宝廉)。目前,中国燃料电池汽车在国际上发展得比较靠前,遇到的很多问题尚属首例,因此,必须要制定相应的标准。现在的标准框架已经包括基础的标准、燃料电池通用技术标准、驱动和辅助便利系统等,与汽车相关的标准制定又属于电动车标准委员会的业务范畴,所以这两个标委会是互相合作的关系,目的是把这个标准做好。

在国际上,我们对标的燃料电池组织就是 IEC 的 TC105。TC105 跟其他的几个委员会合作才能把这个标准的体系构建起来,其中包括能源标准、交通标准,还有供氢要求标准。目前,TC105 只发布了 18 项标准,我们也已经发布 12 项标准并已经采标。

未来需要怎么做?电动汽车的发展应该跟能源结构的调整结合在一起,我们要借助能源结构的调整来保证燃料电池的调整。荷兰的风电全部用来制氢,今后氢能的网络是非常大的,如果电网和氢能的网络建立起连接,而每个汽车就是网络的节点,而汽车就成为这个大的能源网络里面的一部分。这个能源网,听起来非常符合互联网的特点,是互联的,即电网和气网互联;是有无限节点的,是双向的,即既可以消耗又可以生产。如果要在每一个家庭都建立互联,就需要进行相互的电力生产和销售。值得一提的是,本田的车就自带了变压器,把电反向输送给了家庭,这其实就代表了这个发展方向。

国际能源署 2015 年的时候提出能源互联网的概念,把热网、电网、气网用氢连接起来;德国提出了集成能源系统,电网和气网通过氢全部连接起来;美国提出来 H_2@Scale 的计划,就是用氢把这样的网络连在一起,并且今年又投入了四五千万美元来做这件事情。

综上,我认为第一,燃料电池面临的最大障碍是寿命问题;第二,燃料电池缺乏强制性标准,特别是安全标准;第三,燃料电池将在能源互联网中起重要作用,电动汽车也是当中的一部分。

嘉宾简介

潘牧

潘牧,武汉理工大学首席教授、博士生导师,目前担任材料复合新技术国家重点实验室副主任;国家重点研发计划《可再生能源与氢能》专项专家;燃料电池湖北省重点实验室主任;全国燃料电池标准化技术委员会副主任委员;中国燃料电池协会副理事长;国际氢能经济和燃料电池伙伴计划(IPHE)指导委员会委员。主要从事燃料电池关键材料和燃料电池系统集成方面的研究工作。承担了基础研究和技术开发重大项目10余项,发表SCI论文200余篇,获授权发明专利60多项。与东风汽车公司合作主持研究"楚天一号"燃料电池轿车研制;开发出具有自主知识产权的CCM膜电极技术,并实现产业化,产品出口国外。获得首届通用汽车中国高校汽车领域创新人才二等奖,中国汽车产业纪念改革开放40周年杰出人物奖。

李汉斌：车用燃料电池产品开发

李汉斌
新源动力股份有限公司工程应用事业部运营总监

我的报告分三个部分，第一部分是车用燃料电池市场现状，第二部分是车用燃料电池产品开发，最后是小结和建议。

最近国家推出了一系列扶持燃料电池汽车发展的相关政策，涉及推动充电、加氢设施建设等多个方面。2016年，中国汽车工程学会发布了《节能与新能源汽车技术路线图》，预计2020年我国燃料电池汽车保有量将达到5000辆。我估计新的2.0版本会很快推出来。

从2010~2018年通过公告的车企数量以及车型的数量来看，2015年后开始有非常明显的增长，其中有74%是客车，25%是货车，1%是乘用车。客车和货车的运行路线相对固定，对于加氢基础设施的依赖性较小，更容易推广。2018年我国燃料电池汽车的产量在千辆级别。从数量上来看，目前我国的燃料汽车产业处于导入期，我们预计未来进入发展期是在2020~2025年。

2018年我国的燃料电池成本相对于2008年下降了约80%，但是目前这个下降的水平还远远不够。我们做过一些测算，如果燃料电池产量到十万台级别的时候，成本是有可能做到600~700元/kW的。但这个离美国DOE的目标，即在系统层面达到200~300元/kW，还有很长的路要走。

我觉得解决关键原材料国产化和成本问题最为重要。目前，我们使用的电堆的关键原材料，能够达到长寿命、高可靠要求的基本都是进口的，比如膜、催化剂、炭质。原材料的国产化工作，我们已经开展了很多相关工作。

新源动力成立于2001年，通过18年的发展，已经建立健全了完整的产品开发、批量制造、质量控制、测试评价、售后服务以及销售体系，我们的产品开发流程是从A样B样到C样。

新源动力是燃料电池及氢源技术国家工程研究中心、博士后科研工作站和国家级知识产权示范企业。我们的产品包括燃料电池电堆系统，以及测试台架。新源动力的产品是针对车用燃料电池开发的，这就对我们的燃料电池产品提出了很多挑战。比如，燃料电池的经济性、动力性、可集成度、成本，以及怎样在低计量比的条件下保证较高的性能输出，新源动力在这些方面做了很多工作，从最开始的全增湿方式到减少增湿的比例，给我们的产品在系统集成方面带来了更多的灵活性。

现在介绍一下新源动力目前产品开发的进展情况。2014年发布了第二代产品HYMOD-36，已经批量销售，是复合板的电堆。现在已小批量销售的电堆是最新的第三代产品HYMOD-70是金属板电堆。在2020年计划要推出第四代金属板电堆，额定功率超过110kW。HYMOD-50和HYMOD-60两个系列是复合板电堆，集成了巡检、封装和流体分配，方便系统集成应用，防护等级达到IP67，不需要额外设计独立的封装。金属板电堆的低温启动能力能够达到-30℃，我要特别说明一下，这里所说的低温启动是指无辅助加热的低温启动。目前，金属板电堆HYMOD-70已经小批量装车，计划完成5000h台架的实测验证。2019年在博鳌举行的世界新能源汽车大会上，以新源动力为代表的高比功率的车用燃料电池技术，被评为八项前沿技术之一，我们后续的工作是做出真正的产品，完成定型和批量生产。

新源动力在车用燃料电池开发这一块，做了很多工作。比如说我们进行了高性能自增湿膜电极的设计和开发，适应高电流密度操作的双极板设计，通过电堆的敏感性测试工作，优化燃料电池电堆的气、水、热管理，提高了集成的便利性，方便了广大系统集成商的后续应用。

燃料电池寿命问题是很重要的，新源动力在这方面也做了很多工作。比如，新源动力的复合双极板电堆产品，在达到5000h的时候，我们没有停止脚步，最终做到了7500h。我们预测这个产品在车载动态工况下，它的寿命将会超过10000h。

除了寿命问题以外还有可靠性问题，车用工况涉及振动、冲击、温度的交变等，我们对电堆模块做了5G的振动冲击实验，结果完全符合国家相关标准的要求。

我们认为产品只有经过了各种苛刻验证，才能成为真正的产品。新源动力目前有30多套自主开发的电堆和系统测试台架。在大量的测试过程中，我们发现了很多标准性的问题，特别是一些安全性的强制标准还不是很完善。

最后是小结和建议。第一，我国燃料电池汽车的发展处于导入期，预计产业的发展期是在2020~2025年，我们期望用这五年时间可以达到10万台级甚至更高的生产规模。第二，要逐步降低燃料电池的成本，核心材料必须要国产化，同时要加大核心基础材料的研究。第三，要加强制造和测试装备的研发，降低对进口产品的依赖。第四，进一步完善标准和测评体系，加强创新、平台建设，资源共享，合作开发。

嘉宾简介

李汉斌

李汉斌，毕业于武汉理工大学，现就职于新源动力股份有限公司，担任工程应用事业部运营总监，负责公司燃料电池测试系统的开发与运营，并负责公司全部燃料电池产品的销售工作。

8

专题对话：
自动驾驶的进化之路

何举刚： 自动驾驶发展趋势、挑战及长安汽车创新实践／173
郭继舜： 面向量产的自动驾驶系统思考／177
蔡　旌： 打造安全与互联的自动驾驶／182

自动驾驶是汽车智能化与网联化发展的高级形态，发展自动驾驶，其意义不仅在于汽车产品与技术的升级，更将在提升汽车产业竞争力、加快构建智能交通体系等方面带来重要的机遇，因此受到政产学研用等各界的广泛关注。当前，主要国家针对自动驾驶发展进行了顶层设计，相关企业加大了对自动驾驶的研发投入。未来，还需紧抓自动驾驶的发展机遇，进一步突破和完善核心技术、基础设施，为发展自动驾驶创造有利条件，形成各个行业相互融合、相互渗透的自动驾驶产业生态体系。

何举刚：自动驾驶发展趋势、挑战及长安汽车创新实践

何举刚
长安汽车智能化研究院总经理

我把长安对自动驾驶的认识和一些观点跟大家进行分享。

首先从长安的维度来看，自动驾驶经过15年的努力，现在L1已经大批量装车，L2在未来也会批量搭载，今年中国L2驾驶辅助系统的搭载量预计突破80万套。L3和L4的自动驾驶系统已经处于小规模的测试阶段，现在长安的L3已经完成30万km的测试，各国政府也在推动法规标准的完善，在自动驾驶涉及安全的地方要加强监管。L3和L4应该聚焦在低速特定场景，高速行驶我们认为没有L3，L3只能在低速。

伴随着主流汽车品牌包括外资公司、新兴科技公司，以及自主品牌车企的L4产品在低速特殊场景的一些示范运营，最后一千米的运营会成为下一轮以及竞争的焦点，这是我们对于L4的判断。

从法规、标准化维度来看，法规标准滞后于技术发展，但是从政策层面来看，现在主要一些汽车国家都把自动驾驶上升到国家战略，反过来推动自动驾驶技术发展。我认为，自动驾驶技术可以用来纠正驾驶员错误行为的，比如疲劳驾驶、酒后驾驶、开车过程中玩手机，纠正驾驶员错误行为的辅助系统将作为提升用户体验的最主要的产品打造方向。

从低速路径来讲，单车就是基于车本身的自动驾驶，目前还面临很大的

挑战，未来聪明的车、智慧的路，再加上高精度地图，是自动驾驶主要的技术路径。

自动驾驶的纵深推进包括自动驾驶软安全，体现在功能安全和信息安全。

从合作的领域来讲，涉及人、车、路、网、云、图，包括各种维度的合作。从专业来讲，又涉及电子、芯片、软件、应用创新多个维度。智能网联汽车的边界，与传统汽车相比有很大的拓展，未来跨界系统将成为行业的必然。随着现在的智能网纵深推进，行业对于这一点的认知越来越深。

现在讲自动驾驶面临的问题，包括环境、技术、成本层面。现在，在技术层面，自动驾驶还有很多瓶颈，包括激光雷达、地图精度，特别是对由于中国的特殊路况造成的地图偏转如何纠正等，还有很多问题需要解决。在自动驾驶、智能网联的技术层面，整车厂从自身的角度理解技术，但用户接受度怎么样？基于大数据来看，目前还没有构成用户买车的核心要素，当然估计在未来两到三年，智能网联的配置、动力性与 NVH 具有同等重要的属性。技术进步是由用户需求和市场推动的，怎样把握用户需求，提升用户信任感，这是目前比较大的挑战。

除了以上几个层面，自动驾驶还面临两个挑战，第一个挑战在跨界协同，包括现在的芯片、电子、软件等方方面面，还有标准、测试，这涉及很多产业融合，包括汽车产业、通信、互联网产业，还包括很多产业。产业边界怎么来划分，边界划分以后，怎么共生共赢，高效协同起来是比较大的挑战。自动驾驶、智能网联是万亿元的规模，产业怎么划分，利益怎么分割也是比较大的挑战。

下面介绍一下长安在自动驾驶方面的发展情况。长安在 2009 年开始组建团队进行智能网联的研究，在国内有很多合作伙伴，2016 年又把智能网联上升为公司战略，特别是 2018 年 8 月 24 日在智博会发布智能网联战略，联网率现在达到 70%，2020 年实现 100% 新车联网，已经达成行业共识。

长安的智能网联目标是 2020 年实现 100% 搭载驾驶辅助，实现 L3 自动驾驶平台的开发，这个目标能否实现还要基于很多因素，包括法规、方案、认可、准入等；2025 年实现 L4，其中推出的是最后一千米方案就是在电梯口、家门口、饭店门口能够自动停车。我认为，传统车企拥有"1 + 4 核心能力"，即四大工艺加发动机。智能网联背景下整车厂的核心能力就是资源整合，这是总的原则。

我们现在正在构建四个核心能力，第一是基于智能网联背景下的改造和集成；第二是软件集成，要实现传统车厂有硬件组装和软件总装能力；第三是交互的集成能力，包括智能座舱，交互是用户感受最强的，这方面的合作伙伴比较多，有很多是互联网公司，交互集成是整车厂的核心竞争能力；第四是用户集成能力，包括公用和共性的，与用户打造持续差异化的培训开发能力。总的来讲，长安的定位是建立集成能力，充分整合行业合作伙伴，充分合作。

基于产业协同的核心，基于创新思路，长安目前也在探索上下游产业能够充分协同的共享体系。

长安的产品开发流程（CAPDS）是基于传统汽车开发流程，为长安的成功以及质量保证起了很好的保障，在智能网联下面基于客户需求，对于正向开发能力，包括软件开发流程、数据开发流程，还有后面从平台开发来讲，针对创新应用建立软件开发流程。

要建立多层级，包括面向软件、面向场景多层次的评价体系，封闭道路和开放道路的测试平台体系。

同时，长安还要构建多层次的产业生态圈，其中包括整车层面、政府层面。在行业层面，长安和一汽、东风合作组建 T3 出行，即将注册运营，T3 科技将会基于前沿共性的技术，在应用层面建立"北斗天枢"朋友圈。

基于市场原则大力支持基础技术研究与自主供应商成长，现在因为贸易摩擦的问题，我们应该敲响警钟，大力支持本土供应商的成长。

嘉宾简介

何举刚

何举刚，研究员级高级工程师、国务院政府特殊津贴专家、中国兵器装备集团公司首席科技专家。现任长安汽车智能化研究院总经理，有限自动驾驶（三级）技术研究项目总监。

主要负责公司智能化领域发展规划、新技术创新、能力提升、技术预研及产业化推进工作；牵头"核高基、车联网技术"等多个国家项目；参与国家车联网、中国汽车信息化产业联盟等多个行业推动学会及相关工作。

郭继舜：面向量产的自动驾驶系统思考

郭继舜
广汽研究院智能驾驶技术部负责人，广汽 L3/L4 无人驾驶技术总监

我介绍一下广汽在面向量产的自动驾驶系统方面的一些思考。

每一个新的技术在发展时候都会有一个增长期，逐渐出现泡沫期，泡沫会有幻灭期，冷静期，还有长效的发展期。在业界，在一级市场、二级市场都会出现类似的情况。例如在 2015 年到 2016 年期间，很多企业出现非常多的融资，做了非常多企业规划，到 2017～2018 年开始变得非常冷静。我们发现高级别的自动驾驶，无论是主机厂推举的渐变 L3，还是跃变的 L4 都有这样那样的问题，我们在思考什么情况下可以推向可用的量产环节。

目前，L3 和 L4 即将进入面向量产的阶段，是一个关键的时期，自动驾驶的发展已经到了要去验证技术能够改变老百姓生活的阶段，对于实现自动驾驶虽然还存在困难，我们仍然充满希望。

在研发过程中，应充分认识软硬件的局限性。现在的算法还需要尽可能多的打磨，才能商用化。我们之前参加一些比赛，有一些测试车从实验室到工厂的过程，发现有很多问题要解决，是工程化方面的问题，到量产阶段还有非常长的路要走。

最近一年以来，大家每次谈到自动驾驶技术谈的都是功能安全，广汽有自己的功能安全团队，在量产面前，真正在成本、功能、应用场景下妥协制约我们的是不能够在场景下达到足够好的功能安全性。

我来谈一下广汽对汽车行业自动驾驶的想法。第一个是全局的渐进和局部的革新。之前一直在讨论到底自动驾驶应该按照车厂的渐进模式走，还是按 L4 一步到位的模式走。其实，由于自动驾驶涵盖非常多的技术，它的技术链很长，并不是每一个技术控制都能够实现跃变，在面向十万、百万、千万用户的时候，只能选择渐变的发展路径，这样才能使得 L4 在商用的时候能够有足够好的功能安全性。

2019 年上半年广汽量产的三款自动驾驶 L3 级别和 L2 级别的车，没有出现 EPS，但是在芯片和传感器上都实现了。我们正在渐进路上逐渐积累"底气"，以及对系统更深层次的理解。除了这个之外，广汽还发布了自己的平台车，我们认为全局渐进是有的，但是这并不妨碍科技公司，比如合作伙伴小范围尝试的应用以及商用化的动作。对广汽来讲，我们要大规模进行 L3 和 L4 的量产开发，同时我们也用我们方式支持更多科技公司，从而让技术能够更好地落地。

在量产层面、系统设计阶段，我们不考虑高分辨率的汽车雷达，例如奥迪 A8 用的就是低分辨率的汽车雷达，是可以通过车规的，但是难以成像。控制器也必须达到足够好的安全性，也是必须要过车规的。因此，就必须选用性能更高的设备，从而导致算力有限。

芯片的计算能力是渐进路上非常重要的问题。L3 级别的自动驾驶，大概需要 30TOPS[一]算力，L4 至少需要 100TOPS 算力。为了达到足够好的功能安全性，从 L2.5 到 L3 的重点不是什么关键算法问题，不是因为测试问题，且我们还没有双转向的 EPS，在这个情况下没有办法谈跃变。

现在的测试还没有覆盖所有场景，需要足够稳定的线控和控制器，需要在 L3 层面大于 30 个 TOPS 的算力。目前，我们还在努力。

OEM 和 Tier1 是竞争的关系，但是由于自动驾驶变得越来越复杂，在产

[一] TOPS 是 Tera Operations Per Second 的缩写，1TOPS 代表处理器每秒可进行 1 万亿次（10^{12}）操作。

业链上形成共生共赢的关系。大家都在研发阶段，要一起做出来才能"上车"。整个研发过程中，我们和一级供应商、二级供应商的关系越走越近，甚至是协同开发。在数据方面，无论是高精地图还是迭代地图，我们都和地图商合作，原因在于这个技术落地的时候需要足够多的决策才能使它稳定和安全。也就是说，必须充分整合上下游，才能使自动驾驶变得越来越好。

在自动驾驶里面，真正主导自动驾驶是 OEM 和 Tier 2。没有办法被取代的业务重新获得市场潜力。

软件定义汽车。一方面，软件平台化从用户的需求着手，同时定义功能，定义软件和硬件，另一方面，由于硬件的成本真的很难被无限摊薄，但软件的成本是能够被摊薄的，通过算法和软件的充分挖掘，去挖掘硬件的实力，使得每一款车与众不同，通过硬件系统，做出与众不同的服务。

OEM 成为高级别自动驾驶的主导者，从分布式到功能域，最后到中央控制，逐步有了自动驾驶大脑的概念。在这一过程，是不可能存在任何一个 Tier1 给予辅助，因此，OEM 有了去定义汽车的机会，这样就要有足够好的功能安全理解和系统设计理解，这对于车厂形成了前所未有的压力。

虽然仅仅是一个核心大脑，但在这中间要充分考虑到各种各样的零部件，我们定义 3900 多个场景，还有两万多个测试用例，所以当车厂有了大脑设计能力，产业链已经变得无比重要。我们逐渐从传统 V 字形结构到设计需求的完成，只有局部功能交给 Tier 1 和 Tier 2 完成，车厂才能真正第一次变成自动驾驶高级别的主导者。

量产车型逐渐突破自动驾驶的分级，从 L1 到 L5 的分级，广汽给出了这样的形态，我们把 L1 到 L5 的系统分别与相关的功能做了对应，这大概是两年前做的工作，但是太笼统，所以我们不断地细化功能。即使这样，我们依然有阶段性功能出现。L2 主体是驾驶人，L3 主体是车辆和车辆设计者。我们内部所说的 L3，与 L4 相比只是缺少一个 EPS，未来会更加细化 L3 到 L4 的产品形态，以后很难笼统定义说这是哪个级别的汽车了，因为被无限细化了。

我们内部开始构建基于自动驾驶的全新体系,通过和各种各样的部门沟通,梳理产业链上下游各类公司之间的协作关系,形成了复杂的图谱,发现不仅是上下游的公司被收购,还出现了各个车厂之间开始形成联盟和抱团的局面,例如,宝马和戴姆勒形成一个庞大的研发群体,开发一款合格的能够量产的 L3 级别的自动驾驶汽车需要两百亿元人民币,这不是任何一个 OEM 可以负担的,大家可通过齐心合力的方式解决难题,形成空前的团结,才能最终实现人类出行的零伤亡。

道阻且长、行则将至。我们必须看到,在现阶段虽然有配套,可以依赖车路协同,但是自动驾驶的汽车怎么样真正地去量产,怎么才能在周围发现更多的 V2X 设备,怎么重新定义关系,从而提升功能安全性,这些问题尚待解决。在法律法规方面,现阶段的中国法律,明确规定不允许在高速公路上进行车辆测试,而 L3 级别就是高速公路的自动驾驶,如果车辆不能在高速公路上进行测试,而用户是在高速公路上进行车辆的使用,这原本就是非常矛盾的事情。还有几方利益的集成,都是我们面临的非常重要的问题。虽然遭遇车市寒冬,面临各种各样的研发困难,但也不能把高级别自动驾驶落地的节奏提升太快。中国目前有 75% 的消费者接受自动驾驶,远远超过了欧、美、日本的接受程度,中国老百姓是喜欢尝试新的技术,并且会和新的技术一起成长。

我们经过调研发现,到 2025 年,12% 的汽车具备 L3 以上的功能,100% 的汽车具备 L3 的功能,到 2015～2025 年的末期,将会有更高级别自动驾驶汽车进入老百姓的生活。

未来会出现四类车企,第一类就是领先 OEM,比如戴姆勒和宝马;第二类是 OEM 挑战者,像特斯拉和蔚来;第三类是解决方案公司初创企业,会具备非常大的核心技术力量,他们会极大地影响产业布局和车厂的形态;第四类就是 OEM 的代工厂,现有的 OEM 会成为两类,一是头部的,二是两极分化代工厂。我们之所以不断进行技术探索,不断希望能够把更好的产品带给用户，同时希望不断梳理功能安全性，最终能够成为头部的 OEM 带领大家把自动驾驶推向更新的阶段。

嘉宾简介

郭继舜

郭继舜，人工智能与机器人专业博士，高级工程师，广汽研究院智能驾驶技术部负责人，广汽 L3/L4 无人驾驶技术总监。先后于电子科技大学、台湾"清华大学"、苏黎世联邦理工学院、斯坦福大学攻读本硕博学位，加入广汽研究院前先后在联发科技、Google X-Lab、EMC 中国研究院、百度深度学习研究院从事人工智能技术研发，2017 年广州市高层次引进人才。先后获得 ACM/ICIP 亚洲区金牌、日本文部科学省学者奖、Erasmus Mundus 全额奖学金、海峡两岸杰出学者奖等。先后主持和参与 973 国家重点基础研究项目、国家重大基础研究专项、教育部新世纪优秀人才项目等，在 CVPR、ICCV、IJCAI 等国内外顶级期刊和会议上先后发表论文二十余篇，获得中美发明专利共 28 项。

蔡旌：打造安全与互联的自动驾驶

蔡旌

博世汽车部件（苏州）有限公司底盘事业部驾驶辅助系统雷达工程研发总监、域控制器工程研发经理

今天，我来分享一下博世如何打造互联又安全的自动驾驶。

目前，移动出行存在很多痛点，比如疲劳驾驶，而自动驾驶就是应对移动出行的必然选择，可以提高安全、效益、燃油经济性，以及技术民主化。

自动驾驶是汽车工业迄今为止最具挑战的技术革命，它涵盖诸多的核心技术与关键环节，包括感知、定位、驾驶员监控、人机互动，解读路径规划、决策、动态控制、转向、自动加速能力，以及系统架构、系统释放和验证，等等。为什么这个系统会这么复杂？因为涉及很多跨领域的最前沿的技术，并且还需要把它们系统地融合在一起。但是在系统导入量产之前，更重要的是要知道这个系统是否安全。安全不仅仅是指保证车内乘客的安全，还要保证其他参与道路使用者的安全，包括行人和其他驾驶人员。

自动驾驶的分级和责任。L0～L2 级是驾驶员负责，L3～L5 级是系统负责。从自动驾驶的分级定义来看，L3 到 L5 存在很多区别，L3 是有条件的自动驾驶，驾驶员可以长期把注意力离开驾驶区域；L4 和 L5 则是高度和完全的自动驾驶。我们认为 L3 是一个过渡的自动驾驶阶段，最终的目标还是 L4 和 L5。其实，L3 还是属于驾驶人监管，在必要的时候需要驾驶人能够在 8～10s 内接管系统。L3 到 L5 的驾驶员角色分配是不一样的，当驾驶员接管整个系统时,系统如果还是不安全,我们可以回到 L0 到 L1 的阶段;当责任交给系统后,所有的传感器、控制器都需要冗余,确保将乘客安全地从 A 点移动到 B 点。

博世从 30 年前开始开发摄像头和雷达,分辨率和冗余的程度在逐步提高,今年又推出了新一代传感器。特别是摄像头,已经可以通过目标学习和其他系统上的功能表露,对目标进行不同层次的探测,最后得出冗余结果,另外还加入了摄像头、超声波雷达这些高性能互为冗余的传感器,为自动驾驶的实现提供了非常好的设备基础。我们还提供了两套完整的定位解决方案互为冗余,一个是基于卫星信号的,利用高精度地图和全球导航卫星系统(GNSS)提供非常高精度的定位,另一个是基于道路特征的,包括一些利用路灯和车道线等,我们通过雷达和摄像头对这些特征进行探测。在这两个系统互为冗余的情况下,可以打造出非常高精度的定位。博世也在积极开发冗余的转向系统与制动系统,例如,在隧道里面无卫星信号,就需要大规模的基于道路特征定位。

为了提前满足所有的硬件上的需求,除了上述关键自动驾驶技术,我们还需要系统化的设计,从子系统需求、软硬件开发,到最后系统集成和验证,这是一个非常传统的开发模式,但是我们认为这方面的测试还远远不够,还应该进行针对更多的预期功能的测试,制定相对应的功能安全和系统规范。

自动驾驶的实现是一个漫长和艰巨的进程。在中国,博世向各大主机厂提供非常多的系统解决方案,从 L1 到 L2 的系统。2018 年起,我们量产了很多 L2 级的项目,今年已经有 40 多个项目实现了量产。在 L2 到 L2.5,我们通过六个传感器就能够达到比较高的自动驾驶,但是如果要去看 L3 和 L4,则需要传感器的更高融合,甚至还需要增加更多的传感器。实现 L3 级的高速公路引导功能,需要 15 个以上的传感器,对于 L4 和 L5,则需要 40 多个传感器,其中更大的挑战是如何处理融入车载大脑里面的传感器信息。

目前,很多企业把自己的自动驾驶方案放在试验区里面进行测试,这是一个漫长的过程。一开始，成果非常明显，可能覆盖了80%的技术问题，但是我们需要用80%的时间去解决后面20%还没有解决的问题。我们需要更多的验证和优化，实现自动驾驶。

在中国，博世有一个比较明显的优势，就是车路协同方案。一方面我们在车端通过路端边缘的通信，将信息状况提供给云端，另一方面也在路端进行车辆的探索，把车辆信息提供给云端和边缘，这样可以大大减少对于车辆传感器的需求，可以减少车辆感知的依赖度，通过这个路网合作，把车辆传感器的数量减少，从而减少算力，降低成本。

在我们与奔驰合作的自动代客泊车项目中，我们通过智能手机将信息发给云端，云端会发给代客服务器，低速的车会进行路径规划，行驶到停车位，这样会大大减少车辆的数量和需求，会比较快地在低速场景里面实现L4和L5的泊车，从而为高速中的L4和L5级车辆提供比较好的路径规划方案。

嘉宾简介

蔡旌

蔡旌，毕业于德国布兰登堡工业大学自动化专业，获博士学位。2005年加入德国博世集团汽车电子事业部，任驾驶辅助系统超声波雷达平台研发经理。2012年归国，任博世汽车部件（苏州）有限公司底盘事业部驾驶辅助系统雷达工程研发总监，负责建立本地的研发团队和技术能力，并负责国际和自主品牌整车厂的超声波雷达产品及产品战略。现兼任自动驾驶域控制器产品研发部门经理，负责中国客户自动驾驶L2/L3客户项目匹配、开发及测试。

9

主题研讨：预见未来
——大数据、云计算、人工智能

徐　辉：汽车信息安全的挑战与机会／187

张永刚：智能网联汽车发展趋势分析／190

张玉峰：AI 边缘计算助力智能驾驶／195

田　锋：5G 时代——中国智能汽车的发展策略／199

随着万物互联时代的到来，以大数据、云计算和人工智能等信息技术为代表的新一轮科技革命方兴未艾，制造业向智能制造全面转型升级的趋势日益明显。推动信息技术与汽车产业的深度融合，成为汽车产业不断增强创新力和竞争力的重要契机。近年来，国内外众多企业掀起了大数据、云计算、人工智能技术的研发热潮，积极抢占未来技术竞争制高点。这些前沿技术的发展现状与趋势，以及如何与汽车产业进行更广泛、更深入的结合，是业界关注的重点话题。

徐辉：汽车信息安全的挑战与机会

徐辉

时任英飞凌科技大中华区原副总裁及汽车电子事业部负责人

作为半导体的研究人员，我认为，汽车行业有一个共同的愿景，就是打造更智能、更节能的汽车。总体来说，半导体行业必须走在前端，需要实现和突破技术创新，突破技术创新的同时需要预见技术带来的可能潜在的风险。我今天想跟大家分享的议题：即在谈论整个汽车联网和数据传输的过程中，如何能够保证真正的安全。汽车行驶的最终目标是把乘客从 A 点安全运送到 B 点，信息安全和功能安全就成为核心议题，接下来我将花 5～7 分钟的时间汇报一下我们对汽车信息安全的见解和观点。

所有的技术发展都与市场发展相互关联。市场推动技术，技术也带来更多的市场应用。不管是将来真正实现汽车共享，还是实现远程和近程信息下载，前提是必须保护信息安全。这里面不仅涉及功能的安全性、用户的隐私权，还涉及嵌入式代码必须保证维护安全。首先，市场对于汽车信息安全需求不断增加，现在我们正从比较传统的嵌入式时代进入车载娱乐的时代，基本上各大车厂的车型都具备不同等级的车载娱乐功能。其次，接下来马上要进入 V2X 时代，随着不断的技术创新，我们将真正进入智能化、网联化的交通时代。

如何达到真正的信息安全，传统方式靠的是软件保护。但如果想要实现所有功能，就必须用一种更融合的方式来对待信息安全，即融合软件和硬件的信息保护，尤其是在很多实时交互信息的过程之中，硬件的信息保护变得至关重要。传统汽车是一个非常封闭的状态，车内虽然有无限的数据，但其实只有一个OBD接口，只有通过硬件的连接才能传输。而联网汽车有很多不同的接口，对应不同的信息传输方式，网联的功能越强大，信息被黑客下载和盗取的机会越高，车内所有的海量数据，如果没有得到真正的信息安全保护，就会变成利于黑客突破的关口，所以必须真正做到信息安全的正确保护。

最近这几年，有无数联网汽车被入侵事件，汽车变成黑客攻击的理想目标，攻击场景也千变万化。所谓魔高一尺道高一丈，根据不同的攻击场景和方式，我们需要提供不同方面的信息保护。主机保护更多的是通过软件和安全控制器，包括硬件和软件不同方式的融合来保证信息安全。谈到融合到车的每一部分应用，从动力总成开始，包括车载和车身域的远程控制单元，就会成为黑客攻击非常重要或者非常理想的终端。因此对远程控制单元做更深层的保护，就必须依据不同的功能和不同的风险来做不同等级和程度的安全保护。

所谓安全概念，其实不是依靠某一个产品和某一项单独技术就可以完全实现，应该把它当成一个网络安全工程看待，不仅要在初期产品验证和确认阶段需要考虑安全，在整个产业链管理过程、整车和电子产品开发过程考虑安全，更重要的是，在车辆整个运营和维护过程中，都要做到可持续性的风险管理，形成保护闭环。

最后，我们要做的就是，通过数字技术以及汽车产业链的高度融合，让汽车在形成智能化的同时实现功能安全和信息安全。

9 主题研讨：预见未来——大数据、云计算、人工智能

嘉宾简介

徐辉

徐辉，2012 年加入英飞凌。曾任英飞凌科技大中华区副总裁及汽车电子事业部负责人，全面负责汽车电子事业部在中国大陆、香港和台湾地区的业务。

凭借在美国和中国超过 20 年的汽车行业丰富经验，徐辉对汽车行业的研发、生产运营、市场、销售及项目管理拥有广泛的知识和专长，并对组建高效团队有着深刻的见解。通过了解本地客户的需求和市场发展趋势，徐辉带领英飞凌业务团队为汽车电子各类应用提供最佳解决方案，为英飞凌在大中华区的迅速发展做出了重大贡献。

2017 年，徐辉当选为中国汽车新能源电机电控产业联盟副理事长。2018 年，徐辉荣获中国汽车产业纪念改革开放 40 周年"杰出人物奖"。2019 年，徐辉荣登福布斯"中国科技女性榜"。

徐辉拥有美国密歇根州沃尔什学院工商管理硕士学位、奥克兰大学机械工程硕士学位和凯特林大学机械工程学士学位。

张永刚：智能网联汽车发展趋势分析

张永刚
北京汽车股份有限公司汽车研究院院长
助理、智能化部部长

今天的分享，主要从三个方面来谈一下：第一是大数据，第二是云计算，第三是人工智能。

讲到智能化就不得不提大数据，大数据逐渐融入生活中的点点滴滴。随着移动互联网的推广，以 BAT 为代表的互联网公司为人们的生活带来了诸多便利和改变，同时产生了海量的数据。中国的数据量可能已经达到了 ZB 时代，大数据就是从可靠数据来源、庞大的数据资源以及精准的数据标签中孵化而出的。随着数据的积累，数据分析的思维开始发生很大变化，其中最显著的特征就是实施性和关联性。实施性表现在全面性数据代替样本数据，很多数据拿到手里就能产生一定的服务，可以根据数据进行精准定位；关联性就是取代因果关系，对大量数据加以分析，进而形成关联性。行业内经常有人说，打败你的不一定是竞争对手，有可能是不关联性，所以对于汽车行业，比数据本身影响更大的是大数据带来的思维变化，这个是我要讲的主要层面。

车辆在无人驾驶、智能网联等场景中呈现多样性互联，伴随着汽车存量的增加，车辆的大数据已经成为重要数据来源。更多车型搭载 4G 模块，帮助车辆的 ECU 连到网络，驾驶员、车辆以及周围环境的复杂交互关系产生的海量数据，这些车辆、用户的数据采集起来更为便利，且数据量更丰富，从而驱使大数据转化成更多的服务和功能，提供给客户。

北汽根据车辆 ECU 上传的数据重新搭建模型，把车辆运行的数据整理出来，大数据不但使终端产品和服务产生改变，同时也对开发流程产生了影响，通过对数据的收集、挖掘和分析，将可用的信息进行量化、可视化、标签化和立体化，分析用户的需求，优化车辆配置，不仅让客户时刻了解车辆使用状态，更为企业提供有效的商品定义和战略指导。

基于数据终端 POI⊖ 设定所提供的资讯服务和娱乐服务，加强了客户黏性，还对细分客户做出战略性指导。整个过程不再单一地遵循汽车开发流程，而是附加了更精准的客户定义，在车辆开发周期上做到可调控，同时对客户精准定位进行充分预判。

大数据的开发可以应用于从产品定义到售后的每一个流程环节，多点打通，整体提升，做好产品和场景化服务，从而全面提升客户体验。

北汽数字化营销也是通过大数据的开发来分析消费者信息，通过数据收集和数据后台的联动，协助售后服务形成比较大的数据流，促进个性化沟通和有针对性的营销服务，从而全面衡量方案的可行性。

想要了解特定场景的消费者需要什么，可通过行为记录分析客户的行为来指导产品开发，不管是设计还是服务，都能达到真正贴近用户，做有温度有感知的服务。

大数据在整个汽车研发生命周期当中提供了什么？回答这个问题，就要讲一讲汽车计算中心的变革。

首先，第一个概念是车脑，即车内的计算中心。车内存在很多的功能域，过去都是基础硬件加嵌入式软件所构成的单一功能模块，当前随着硬件算力的提升，逐步过渡到域，比如座舱域、驾驶域、动力域等。而怎样

⊖ POI 指 Point of Interest，兴趣点。

把所有的功能有机结合在一起，就需要数据提供相关联的服务，并进行后台对接。

其次，关于云脑。单独依靠车载硬件承担算力，硬件会越做越厚，出于成本考虑，车端是难以承载的。而通过云端的算力，把数据存储起来，通过深度挖掘和分析再进行决策指令，指令下达到车端控制器并进一步精准实现功能，从而达成服务，因此很多的工具和算法应运而生。

随着5G时代到来，整个计算平台必将逐渐向云端迁移，车辆数据的采集上传、控制指令的下达、通信带宽、时延等多项性能将产生质的改变，所以在这期间会产生很多新的创意和想法、建立新的算法和数据模型，在这个过程中，需要大家共同努力，一步一步深入去做。

对于未来交通和车辆智能化而言，其核心需求就是把车、人、云以及基础道路设施逐渐连接，即车与万物互联，这就是V2X的建立。首先要进行车与云端的连接，实现车辆操控（如远程启动空调、天窗）和对车辆状态的远程查询，实现车辆信息分享。整车厂一方面要满足客户对自然市场的需求，另一方面要满足客户对共享交通的需求。其次是要进行车与车的连接，2019年，我们在几个示范区推广了车与车的通信功能，例如队列跟随和信息共享，目前都在稳步推进中。最后就是实现车端和路端的连接，一方面是系统开放，另一方面和政府合作把基础设施建立起来，特别是与检测中心合作，将大量的应用场景打造出来，这方面需要很多相关单位共同参与。

云计算和全新应用场景的结合会带来车内电子电器架构变革，传感器、控制器、执行机构、通信模块以及云端存在大量的计算平台和软件平台。在这个过程中，环境感知技术、信息融合技术以及决策执行技术共同实现车辆的高级驾驶辅助系统（ADAS）功能。

车内数据向云端的迁移，更利于把数据服务推向客户，这其中涉及很多决策模型，也有很多层级需要分解，未来需考虑的就是让车端主动融入互联网通道。在理想状态下，运用AR、VR、车内人脸识别等技术，将车内空间跟日常生活的家庭空间、办公空间乃至于交通空间完全融合，实现车辆融入物联网，打造移动的第三空间。

关于人工智能技术，现在已经在很多场景得到应用，比如大家经常使用的智能语音系统，与语音助理简单几句交流，就可以帮助我们完成包括路径规划和交通信息选择在内的很多工作，这种语音助理管家可以给客户带来情感化的交互体验，在基础的指令化功能之上还可以进行实时的人机聊天，系统能够精准提炼出客户的想法，让客户更专注于驾驶，确保轻松完成驾乘任务。未来基于语音控制、情绪识别、手势控制给予车辆指令，结合多传感器与车辆融合，不断优化人机应用服务体验。

把 AR（虚拟现实增强技术）应用到实际导航中，融合 ADAS 智能驾驶技术和 APA 自动泊车技术，在汽车行驶过程中结合导航地图进行系统运算分析。未来希望通过传感器和控制器的深度结合，细化、完善并提炼出更多场景，使自动化驾驶的技术真正进行量产化搭载。

下一步的技术将以全方位的信息共享和车与万物的互联，实现汽车产业对智慧交通、智慧城市的支持。中国的汽车智能化将有可能引领或者代表世界性的汽车智能化时代，由于国家的支持和车企的跟进，基本上大家已经适应了智能汽车终端的使用模式，那么怎样将智能网联汽车嫁接和移植到智慧社区中？这就要涉及停车和生活的整个过程，同时建设智慧交通，规划和谐的出行方式，完成整个智慧城市大环境的搭建，在这个过程中，需要攻克各个环节和各个层面上的技术、法规政策，未来，还有很多工作要做，希望大家能够共同在这个大平台合作开发更多、更新、更好的技术。

嘉宾简介

张永刚

张永刚，男，现任北京汽车股份有限公司汽车研究院院长助理兼智能化部部长，研究员级高级工程师，主要从事汽车智能化及电子专业方面的研究。

2002年，进入奇瑞汽车股份有限公司汽车工程研究院电子电器部工作，并于2007年任部长一职；2010年进入北京汽车股份有限公司汽车研究院工作，任电子电器部部长，任职期间其负责的《C70G整车电子电器架构开发》获"2013年北京市职工优秀技术创新成果二等奖"；2015年进入北京北汽德奔汽车技术中心有限公司工作，任技术总监，2016年，其负责的《乘用车关键技术创新及其在绅宝系列化车型开发中的应用》获"中国汽车工业科学技术奖二等奖"，《乘用车关键技术创新及其在绅宝D70系列化车型开发中的应用》获"北京市科学技术奖一等奖"，并在同年获"全国五一劳动奖章"；2018年回到北京汽车股份有限公司汽车研究院工作，任院长助理、智能化部部长，同年，入选"顺义区优秀青年人才"计划及"顺义区'梧桐工程'临空经济高端人才"计划。

张玉峰：AI 边缘计算助力智能驾驶

张玉峰
地平线副总裁、智能驾驶产品线总经理

今天，我代表地平线与大家共同探讨 AI 边缘计算如何助力智能驾驶。

地平线的使命是赋能万物，让每个人的生活更安全、更美好。我们通过 AI 边缘计算帮助行业减少云端压力。从有关分析报告来看，2025 年关键生活质量指标将提升 60%，同时疾病负担将降低 10%～15%，与智能驾驶和出行相关的安全驾驶、自动驾驶、辅助驾驶，未来在五百万人口的城市中每年可拯救 30～300 人的生命，人工智能将会让生活变得安全美好。

关于 ZB，打个比方，假如全球所有沙滩数出来的沙子是一个 ZB，那么超过四分之一的是实时数据，五分之一的是有关生存安危的数据，这些数据是很难压缩的。

迎接海量数据挑战的关键是什么，是如何去实时计算，减少反应延迟，提高可行性。数据隐私和安全方面的合规操作实践，以及数据传输和存储，如果不在边缘进行计算，将会带来基础设施成本和网络数据传输成本的增加。有一份报告显示，AI 数据边缘处理器的市场大于云端市场。5G 是这两年的热门话题，5G 高传输率虽然解决了在云端传输的问题，但并没有给主干网带来质的提升，目前来看，5G 能够进行数据搬运的实际距离约为七八百米，在 5G 基站形成一个数据的堰塞湖，才是真正打开了边缘计算的商机和市场。5G 值得肯定的是其高可靠性的保障，对像 V2X 这样的技术进行了极大的赋能，使 V2X 变得更容易落地。

面向智能驾驶的场景，以 ADAS 场景为例，首先，视觉感知在 ADAS 中扮演越来越重要的角色，越来越多的车型配备了多个摄像头，其分辨率向高于两百万像素的方向发展，这里产生的数据呈现爆发式增长。其次，高级别自动驾驶，自动驾驶时代将会有更多类型的传感器和数据，这对边缘计算、车载实时数据带来了挑战。再次，高精地图与定位、激光雷达的方案，优势在于高精准度，同时也是高成本的；基于视觉的高精地图技术成本较低，众包的方式能够让一个高精地图顺应城区，在其他场景下实际生活中面临的路况会发生变化，会有部分道路关闭、交通指示牌的变化，还有需进行共同协同的数据采集和运算等。最后，车内的智能交互、智能化人机交互，涉及视觉和语音的采集和分析，用语音和视觉共同分析来理解车内人员的行为和想法，让车更主动地做出判断，主动地调整适应人的需求，这都涉及需要在车内进行很多数据的实时处理。

如果每辆自动驾驶车每天产生 600~1000TB 数据，那么两千辆自动驾驶车一天的数据量相当于 2015 年整个人类文明一天的数据量。从不同级别自动驾驶的研究来看，自动驾驶每上升一级都会有相应的数据量增加，以及对边缘处理器的能力即算力的需求增长，并且是十几倍的增长需求。实现 L4 的自动驾驶，可能需要每秒多达 300 万亿次计算的能力，所以自动驾驶对于边缘处理器的要求，尤其是人工智能处理的要求会越来越高。

自动驾驶软件算法的不同级别、不同时间，在不同的级别对算力和计算量的要求是不同的，这是核心驱动力。对于 L0~L2 级的感知、计算需求并不太大，包括激光雷达和视觉，从感知到建模会有几个数量级的增长，而对于路径规划的算法，它所需要的计算量需要再上升几个数量级，因为判断身边车周围的几十辆车和行人可能达到的位置，是一个爆炸式的算力增长需求。回到边缘计算，它具有高可靠性、安全合规、实时计算、低延迟等优势，将推动破解自动驾驶的核心难题。

随着人工智能技术的不断突破，我们即将迎来的是机器人时代。在人工智能赋能万物、万物智能的时代，自动驾驶汽车可以说是人工智能机器人时代的珠穆朗玛峰，因为实现自动驾驶有非常高的技术要求和极大的活动范围，要让不同的工作状况和时间、天气都可以实现自动驾驶，这种要求的难度远超于其他类型的机器人。而地平线的研究方向之一就是自动驾驶所需要的 AI 边缘处理器和核心的 AI 算法。智能化的关键就是机器人"大脑"的进化。

过去几十年，计算机的算力发展是符合摩尔定律的，1 美元买到的算力，每 18 个月实现翻倍，而成本和能效却是下降的。现在的计算机所能达到的能力相当于一个老鼠大脑的能力。我们预计在 2025 年，可以用 1 千美元买到 1 千 TOPS 的算力，能够满足 L4~L5 自动驾驶的计算需求。摩尔定律在进入 21 世纪时候，由于物理限制的存在，晶体管大小已经达到纳米级，继续靠降低体积换算力增长的方式也面临很多挑战。地平线在做的其实是结合场景，通过算法和芯片架构的协同设计把摩尔定律继续保持下去。未来可以继续延续每 18 个月翻倍的速度，这主要靠架构，包括系统软件、编辑工具综合的优化、协同设计以及算法结合场景解决问题。

我们曾将能耗、性能、面积作为评价芯片性能的核心指标。而如今，AI 芯片的性能需要有新的评估维度，即从能源转化为计算的效率（TOPS/Watt）、算力成本（TOPS/$）、算力利用率（Utilization Rate）、算力转化为 AI 输出的效率（AI Perf/TOPS）这四个有效算力的维度来重新定义 AI 芯片的真实性能。

人工智能在中国，其实起跑并不晚，中国是 AI 论文产出最多的国家，也成为全球最吸金的国家，产业化规模在全球处于领先地位。但是中国 AI 产业中基础硬件规模相对不足，处理器市场也是由包括英飞凌在内的国外巨头主导，具有很高的市场份额，地平线从一开始就选择了这样一个高门槛但是对产业发展非常重要的一个基础领域——AI 芯片。

8 月 30 日，地平线在上海正式推出了量产的车规级 AI 芯片——征程二代处理器。它直接对标国际最领先的以色列量产产品,而征程二代处理器在功耗和成本方面都具有优势。

同时,地平线基于征程二代处理器,面向 ADAS 场景,推出了相应的视觉感知方案,可以支持 24 个大类的场景并基于像素分割出来。目前,我们已在全球 5 个国家获得了前装定点项目,两年内将有百万级的装车量。

在自动驾驶计算平台方面,2018 年,我们的数百辆自动驾驶车已经领先登陆北美市场。2019 年,公司会在出租车领域继续部署,并协助赋能客户完成研发和测试以及落地,将会达千辆无人车的量级。在车内交互部分,2020 年四五月份就有主力车型前装量产。基于感知的交互方案,一个特点就是结合视觉和语音的融合感知,让车内交互更加智慧,能够主动感受用户行为,提供用户喜欢的交互。

嘉宾简介

张玉峰

张玉峰,在汽车和半导体行业拥有十多年的丰富行业经验。他于 2017 年初加入地平线,负责公司全球业务,领导建立了横跨美国、欧洲、日本、韩国等区域的国际客户合作和业务网络。他自 2019 年起担任地平线副总裁、智能驾驶产品线总经理,负责包括研发、产品、市场和销售服务的整个智能驾驶业务体系。

张玉峰在英国获得工学荣誉硕士以及 MBA 学位。在加入地平线前,曾先后任职于 Sony、ARM(英国)等全球领先的半导体公司,负责芯片和车载相关产品的研发、商务拓展及企业管理工作。

田锋：5G时代——中国智能汽车的发展策略

田锋
中兴通讯股份有限公司副总裁、英博超算总经理

英博超算是中兴通讯的产品线，是中兴通讯2018年12月独立出来的公司。汽车工业本质就是车路协同。现在的车这么美观小巧，是因为开始就是车路协同，道路支撑和推动了汽车产业发展。

想让传统单车实现L3和L4级别智能驾驶，对于L3的定义，我们的基本观点是，如果离开了车路协同，那么做单车的自动驾驶成本太高太复杂，只有依赖4G和5G才能让自动驾驶又便宜又可靠。

2019年是智能驾驶和网联汽车元年，就是利用4G和5G专门对汽车进行标准约束和描绘。2019年正好是两个时代的交汇处，能够为汽车发展注入新的能量。历史上IBM推出个人计算机标志着PC时代的产生，2007年iPhone的发布标志着智能手机时代开启。时代进程的分水岭之前都是由厉害的公司做出厉害产品，然后进入生态状态。1984年，英特尔和微软主导了PC生态，苹果、Google主导了智能手机生态，得出的结论是没有一家企业可以拥有全部技术。为什么诺基亚在两年之内倒掉了，因为诺基亚试图用一家公司力量满足消费者整个分级，仅从硬件来满足完全可以，而苹果通过引入生态的概念，两年就把诺基亚击败。苹果每年推出一款手机，最多是两三款，诺基亚则需要每年从全系列完整更新。反观汽车工业，预计未来也要发生这种变化。因此，构筑开放的产业生态非常重要，传统的 Tier1 都是典型的，如博世、大陆，一个供应商提供所有的软件和硬件，以后会加入灰盒和白盒的模式，这个是我们想为产业带来的贡献。

举一个例子，中国移动上半年的利润是 560 亿元人民币，但是利润在下滑。中国移动的商业模式还是流量经营，这是电信运营商几十年来一贯的商业模式。2019 年上半年，中国手机上网流量 552 亿 GB。中国移动缔造了整个移动互联网的基石，其实，智能化、网联化这些高收益的业务与中国移动没有关系，例如腾讯通过游戏产生的收益，跟中国移动一点关系没有，中国移动只赚一点点的流量费用。传统自行车行业被摩拜、ofo 冲击，如 ofo 是自己设计车，然后找代工厂，一台车给 15 元的加工费。中国移动也是积极应对汽车产业在智能化、网联化方面的转变。未来汽车是由软件定义的，而过去的汽车应该说是被硬件定义的，包括发动机、变速器。汽车性能有一个关键的指标就是百公里加速时间，现在豪华车的百公里加速时间大致是 6s、10s。但到了电动汽车时代，则是软件定义汽车，电动机天生就是低速大转矩，所以电动车实现百公里加速时间 6s、4s 比传统燃油车简单很多。

2007 年之前，手机只当作打电话、发短信的工具，而现在手机打电话、发短信功能耗电量只占不到 9%，这是一个重大趋势。进入 5G 时代，需要怎样实现智能化网联化，车厂面对车辆的智能化、网联化，最应该做的是提供操作系统。以后，智能化一定要掌控在车厂手中，数据通道也应抓在主机厂手中，英博超给整车厂的解决方案可让车厂能够完整地控制生态，同时也给市场搭建一个完整的解决方案。未来智能化的流通一定要由车厂掌控，哪怕只有一个消费者坐在车里面，也不能允许驾驶员在驾驶车辆时使用手机通信，这样才能彻底保证安全。

嘉宾简介

田锋

田锋，清华大学汽车系博士（在读），1999年加入中兴通讯，拥有二十年电信与IT行业的丰富工作经验，从事过研发、市场、销售、管理、战略新业务拓展、政府公关、中兴通讯集团公司对外发言人等多项工作，工作经历深度涉及电信IT行业的多个领域，包括互联网、无线网络、有线网络、骨干光传输、移动终端、网络运营和运维托管等，主持过多个国际国内首创的新技术项目（如：尼泊尔Ncell珠峰覆盖首个无污染绿色3G/4G移动基站项目），对现代IT与通信市场全价值链有丰富的实践和深度理解。曾任中兴通讯汽车电子业务板块副总裁、汽车电子产品线总经理。

作为项目负责人和副总裁，在中兴新能源汽车公司主持了全国第一套商用汽车无线充电系统的研发和商用布设工作。作为项目负责人和副总裁，在中兴智能汽车公司主持了中兴公司对珠海广通客车公司的并购以及中兴1500亩（100万平方米）新能源汽车基地的产业落地谈判工作。

中兴通讯集团战略与技术专家委员会专家委员；深圳市云计算产业协会专家委员会委员；《IT时代周刊》专栏作家。

10
市场论道：扩大开放背景下的乘用车市场开拓与求索

王　青：深耕国内市场是提升国际竞争力的基础／205

陈　昊：知常明变者赢，守正创新者进——车市新形态下的思考与对策／209

傅连学：乘用车市场分车型销量预测方法研究／213

郑　状："新四化"——中国汽车品牌向上的突破／217

2018年，中国乘用车销量为2370.98万辆，同比下降4.08%，市场面临较大的下行压力。与此同时，中国汽车消费者的购车理念也在发生改变，逐渐由中低端消费向中高端消费转变。未来，开放的中国汽车市场无论对合资企业还是自主企业都会产生深远的影响。因此，理清在扩大开放背景下的汽车市场发展脉络，准确把握消费需求变化，分析乘用车市场新格局，思考乘用车企业面临的机遇与挑战具有十分重要的意义。

王青：深耕国内市场是提升国际竞争力的基础

王青
国务院发展研究中心市场经济研究所
副所长

今天，我跟大家分享的主要内容是《深耕国内市场是提升国际竞争力的基础》。目前，汽车产业正处于低谷期，有人认为这是坏事来得太早，但是从研究角度来看，个人认为它不是一个好坏的问题，而是一个产业或者是市场发展到一定时期或者说特定阶段的一种必然趋势。在各种政策的影响下，我们现在看到的，一方面是汽车市场发展的自然回落过程，另一方面是各种短期和长期因素叠加共振形成的格局。

首先，我主要讲一讲目前的市场背景。2000年到2018年间，全球汽车市场的年均增量从6000多万辆发展到8000多万辆，增加了2000多万辆，我国的贡献率高达90%。在这样一种背景下，各大跨国厂商开始在我们国家追逐增量，因为这是一个新兴市场、一个快速发展的超高速的市场。但是目前来看，我国的汽车销量已达全球汽车销量的1/3，它已经成为全球汽车市场的一个重要组成部分。这还能说是增量市场吗？

从目前的情况来看，如果无法把握中国的汽车市场，那么要参与全球竞争其实是很难的。从目前政策和改革开放的大趋势来看，进一步融入全球产业和市场体系是大势所趋，对于各个产业来说是这样，对于汽车行业来说更是如此。

最近出台的一些重要政策对汽车市场的影响深远，将逐步推动汽车企业离开以前高速增长的舒适区，以后对于企业的要求会越来越高。众多企业应该积极主动地参与到中国汽车市场的国际竞争中。

此外，我国的消费环境、消费市场也发生了变化，下一步怎么迎合消费者、迎合市场发展的需求，特别是要迎合与适应国家在产业、环保、开放方面的一些重大方针政策，这是汽车企业首先要考虑的问题。接下来，从乘用车市场来看，2018年以来，汽车市场需求出现了大幅度下滑，总量在下滑，支撑汽车市场高速增长的一些重点领域或细分市场也都出现了问题，并且成为下滑最明显、最突出的领域。无论是车型、排量，还是价格增长的区域来看，都呈现出这样的趋势：排名第一、第二的细分市场是降速最大的。

造成这种现象的原因是什么？这主要是受到短期和长期两方面因素叠加共振的影响。因为正常的市场增长不可能在一年之内出现如此大幅度的下滑，增速回落是有可能的，但是两位数的负增长率，我认为还是有些问题。除了目前众所周知的国五、国六切换以及政策的影响因素外，我想重点说以下两个因素。

第一个因素，要从大的市场阶段来看现在的中国市场消费到底处在什么阶段。我们曾对中国经济增长的十年潜力进行研究，针对汽车产业，四五年前，也就是2013年前后，我们就提到增速已经到了回落点，这个增速指的是潜在增长率。当时，我们提到汽车产业即将从高速增长转向中速增长，而且是中速增长的中高速增长。

另外，我们梳理了几十个国家的千人汽车拥有量的增长情况，发现主要汽车消费市场呈现出惊人的规律。它不是平均值的概念，是每个国家到这个时期都会出现的类似情况。当千人汽车拥有量达到100～200辆时，千人汽车拥有量的增速集中在10%～12%，会持续5～7年，当千人汽车拥有量接近或者突破200辆时，其增速会回落到4%～5%，这个周期是14年。实际上，我国的增长阶段已经到了一个新的时期，中速增长再分为两个阶段，我们现在已经从中高速逐渐走向中低速增长，也就是说，千人汽车拥有量增速从11%~12%变成4%~5%，这是我们当前汽车市场的主要变化。长期因素和短期因素叠加共振，这是最主要的一个长期因素。

第二，从短期因素来看，当然对我国来说，应该是一个中短期因素，在之前的分析中有提到说房价上涨对消费有挤出效应，主要是消费中的大件汽车。在一年前，我也是这个观念，但也只是感性认识。我对此做一个梳理，研究了很多国家房价上涨或下跌对汽车销量的影响，结果出人意料，无论是28个国家的房价变化还是房价收入比的变化，与汽车销量之间并不是负相关的关系，不是说房价快速上涨汽车销量就会下降，实际上是正相关的关系。每当房价快速上涨，把增长超过3%剔出来，就会与汽车销量之间呈现明显的正相关。

为了找出导致这种正相关的原因，我们把居民杠杆率和汽车做了相关研究，初步判断居民杠杆率提高过快对汽车消费会产生抑制作用。居民杠杆率上升过快可能是其他一些因素引起的，比如说收入变化情况、其他收入支出变化情况，包括整个收入预期的改变，都可能会对居民杠杆率产生影响。所以，当前分析这个问题的时候，要把居民杠杆率的变化而不是住房价格本身作为分析汽车市场变化的主要因素，仅从房价短期过快上涨推出挤出汽车消费的结论，前些年汽车市场的情况并未反映出来这种现象，当前房价下跌也未出现销量回升，这是一个似是而非的观点，或者说是一个需要深入研究的观点。

最后，我谈一下对汽车市场的判断。根据研究，从中长期来看，我国的汽车还处在整个市场的扩张时期，虽然增速有所下降，但仍然有很大的消费潜力。当前，汽车销量增长率依然保持在4%~5%的区间，这是根据千人汽车拥有量换算的。通过模型验证，到2028年汽车总的保有量大约是4.1亿辆，当然这是不考虑各种商业模式变化等因素对汽车的影响。十年后，千人汽车拥有量大概是288辆。预计，我国千人汽车拥有量的上限比其他国家要低，不能简单和800辆、600辆相比，国家的具体情况不一样，条件也不一样。而且,从工业化国家的发展规律来看,越是后发国家,千人汽车拥有量的水平越低。估计我国的千人汽车拥有量将在300~350辆之间,相应的新车产销规模是3300万辆。

短期来看,负面因素还是主导因素。从宏观和微观消费来看,下半年有一些因素会逐渐弱化,降幅会逐渐收窄。如果乐观评估,汽车市场负增长率将在3%~5%,悲观一点则难以估计。随着汽车市场的逐步修复,以及实际增长率继续向潜在增长率收敛,预计明年市场可能会实现正增长。

嘉宾简介

王青

王青,男,1975年生,陕西省西安市人,西北大学经济学硕士,南开大学经济学博士。现任国务院发展研究中心市场经济研究所副所长,研究员;中国电动汽车百人会委员,中国信息化百人会委员。长期从事消费、技术创新及汽车产业政策研究,参与国家级、省部级课题研究30多项,在重要媒体和核心期刊发表论文60余篇,独立或参与出版《当代中国经济改革》(吴敬琏主编)、《从技术跟随到战略布局:新能源汽车技术革命与我国应对战略》(吴敬琏主编)、《中国经济增长十年展望》(刘世锦主编)、《新时期我国消费新增长点研究》、《改革开放40年:市场体系建立、发展与展望》等专著10多部。

陈昊：知常明变者赢，守正创新者进——车市新形态下的思考与对策

陈昊
东风日产乘用车公司副总经理

我将从企业的角度谈谈对汽车市场未来的判断和我们的做法。

第一部分，汽车市场的变化。

第一个观点，汽车市场在低线级城市具有增长潜力。2019年上半年，汽车市场在大城市下滑达23%，在县级市里，越低线级的城市下滑幅度越低，也就是说，汽车市场在低线级城市的增长潜力要高于高线级城市，未来有很大增长空间。在中国，低线级城市有7亿消费者，占据中国总人口的50%以上。据国家统计局统计，2018年还有40%的人生活在农村，这其中的千人汽车保有量不到100辆，人均GDP不到6000元。如果按照城乡居民收入比2020年翻一番的计划来看，低线级城市的GDP短期会上涨到8000~10000元，低线级地区的千人汽车保有量还存在翻番的可能，其中存在巨大的增长机会。

在这种机会下，我们再看一下低线级城市的市场有什么特点。我们的调查人员用了将近1年多的时间通过家庭走访形式调查了多个三四五六线城市，结果还是具有借鉴意义的。虽然汽车市场下滑已成为一种常态，但是即使再下滑的市场也有客户在买车，刚需客户仍然存在，问题是我们不知道消费群体是如何转移的，哪些消费群体在下滑，哪些消费群体还有发展

潜力。关键问题在于要发现消费群体变化，满足新的汽车市场需求。我们用一年多的时间进行了调查，通过对中西部地区的消费者调查得出结论：受中国传统价值观和外部的叠加影响，低线级城市消费者未来会有六大消费趋势。那么，什么是中国的传统价值观？第一，家庭观念很重。第二，关系依赖，大家都生活在自己的小圈子里。第三，追求和谐。第四，不甘人后。当然，受目前开放环境的影响，还出现另外一种倾向：许多在大城市毕业的大学生趋向于回到自己的家乡工作，这也是一种移民潮，他们把大城市见到的新鲜事物带回家乡，去影响家乡的朋友。

基于这两种冲突的结合，总结低线级城市消费者未来的六大趋势是：第一，享乐觉醒，基于对享乐不同的感知，消费者越来越注重享乐。第二，家乡的情结，他们为家乡著名的品牌、企业、名人感到自豪，当然也非常认同。第三，在实用主义之外开始接受并享受无形体验和情感体验的价值，在万达广场这种大型商业模式带动下，提升了这种价值的需求。第四，保守式的个性，消费者需要个性，但是一定是在社会认可的前提下突出个性。七八年前，我曾到4S店巡店，刚好碰到一个年轻女性消费者来退车，她很喜欢红色的轿车，退车的原因是她的爷爷不喜欢，觉得红色的车过于个性。当然，现在低线级城市的消费者更多是在社会认可的前提下追求些许有个性的东西。第五，技术发展促成一种新的关系。前面有提到，中国消费者更在意圈子文化，随着现在新的技术进步，比如微信朋友圈的出现，消费者们不需要身边的朋友也可以办到以前通过朋友才能办成的事情。第六，越来越在乎自己，消费者们更加注重打造一个更好的自己，比如参加健身、培训等，这也是一种新的趋势，同时，更大的竞争压力也促使中国的消费者要不断提升自己。这是我们对低线级城市的消费者进行分析后发现的六大趋势。

第二个观点，中国汽车市场正在步入二次购买时代。2011年汽车换购比例达18%，预计到2023年此数值可以增长到50%。那么，这将对目前以购买为主的时代产生哪些变化呢？第二次买车的人比第一次买车的人更加懂车，除了汽车本身之外，真正决定客户二次购买的原因，是作为客户的消费者与品牌之间的关系升华和维护。消费者在购买第一辆车的时候，品牌是决定性因素。消费者通过品牌传递的信息感受其价值，进而对其保持好感度，然后通过购买车辆进行体验加强情感连接和品牌联系可能变得更加重要。

第三个观点，女性购车人数逐渐增多。2015年，女性购车人数占比为32%，2018年这一比例升至34%，预计到2023年这个比例将会接近40%。

女性消费者所购买车辆在入门级和豪华车两个区间中占比更高，这更好地说明了女性消费者更倾向于感性消费。入门级车辆可能是女性消费者家里的第二辆代步车，也可能是独立女青年所购买。研究发现，近两年入门级的豪华车深受女性喜欢。女性消费者更感性，可能是因为入门级豪华车外观更新潮或者颜色更漂亮，只要有一个条件打动她，她就会购买，而其对于功能和性能方面的要求并不高。

总之，对于新消费群体的消费习惯需要深入研究，这是东风日产对未来汽车市场三个方面的理解和发现。

第二部分主要探讨一下在上述这种新的环境下汽车行业如何发展。

第一，要打造品牌。二次购车的消费者会越来越多，在产品同质化的时代，最主要的是品牌资产、品牌形象、品牌标签所带来的差异化竞争力，这才是两辆车之间真正有差异化的内容。

第二，注重体验。在女性消费者或者感性购车群体越来越多的情况下，东风日产主要推进智能驾驶和智能互联，从感性上讲就是会思考、会沟通。这需要我们更多地从对产品的价值和功能诉求上升到情感诉求，甚至需要考虑用什么样的沟通方式让车这个交通工具与潜在的消费者之间发生体验式交流，从而使他们产生信任，这是我们作为汽车企业应该做的一些事情。

第三，强化服务。东风日产并非制造型企业，最终还是要向服务型企业发展。汽车厂家和4S店存在的最终目的是要为消费者提供贴心、便捷的服务，而不是简单地把汽车卖给消费者，4S店和消费者之间并非一锤子买卖。

在当今市场不景气的情况下，售后服务好的 4S 店的销售情况不会太差。谁能服务好客户，谁就能抓住客户，和客户产生更强的黏性。

最后是经营的哲学，一边是产品，一边是客户，其实就是短期利益与长期利益的平衡。关注消费者和经销商的满意度是我们一切工作的出发点和归宿，我们应该做到尊重市场、尊重消费者、尊重合作伙伴，寻找共赢。

我们更关注汽车产品的长期质量，汽车行业是一个持久战，无论竞争多么激烈，我们相信最终会回归到基本面。

嘉宾简介

陈昊

陈昊，浙江大学毕业后进入东风汽车公司，从铸造一厂的技术员起步，在十堰基地积淀十年，又随广州风神公司南下花都，见证并参与了东风日产的创业之路。他先后在生产管理、企业管理、市场销售等领域任职，在汽车行业多个领域具有丰富的工作经验。

2010 年 7 月到 2014 年期间，陈昊担任深圳市东风南方实业集团有限公司总经理，带领东风南方多元化经营，并使之成为效益突出的百亿元经销商集团。2014 年 3 月起，他担任东风日产市场销售总部副总部长，全面负责公司的市场销售业务，推动东风日产实现终端销量连续超越百万辆。2018 年 2 月起，他担任东风日产乘用车公司副总经理，开启了东风日产面向 2022 年中期事业计划的新征程，并以"文化传承"和"技术创新"的双核驱动发展路线进行全价值链的战略创新变革，全面布局新五化。

傅连学：乘用车市场分车型销量预测方法研究

傅连学
中国汽车技术研究中心有限公司汽车技术情报研究所副所长

今天我跟大家分享一下我们针对汽车市场做的一些研究工作。关于汽车市场销量预测方面，我们采用的一些研究方法与其他机构在思路和方法上存在较大差异，下面我将与各位分享、探讨。

首先，我们关注分车型销量预测。近年来，针对汽车总体市场销量的增减情况，大家对销量预测基本都有判断。但是即使在判断准确的情况下，企业的销量目标和实际完成情况仍会存在较大偏差，比如今年年中，有些车企目标完成率只有20%～30%。目前，在判断准确的情况下，企业该如何设定销量目标，如何针对相应的汽车细分市场进行准确的判断，仍然有所欠缺。主要原因在于当前车企确定销售目标更多依托于汽车市场的总量需求预测，只有准确的需求预测和主观预期的目标，而没有细分市场的预期情况，导致出现较大的偏差。

如果做不好汽车细分市场预测，车企对于如何做排产，如何进行销量目标的控制，如何做成本的优化、控制以及库存的管理等，都会存在很大的问题。在真正的市场研究方面，汽车细分市场预测目前还是有比较大的欠缺。所以，从去年开始我们开展了一系列分车型的销量预测研究工作。

一般来说，目前大部分预测机构主要做总体的汽车市场预测，个人认为从大的方面来讲这只是需求性预测，需求性预测能表现市场宏观经济怎么样、消费者需求怎么样。如果从需求预测本质来讲，还需做到细分市场的预测，例如大型 SUV 多少，中型多少，紧凑型多少等，再对应到各自车型、各自企业是多少。实际上目前市场上的预测结果与本质需求之间有很大的断层。

我们的预测定义为竞争性预测。要做到车型预测，不仅是宏观需求量有多少，还要考虑到各自产品的竞争关系如何。要做到竞争性预测，从大的方面来讲有三个层面：一个是宏观政策方面，这部分是通用的；二是企业自身方面，包括产品情况、产品生命周期，还包括自身产能情况、营销策略、营销方案情况等，同时还要考虑到针对某一个车型的竞品群的设定和竞品的关系如何等；三是竞品方面，考虑从产品和营销组合上的对比如何。只有把这三个层面理清楚，才能真正做到分车型预测，将预测细化、精确。

下面再简单介绍一下分车型预测需要考虑的整体因素。要真正做到分车型预测，预测 3~5 年也是可以达到的，从宏观上来说要好一些。关于分车型预测，我们更注重短期预测，比如通常要考虑的季节性因素等。

宏观方面还有一个非常重要的因素就是政策方面的因素。在政策因素方面，我们会结合近期推出的一些相关政策，对政策的影响做一个整体性评估，对于车型是增是减做一个相应预测。比如，前一阶段的国六政策之下，都在消化国五库存，实际上这也是一种透支行为，这些都是相应的政策因素所致。政策的变化相应较多，我们会根据每个政策做出相应的政策评估，形成整体的政策影响因素。

产品自身因素，这一部分是其他预测方法较少考虑的，包括产品周期、改型的情况，以及产品性能指标的对比等。这一部分主要包括产品力和营销力，我们都会形成相应的评价指数，纳入到整体模型中。另外，要提高竞争性，需要特别考虑竞品圈的构成，各自车型之间的竞争关系如何。企业自身的产品类型和竞品之间，从产品力、营销方案上做整体评价，我们也会形成相应的竞争性指数，并将其纳入模型当中。这是我们的预测方法比较突出的一个特点。

除上述因素之外，我们还会考虑消费者的行为因素。通过相应的大数据，对相应企业车型和其他相关车型的指数对比、市场口碑状况进行评估，这些都会直接影响消费者的购车行为，也需要考虑竞争性的关系，这一部分也是需要我们广泛采集的数据。如此一来，需要采集和处理的数据量非常庞大。

经过梳理后，我们提炼出经济与政策变量、供给变量与需求变量，形成七个方面的指数对最后预测的结果会产生比较重大的影响。像经济与政策变量，一个是宏观经济的指数，一个是政策影响的指数。供给变量要考虑到竞品的指数、终端价格指数等。我们把这些纳入到七大指数之中，当然这个指数下一级还会分二级、三级等对应指标，这样就形成了整个的预测模型。

如果按照以上思路做预测，特别要结合营销策略方案和产品力的特征指数去做，需要处理的数据量非常大。我们的预测模型引进了长短值的记忆深度学习模型，来做一些比较复杂的序列处理预测。这种模型是一个神经网络模型，它最主要的特点是比较适合于规模较大、数据处理较复杂的模型，通过学习运算形成一个不断优化的过程。

从预测结果来说，我们做的一些中长期预测和其他机构的预测结果差别不大，但是我们能够做出各种主流车型也就是单一车型的预测结果，这是我们和其他机构最大的不同之处。我们希望通过做到单一车型的预测结果，对企业今后的生产经营决策有所帮助，如在营销策划、制定目标以及排产等方面提供指导。

目前，我们的预测结果，每个月都会在中国汽车工业信息网上进行发布，希望可以给大家提供参考。

总体来看，整体预测都做完了，准确度还是比较令人满意的。对于主流车型，特别是一些销量比较大、产品和营销策略比较稳定的车型，总体预测的误差率基本上可以控制在8%以内，这个数值不是总量的，而是某一款车的。8%对于真正主流的车型,精准程度还是不错的。不过,现在也确实面临着一些问题,对于新车型还有一些小众车型,比如说一些不太稳定的新能源车型,预测的结果偏差略大一点,但是评估准确度总体趋势向好,我们也在持续优化。

另外,还有一些不可预测的因素,例如召回等因素对销量的影响也很大,但这超出了估算的范围。

最后,简单总结一下。我们是从去年开始进行这种竞争性预测方法的,个人认为,目前面临存量竞争的环境,对于车企来讲,更为重要的应该是考虑到竞争性预测和车型的针对性预测。我们也会更多考虑这方面的情况。

如果按照这种预测方式,考虑的因素确实比较多。要真正做到车型预测,必须结合企业的营销方案等开展相关工作,希望企业能够共同参与进来,同我们一起做一些相应的工作。

在这里并不是为了告诉大家我们的预测结果,主要是提出这样一种竞争性的预测方法,希望引起行业的共鸣,同时欢迎企业加入到我们的研究中来,一起进一步完善预测的方式和方法。

嘉宾简介

傅连学

傅连学,研究员级高级工程师,1989年清华大学毕业后进入中国汽车技术研究中心有限公司工作至今,现任汽车技术情报研究所副所长。

傅连学长期从事汽车市场研究工作,在政策研究、行业咨询、知识产权、消费者调研等领域拥有丰富经验。在市场预测领域,他提出将ARIMA差分整合移动平均自回归模型和LSTM长短时记忆深度学习模型相结合,通过自身层面、竞争层面、宏观层面三个层面13个因素对销量影响进行研究分析,使预测结果更加准确。此外,他长期担任国家科技部火炬计划中心项目评审专家,同时也是中国汽车工业协会、中国汽车工程学会专家咨询委员会专家。

郑状："新四化"——中国汽车品牌向上的突破

郑状
浙江吉利控股集团汽车销售有限公司
副总经理

我代表吉利汽车和大家做一个分享。2019年汽车行业冰冷的显示大家这一年过得都不容易。近几年来，自主品牌的汽车市场份额一直在40%以上，这实际上就是自主品牌的一道红线，今年的份额已经低于40%，反映出自主品牌面临的市场更加残酷，侧面反映自主品牌的抗寒能力依旧比较弱。

在这个大背景下，我们谈股比开放的挑战确实非常切合主题，现在面临的挑战是实实在在的，我们必须面对，不能回避。4~5年后的汽车产业将完全放开，没有任何门槛，外国的汽车公司完全可以在中国换一种方式来发展，如何用好这短短的几年时间，既是自主品牌汽车的机遇，也是挑战。股比放开之后，合资品牌也在做战略部署，如何抓住中国这个最大汽车市场的机遇呢？事实上，汽车产业具备开放、合作、协同的产业特点，只有开放合作、包容发展，汽车工业才能可持续发展。单打独斗、关起门来参与行业竞争，成功的机会是不大的。股比不放开不仅不会让汽车产业快速发展壮大，反而削弱本土汽车工业的竞争力。

首先，外资股比进一步放开，国内行业迎来大洗牌，促使优质资源走向更优质的企业，加速优胜劣汰，这不仅是品牌之间的竞争，更是自主品牌与外资品牌的博弈。股比放开，一方面会激励有潜力的自主品牌更大更强，另一方面会击垮不具备竞争力的企业。股比放开更能激发企业的战斗力，这项决策有利于中国汽车品牌提升竞争力和研发水平，不断提升市场份额。

当然，对于当前的汽车市场形势我们的判断还是不乐观，但是我们也不能盲目悲观，这背后存在巨大的机遇。自主品牌如何利用好机遇，寻找向上的突破口。我认为要依托"新四化"。我主要负责新能源汽车领域，目前在核心的三电领域，我们与国外企业站在同一起跑线，甚至中国品牌已具备主场优势。2018年全球销售的200万辆新能源汽车中，中国达到125万辆。此外我们在新能源汽车核心技术上实现突破，关键性指标已达到甚至超越国际水平，纯电动（EV）整车技术迭代升级产品技术显著提升。

与此同时，国家一连串的政策绿灯为新能源汽车发展铺路，为产业的快速发展提供利好环境。股比放开，一方面吸引国外的新能源汽车技术引入国内，另一方面也迫使国内对新能源汽车领域投入更多关注。

当然，我们看到新能源汽车行业面临着充电基础设施结构性供给不足、电池回收困难和消费者认知发展不同等问题，因此在这里我倡议继续对新能源汽车给予更多的支持，当然这是在国家可控、可管的范围之内，并补贴充电技术，包括充电设施、电池回收等方面进行补贴。新能源绿牌目前还不能畅行，我们希望能有所改观，实现"三免二补一畅行"。目前的技术、产品和配套日趋完善，我相信对消费者来说能有更多的产品可以选择。

2019年，对新能源车企的补贴逐渐减少，到2020年全部退出，我认为这是好事，有利于形成公平的竞争环境。新能源产业已经告别了野蛮生长的时代，后补贴时代，车企要用自身实力说话，保持企业的战略定力，以核心的技术、过硬的产品、良好的服务立足于新能源汽车市场。

吉利力争成为全球科技型创新公司，目前在新能源汽车领域的投资和布局也是巨大的，氢能、插混和纯电等技术路线并举，今年4月份我们发布了高端纯电品牌，专注做大做强纯电市场。这几天，专家、学者都提到，未来中国还是以纯电驱动为主要的技术路线，所以成立这个品牌也是顺应国家的战略方向。

此外，中国的互联网产业优势无与伦比，中国的汽车智能网联技术也是领先的。近几年，吉利聚焦座舱智能化和整车智能化，成为首家深度定义主导开发汽车芯片核心技术的车企，将我们的创新能力拓展和竞争优势延伸到核心领域，赢得行业的话语权。

大浪淘沙，自主品牌自诞生之初就是在夹缝中生存下来的，我们拥有强大的抗打击能力。风风雨雨阻挡不了历史前进的脚步，阻挡不了中国汽车工业做大做强的决心，自主品牌已经到了自信成年的阶段，我们拥有产品自信、技术自信、品牌自信、文化自信和民族自信。在制造、研发汽车"新四化"等各方面已具备了与合资企业抗衡的实力。我们坚信，中国汽车工业一定会发展起来，中国汽车产业必将迈向全球价值链的中高端。只有开放才能激发市场活力，让市场竞争更加公平、透明、充分。只有开放包容，进行全球合作联合，我们的朋友圈才会更大，只有扩大开放才能让中国的品牌道路越走越宽，让中国汽车品牌走向全世界的梦想成真。

嘉宾简介

郑状

郑状，2001—2005 年，吉林大学，材料科学与工程系。2013—2017 年，清华大学，经济与管理学院 MBA。

2018 年 7 月加入吉利汽车集团任浙江吉利控股集团汽车销售有限公司副总经理、几何新能源汽车销售有限公司总经理，全面主持吉利纯电高端品牌几何品牌销售公司的营销管理工作。

几何品牌成立以来，带领团队仅在 2019 年上半年完成吉利纯电汽车销量已超 2018 年全年的销量。

从技术到项目管理再到营销及公司战略管理，专注深耕新能源汽车营销领域多年，创新提出多套营销方式，实现新能源车型在非双限地区高速的增长业绩。

11

市场论道：
解析市场现状，探索商用车未来

马增荣：物流市场与用车趋势／223
戴章煜：打造下一代出行方案／228
刘云霞：质量升级——汽车行业高质量发展的新动能／231

商用车承担了我国 70%～80% 的货物和旅客运输量，在原材料运输、基础设施建设、旅客出行等方面发挥着重要作用。商用车市场受宏观经济形势与政策法规影响较大，同时物流运输模式不断发展演进、新能源汽车技术应用、智能化技术渗透率提高又给商用车市场带来了新的驱动力。因此，研判政策法规环境，剖析宏观经济发展形势，研究市场需求与产品结构变化，预判市场走势可以指导商用车产业健康有序的发展。

马增荣：物流市场与用车趋势

马增荣
中国物流与采购联合会汽车物流分会
执行副会长

今天我来谈谈对商用车未来发展趋势方面的看法。

第一方面，商用车目前面临的环境和未来趋势分析。我把商用车整个技术阶段的发展做了一个归纳。

第一个阶段就是从无到有，时间是1978年的改革开放开始，主要的经济发展是与轻工业、民生相关联，带动了当时中型车的发展；到了1988年，随着改革开放深入，通货膨胀，以及中国经济进入市场经济，人们对于燃油车经济性的需求迫切；再到1998年随着金融危机的爆发，中国加入WTO，以及对外出口和对内大量基础设施的投入，使得我们的国家经济进入到了重化工业发展阶段，带动了重型车的发展。

第二个阶段，2008年随着全球金融危机的爆发，同时随着电控技术的快速发展，传统技术达到了一个全新的高度。从2018年到现在，得益于通信技术、能源技术，以及人工智能技术的快速发展，使得车辆消费的需求快速升级，同时进入新技术时代。在这个新技术时代我们要解决的就是从无到有、从有到大、从大到强的问题。

关于商用车的驱动要素，首先是政策法规的驱动要素。新能源的补贴政策即将退出，商用车双积分政策也在讨论之中，与此同时，最近两年国家在辅助驾驶、自动驾驶方面发布一系列顶层设计标准，使得中国未来在这方面会得到快速发展。排放法规方面，随着国六排放法规的实施以及目前正在讨论需要制定的国七排放法规，我个人认为，一方面是限制进一步加严，更重要的是在实际道路条件下的控制，同时，我认为作为现在的油耗法规是不够的，因为油耗是主机厂与客户的一场博弈，法规的管控应该是考虑排放法规再加上整车的法规配置，当然还有一些安全的法规等，总体来说法规的升级速度越来越快，法规要达到的难度也越来越大，更重要的是法规的监管越来越严格。

其次，从市场环境来看，中国的商用车市场逐步走向成熟。质量驱动、创新驱动以及物流运输效率的变化，包括多式联运的影响，使得商用车的总量不会像以前一样不断创造新高。

从车辆的结构来说，随着经济结构的发展变化，以前运输的货物主要是原材料，现在更多的货物是消费品、电子产品，这对车辆的结构、性能会提出更高的要求。

第三，物流行业效率的提升，包括物流行业和自动驾驶的结合将激发出新的商业模式。

从客户的需求来看，客户越来越年轻，对于生活品质的要求越来越高，客户对车辆性能的要求，前些年是轻量化，这几年是动力足，今后客户追求的是综合性能，而不是单一的性能，或者说客户追求的是驾乘的体验感以及整个生命周期的控制，同时由售前转向售后，转向对情感和高端的需求。

电子技术以及智能网联技术将对车辆未来技术的发展将产生很大的影响。

第四，从市场趋势来看，过去中国的商用车市场是一个不成熟的市场或者是发展中的市场，或者说是一个野蛮增长的市场。未来市场应该是逐渐走向成熟，从增量市场走向存量市场。

从竞争环境看，随着关税下调、股比放开等政策的刺激，同时由于内部的消费需求升级，客户更加关注综合性的体验。可以预计，在未来几年国内竞争国际化的趋势是非常明显的。当然，中国品牌的车辆也会走向国际竞争。

从供应商来说，将由简单的买卖关系转为与供应商的联合开发，进而向战略合作转移。无论是国内还是国外的主机厂，都和供应商签署了战略联盟的关系。

从物流来说，高效、集约和新的商业模式的结合，包括跨产业整合的趋势更加明显。

从公司来说，作为主机厂，从过去生产车、销售车转向服务，进而可能会转向运营商的趋势。

我认为商用车未来的技术转型是实现三个"0"的目标，就是0排放、0故障、0等待。以自动驾驶、网联技术的拉动去解决商用车面临的困境。

商用车发展到现在有很多的问题，具体体现在安全的问题、排放的问题和效率的问题。需要通过传统的技术与新技术的融合来解决这些问题。

要解决商用车的油耗问题，如工信部第4阶段的油耗对车企而言是非常有挑战性。欧洲的情况也一样，2025年、2030年新的二氧化碳排放法规对欧洲的车辆而言，也有很大的挑战。即使只是降低1%的油耗，对发动机而言都要在系统方面需要做出非常艰辛的努力。如果将油耗降低放在整个交通体系去考虑未来车辆的性能改善，这个空间非常之大。如果未来把所有的东西都网联在一起，那么我就提出来 Tructrain 的概念，我认为这对于车辆未来的技术革新和颠覆有非常大的影响。

东风商用车提出8S的关键领域，包括安全、节能、技术战略等。东风商用车有强大的开发体系，并且正坚定不移地去执行战略体系。当然，东风商用车开发了面向后市场的产品，因为我们进入了保有量的市场。

还有就是协同。目前，中国的商用车行业的协同还不是很明显，不用说跨企业，就连大企业内部的协同做得都不是很好。板块之间的协同，甚至商用车与乘用车之间的协同都不够，我认为这是挑战还不够，如果挑战达到一定的程度，大家会不自觉地寻找这样的协同。从发动机来说，当然发动机会受电动化的影响，发动机和电动化的结合不是谁消灭谁的问题，而是携手取长补短的问题。当然，发动机本身还要做到极致，再配合电动化。

第二个方面是新技术的转型。商用车比乘用车更具备自动驾驶的条件。商用车是装货的，可以不需要人，如果没有人，可以直接跳到L4，在某些场景下，劳动生产效率会得到极大提升。

我们把商用车工作场景分成4个，并且在每一场景都进行了一些探索和示范。

第一个是在公路条件下基于ACC和V2V的编队。2019年，我们做到了3台车V2V的编队形式。当然，车辆本身的技术也都是具备的，包括雷达和摄像头的感知。在这上面，我们还实现了混合动力车辆的开发，本月（9月）实现量产。当然，混合动力车辆的电池费用还面临挑战，但我相信未来能解决这个问题。

第二个是城市内的纯电动车自动驾驶的示范运营。这是当时测试的过程（演示略）。

第三个是示范运营，我们实现了无人驾驶的示范运营。它是比较典型的、低速的、固定线路的自动驾驶，当然也需要有躲避行人、识别交通信号灯的功能。我们在武汉的港口进行了这方面的测试，其中有远端操控、直角倒车等。

第四个就是工地的运行。我认为在工地达到L3是非常具有客户价值的，可以实现24小时运营。它也是一个典型的限定区域，不用考虑信号灯，不用考虑外来车辆和行人，就是车队在固有化道路运行，这是非常有前景的。

第三个方面，是商务方面的转型。首先，客户需求发生了变化，从单一向多元转变，从售前向售后转变。司机最关心的首先是车不要在路上坏了，第二是有故障提前告知，第三是车坏了赶紧告知在什么地方修，并且以最快的速度把它修好。这是客户对于汽车全生命周期的诉求。

物流企业的诉求或者痛点是什么？油耗成本占物流企业的成本比例是比较高的。统计数据显示，对比中国和美国的物流成本中油耗占比，美国大概是3%，中国是13%。我们认为，电动化、混合动力、自动驾驶和网联技术，都可以对降低油耗提供非常好的支持。

从技术进步的进程来看，随着电话线上网或者宽带上网的普及，从技术的互联进而到智能手机的互联用以解决人和人、人和商务的关系,并彻底改变了我们的生活方式、用车方式、购物方式等。当然,基于4G可以解决车载网的问题,5G会实现跨产业方面的整合,也为汽车厂家进一步扩展产业链提供了非常好的基础。

第四个方面,车载电控功能的增加,应该说数据是呈几何级数增加的,包括驾驶员操作、物流、车辆、道路、交通等会产生海量的数据。是谁在控制这些数据呢?是主机厂。主机厂拥有数据的控制和算法的控制能力,实际上,主机厂可以利用这些数据进一步延伸产业链、价值链,解决行业方面很多的痛点。

未来,主机厂的产业链、价值链将进一步延伸,进一步和物流企业联合去解决物流行业的痛点,进一步和自动驾驶的科技公司,包括自身成立的自动驾驶运营中心合作,去解决整个物流行业的效率提升问题。

归纳起来两点:一是未来的商用车要实现零排放、零事故、零等待;二是实现技术转型、模式转型等,让我们携手把未来的商用车做得更加高效、清洁、安全。

嘉宾简介

马增荣

马增荣,中共党员,物流工程硕士,高级工程师。1990年7月—1996年7月,就职于机械工业部管理科学研究所,任助理工程师、工程师,期间借调至机械工业部办公厅部长办公室担任秘书。1996年7月—1998年7月,就职于国内贸易部机电设备流通司,任主任科员。1998年7月—1999年9月,就职于中国物资开发投资总公司,任工程师。1999年9月—2004年1月,就职于国家国内贸易局商业发展中心,任处长。2004年1月至今,就职于中国物流与采购联合会,现任中国物流与采购联合会汽车物流分会执行副会长、物流装备专业委员会主任、托盘专业委员会主任,同时担任中国物流技术协会秘书长。

戴章煜：打造下一代出行方案

戴章煜
采埃孚商用车技术事业部中国区副总裁

我今天的报告题目是采埃孚打造下一代的出行方案。报告分两部分，第一部分是介绍中国市场的变化。我主要想说说"从0到有到强"中"强"。

采埃孚具有系统化的能力，我们的转向、车桥和减振器等产品，都为全球各地最主要、最驰名的主机厂提供标配，我们把这些产品导入中国进行国产化，也在中国大的主机厂得到应用，比如，我们与一汽、东风和福田都有很深入的合作，共同开发，支持中国的主机厂走向世界，配合好中国的主机厂为中国的物流、中国的商用车发展做出贡献。

面对错综复杂的市场环境，我们还需要做出一些改变。以物联网、电动化、人工智能和云计算等为代表的智能化时代即将到来，因此需要快速地打造下一步的出行方案，配合好主机厂的开发和量产，为物流、为商用车和为城市应用做出贡献。

第二部分要介绍的主题是如何打造下一步的出行方案。我们在乘用车的平台领域上拓展开发更多的商用车、特种车等；保持财务的独立，以人为本，多样化地创造盈利；保证持续发展，持续导入更好的产品，进行投资研发，为社会、为商用车行业做贡献。

在市场和技术领域，车辆安全驾驶、集成式的电驱动是一种趋势，目前中美在这方面应该是比较超前的，我们会加大力度与主机厂合作，为中国开发适合中国的产品。

在乘用车、商用车和工业应用细分市场领域，打造下一代的出行方案，为消费者提供更安全、环保和舒适的服务。

采埃孚在"新四化"方面，主要涉及数字化、物联网、电驱动和自动驾驶四个方面。

电驱动将是出行方案的发展趋势。采埃孚认为集成化、平台化和标准化是电驱动必然的技术方向。我们的产品，有集成式的三合一的电机、逆变器与减速器，集成式的方案能够更加节约空间、轻量化，提高性能与性价比。

我们的电机车桥即将在中国国产化，为中国开发适合的产品。

我们的模块式系统完成了混合动力的模块。在发展燃料电池过程中还是要经过混合动力的阶段。在传统燃料发动机的平台上，加上混合动力，应该也可以更好地找到解决方案。

电驱动将是一个趋势，也是最近采埃孚导入中国境内的最大投入项目，我们与主机厂特别是客车厂做好配合，接下来还会在混合动力，以及车桥、轻卡方面跟主机厂开展合作。

自动驾驶、安全和高效率，都是大家所期待的，也是社会更美好所必须达到的目标。采埃孚在这方面推出了用于观察、思考和执行的产品。观察就是像一个机器人，必须有眼睛可以看，那就是我们的雷达、摄像头、感应器，搜集周边的数据，再整合到思考控制器，与主机厂合作开发，一起来分析这些数据，通过控制数据实现整车的安全、高效驾驶，实现零排放、零事故的愿景。

嘉宾简介
戴章煜

戴章煜，1969年4月23日出生于新加坡，现任采埃孚商用车技术事业部中国区副总裁

1994年，新加坡八达公交公司修理厂厂长

1996年，福布斯工程（澳大利亚）有限公司东南亚运营助理＆质量经理

1998—2004年采埃孚东南亚有限公司

1998—2004年新加坡东南亚有限公司主机厂销售大客户经理，东南亚兼中国台湾区域

1999—2001年采埃孚服务（马来西亚）有限公司采埃孚东南亚有限公司分公司总经理

2004年至今采埃孚股份公司

商用车技术事业部　中国区域　首席代表

-2010年提升为中国区负责人

-采埃孚商用车技术事业部中国区转向业务单元负责人

-采埃孚商用车技术事业部亚太区质量负责人

-担任以下公司董事：

天合富奥商用车转向器（长春）有限公司

上海采埃孚伦福德底盘技术有限公司

采埃孚福田自动变速箱（嘉兴）有限公司

采埃孚传动技术（苏州）有限公司

采埃孚汽车零部件系统（上海）有限公司

-担任以下公司管理层成员：

采埃孚传动技术（杭州）有限公司

刘云霞：质量升级——汽车行业高质量发展的新动能

刘云霞
中汽研华诚认证（天津）有限公司
总工程师

今天我分享的主题是"质量升级——汽车行业高质量发展的新动能"，内容包括：新动能开启商用车未来、质量升级激活新动能、分级认证引领质量升级三个部分。

一、新动能开启商用车未来

首先从市场环境、政策法规、行业特点和创新需求四个方面来看一下商用车的环境及未来。

众所周知，2018 年中国汽车产业 28 年来首次出现负增长，影响范围逐渐拓展到商用车领域。据工信部统计，2016—2018 年商用车销量呈稳定增长态势，但是进入 2019 年后，受整体市场环境影响也出现下降趋势。2019 年 1—7 月，商用车累计产销量同比下降 3.5% 和 4.4%。面对销量下滑的态势，迫切需要新动能来刺激和提升商用车的市场活力。

同时，国家政策法规对商用车发展提出了更严格、更开放的要求。比如工信部轻型货车"大吨小标"治理，生态环境部国六排放提前实施，新版 GB 7258－2019 标准即将实施，还有国家发改委、商务部外商投资股比逐步放开等。面对新的法规要求，也迫切需要新动能来确保企业持续满足合规性，以迎接新的挑战。

商用车本身在规划、产品过程管理和服务等方面具有独特性，例如战略规划方面，受国家政策、宏观经济的直接影响比较大。产品特点是品种多样、可靠性需求高。在过程管理上，单款车型产量偏低，对模块化生产的质量管理要求高。在供应商能力方面，目前供应商质量管理体系程度水平偏低。在消费者感知方面，消费者对用车体验、用车收益的关注度高，所以面对商用车行业的独特性，迫切需要新动能来提升商用车企业的精细化管理程度。

党的十九大报告指出，创新是引领发展的第一动力。工业4.0时代的创新呈现加速发展的态势。商用车在产品、技术、模式和服务等方面已经进入创新的快车道。

在新产品方面，电动化、绿色化、智能化和网联化的商用车产品已经成为各大厂商战略布局与产品规划的主要方向。在新技术方面，物联网、大数据和智能制造等技术正在重塑汽车产业，同时也加速了商用车行业的转型升级。在新模式方面，共享卡车、共享物流车等新商业模式已经在行业内逐步推行，装载率的提升将最大化产品使用价值，最小化使用成本。在新服务方面，通过互联网、云平台和APP等，优化商用车后市场服务流程与效率。面对创新提速的趋势，行业也迫切需要新动能来夯实行业创新发展的基础。

二、质量升级激活新动能

从市场环境、政策法规和商用车自身特点以及创新的需求来看，都迫切需要新动能来促进汽车行业的高质量发展。到底新动能是指什么？如何激活新动能？

首先从国际汽车行业发展经验看，国际一流企业的发展历程都经受了数次的环境变化、市场波动、质量危机和创新需求的考验，也都通过多次的质量改进、升级，不断提升质量管理水平，进而持续提升产品竞争力。

丰田公司创造了精益生产方式。精益生产方式的萌芽始于第二次世界大战后，当时的日本经济从战后还没有复苏，缺乏外汇，缺乏廉价劳动力。当时的丰田公司面临着日本市场狭小，市场需要品种繁多、批量小，而且自身也面临着生产技术落后的局面。当时最先进的生产管理方式是福特、通用的大批量生产方式，因此年轻的丰田英二到底特律去学习了三个月。因为日本经济形势、生产技术等各方面的条件限制，他无法采用大批量生产的方式，最终不得不研究适合于自己的生产管理方式，也就是精益生产方式。精益生产方式的成功，不仅使丰田公司渡过了难关，并快速发展超越了福特，而且使日本的经济在战后迅速崛起，成为世界第二大经济强国。

1990年，麻省理工学院的专家学者经过5年的调查研究写了一本书，叫《改变世界的机器——精益生产制造》。这本书出版的背景就是当时召开了一次国际会议研究当时汽车行业面临的问题，要写一本关于汽车未来的书。当时的场景跟今天惊人地相似，我们今天也面临着严峻的市场形势，面临着产业结构调整与转型步伐加快，面临着从高速发展到高质量发展的转型阶段，在贯穿产品质量生命周期的质量管理要求不断提升的前提下，质量升级已经成为中国汽车企业发展的压舱石和助推器。

此外，质量作为产品和服务的核心要素，对创新发展也起着不可替代的作用。70多年前，管理学大师彼得·德鲁克先生就说过，汽车行业是工业中的工业。第一个获得日本戴明奖的非日本人，美国质量学会前任主席 Gregory H. Watson 先生做了大量研究，并在2018年发表了他的论点，就是质量随工业进化而升级。工业进化从1.0时代进化到2.0、3.0、4.0时代，质量也随着升级从质量1.0升级到2.0、3.0、4.0时代。

从汽车行业的发展历史、现状、未来，从实践经验到理论研究，都可以看到质量升级是激活新动能的重要路径。所谓的质量升级就是通过研发、采购、制造、产品、服务多维度举措升级来激活和培育企业新动能，进而推动汽车行业的转型升级。

我国政府高度重视质量升级促进动能转化工作。2019年3月5日，国务院总理李克强在政府工作报告中指出，坚持创新引领发展，培育壮大新动能，围绕推动制造业高质量发展，强化质量基础，推动标准与国际先进水平对接。2017年9月，《中共中央国务院关于开展质量提升行动的指导意见》中指出，激发质量创新活力，促进新旧动能转化，推进全面质量管理、质量升级等活动。2018年1月，《国务院关于加强质量认证体系建设 促进全面质量管理的意见》指出，激发质量提升动能，提升质量认证水平和创新能力。所以质量升级是激活汽车高质量发展新动能的一个重要路径。

那么，质量升级的内涵是什么？如何进行质量升级？作为质量管理的载体，质量管理体系升级是质量升级的核心关键所在。质量管理体系升级是全方位、系统的升级，通过PDCA循环来不断完善质量管理体系，使得企业质量管理体系更加融合高效，全面推动产品质量提升。

三、分级认证引领质量升级

在质量管理体系升级的国家政策导向上，2018年国务院3号文也明确指出，广泛开展质量体系升级活动，打造质量管理体系认证升级版，通过质量管理体系认证的系统性升级，带动企业管理的全面升级，开展行业特色认证、分级认证，重点在航空、铁路、汽车等战略性支柱产业，完善适合行业特点的质量管理体系，推动质量管理向全产业链、全产品生命周期延伸，全面完成质量管理体系认证升级，为广大企业树立质量提升的示范标杆。

在国家认监委的升级试点工作中，有两项分级认证标准已经立项为认证认可行业的行业标准，其中就有一项是汽车行业的分级认证标准。这个标准是结合了汽车行业的特色，融入汽车行业专业知识和最佳实践，对组织质量管理成熟度和质量绩效水平进行量化评价，实现分级认证活动，旨在推动汽车行业质量管理升级，持续提升产品和服务质量。

使用分级认证标准进行认证，可以得到问题清单，然后定量对这些问题进行打分，最终形成量化评价的等级。它可以实现组织内外的横向、纵向比较，是全面的从符合性的评价到水平量化评价的升级，让企业找到自己的位置，找到改进的方向，给企业的发展提供新的动力和动能。

最后是今天的结束语，与大家共勉：汽车行业的高质量发展需要汇聚全行业的智慧与力量，不忘初心，牢记使命，让质量升级成为促进汽车行业发展的新动能，践行质量强国战略，实现汽车强国梦想。

嘉宾简介

刘云霞

刘云霞，中汽研华诚认证（天津）有限公司总工程师，国家注册 ISO 9001 资深审核员、IATF 16949 资深审核员、中国汽车质量技术联盟专家咨询委员会委员。

长期从事汽车设计开发及工艺技术管理、汽车行业质量管理研究及认证审核工作；组织起草了 GB/T 18305 标准（质量管理体系 汽车生产件及相关服务件组织应用 GB/T 19001 的特别要求）、汽车行业分级认证 RB/T 标准（汽车行业生产组织 质量管理体系分级认证 要求和评价准则）、汽车行业质量管理体系成熟度评价系列标准；作为汽车行业试点工作负责人，推动了国家认监委质量管理体系升级版认证标准在汽车行业的实施应用。

12
头脑风暴：双积分背景下的传统汽车何去何从

主持人及嘉宾简介 / 239
双积分背景下的传统汽车何去何从 / 243

随着不限行不限购以及新能源汽车积分等相关政策的推动、汽车企业对于电动化的深入布局、新能源汽车产品竞争力的提升，新能源汽车将继续得到稳定发展，未来将不断抢占原属于传统汽车的市场空间。与此同时，节能和排放法规不断趋严，传统汽车也面临着满足国五阶段燃料消耗量等法规要求的巨大压力。在满足新能源积分要求和燃料消耗量积分要求等多重压力下，目前还占据较大市场份额的传统汽车将如何发展成为行业普遍关注的重点问题。

主持人及嘉宾简介

赵福全
世界汽车工程师学会联合会主席、清华大学汽车产业与技术战略研究院院长

赵福全，博士，清华大学车辆与运载学院教授、博导，汽车产业与技术战略研究院（TASRI）院长。目前主要从事汽车产业发展、企业运营与管理、技术路线等领域的战略研究。在美日欧汽车界学习、工作近二十年，曾任美国戴姆勒-克莱斯勒公司研究总监（Research Executive）。2004年回国，先后担任华晨与吉利两家车企的副总裁、华晨宝马公司董事、吉利汽车（香港）执行董事、澳大利亚DSI控股公司董事长，以及英国锰铜公司董事等职。作为核心成员之一，领导参与了包括沃尔沃在内的多家国际并购及后续的业务整合。

赵福全2013年5月加盟清华大学。现任世界汽车工程师学会联合会主席（2018—2020），世界经济论坛（达沃斯）未来移动出行理事会理事，美国汽车工程师学会会士，中国汽车工程学会首届会士、理事长特别顾问、技术管理分会主任委员，英文杂志《汽车创新》（*Automotive Innovation*）创刊联合主编，中国汽车人才研究会副理事长，以及多个地方政府及多家企业的首席战略顾问。

赵福全作为节目主持人与凤凰网共同创办了凤凰汽车《赵福全研究院》高端对话栏目，迄今受访的汽车行业领袖及知名企业家51人次。他主持开发过近20款整车和改款车型及10余款动力总成产品，主导完成了各类重大战略及管理咨询项目近100项，拥有授权发明专利300余项，已出版中英文专著8部，其中一部英文专著已被译为中文，发表中英日文论文300余篇，在主流报刊媒体上发表产业评论100余万字，在重大论坛上发表主题演讲200余场次，获得包括中国汽车报年度人物、纪念改革开放30年及40年中国汽车工业杰出人物、《21世纪经济报道》年度自主创新人物、中国经济网汽车行业年度人物等各类重大奖项30余项。

董扬
中国汽车工业协会原常务副会长

董扬，男，1956年生，研究员级高级工程师，1984年毕业于清华大学汽车工程专业，获工学硕士学位。曾任国家机械工业局行业管理司副司长、北京汽车工业控股有限责任公司总经理、中国汽车工业协会常务副会长兼秘书长、中国机械工业联合会副会长、国家科学技术奖励评审专家。现任世界汽车组织（OICA）第一副主席。

董扬熟悉汽车技术、行业政策。在中汽总公司、机械部工作期间一直从事汽车行业的科技管理和行业管理工作。他曾主持制定了全国汽车行业"八五""九五"科技规划；执笔《汽车行业中、长期科技发展纲要》，载入国家科技"白皮书"；主持过车用汽油机电子控制系统研究、电动汽车研究，车身开发研究等多项国家科技攻关项目，参与组建联合电子公司，参加中国加入WTO的中美、中欧谈判。在北京汽车工业（集团）总公司工作期间，成功地确立了北京汽车与韩国现代、与戴-克集团的合作伙伴关系。

自2007年9月担任中国汽车工业协会常务副会长兼秘书长以来，董扬提出了建设"中国一流世界知名行业协会"的奋斗目标，主持起草了"汽车强国发展战略"，在加强汽车行业与政府的沟通、反映企业行业诉求等方面做了大量工作。他领导的中国汽车工业协会于2012年顺利通过了民政部5A社团评比，成为中国为数不多的5A行业社团组织。

古惠南
广汽新能源汽车有限公司总经理

古惠南，现任广汽新能源汽车有限公司董事、总经理。从事汽车行业31年，先后在广州标致、东风本田发动机、广汽丰田发动机、广汽乘用车工作。2007年始，参与广汽自主品牌项目建设。现正带领广汽新能源汽车团队，致力于提供世界级移动智能新能源产品和服务，引领智慧绿色出行新方式。在整车和动力总成制造技术方面具有丰富的经验。拥有多项发明专利，并获得"中国汽车工业科学技术奖""中国汽车工业科技进步奖"。

赵冬昶
中国汽车技术研究中心有限公司数据资源中心副总工程师

赵冬昶，男，1983年生，中国人民大学产业经济学博士，高级工程师，中国汽车技术研究中心有限公司首席专家，数据资源中心副总工程师，工业和信息化部新能源汽车补贴清算审核专家，能源基金会、CCTP执委会等多家机构专家委员。

曾参与多项国家社会科学基金和自然科学基金，重点参加完成联合国工业发展组织委托课题《中国汽车节能战略研究》、工业和信息化部委托项目《乘用车企业平均燃料消耗量与新能源汽车积分管理办法研究》《节能与新能源汽车推广政策实施效果研究》《节能与新能源商用车积分管理制度》《汽车燃料消耗量数据管理系统开发与应用》等多项，有效推动了中国汽车节能水平与新能源汽车产业发展；策划并撰写了《中国汽车节能发展报告》《节能与新能源汽车发展报告》系列图书，对汽车产业发展趋势及国家政策等进行深入研究；积极与SAE、ICCT、ACEA等国际机构开展合作，于2017年获得了SAE颁发的"杰出服务奖（Outstanding Service）。"

双积分背景下的传统汽车何去何从

主持人赵福全： 我受组委会委托，主持本小节会议，本节头脑风暴会议的主题是"双积分背景下的传统汽车何去何从"。即使没有双积分的背景，传统燃油车的何去何从也是一个问题。我国新能源汽车保有量目前是300万辆，占总体汽车保有量的比重不足1.5%，实际上，未来传统燃油车如何发展是困扰国家、产业以及所有企业家的最大的难点。企业、产业的生存要靠传统产业，但是如果只抓传统，那只是解决了生存问题，不抓未来，是没有生存空间的。

随着不限行、不限购以及新能源汽车积分等相关政策的推动、汽车企业对于电动化的深入布局、新能源汽车产品竞争力的提升，新能源汽车将继续得到稳定发展，未来将不断抢占原属于传统燃油车的市场空间。与此同时，节能和排放法规不断趋严，传统汽车也面临着满足第五阶段燃料消耗量等法规要求的巨大压力。在满足新能源积分要求和燃料消耗量积分要求等多重压力下，目前还占据较大市场份额的传统燃油车将如何发展，已经成为行业普遍关注的重点问题。本环节将就此展开深层次的探讨。

2018年以来，汽车市场整体持续走低。根据中国汽车工业协会统计数据显示，2019年1~7月，乘用车降幅虽然收紧，但同比降幅仍达到12.8%。传统燃油车占据了汽车整体销量的90%以上，其发展对于整体车市走势的影响较大。行业形势下滑有多方面的原因，其中，节能减排政策要求的趋严给生产端企业造成较大的压力与挑战。

主持人赵福全： 2018年是中国汽车市场高速发展28年来首次出现市场下滑，今年的状态也不太好，未来，传统燃油车到底如何发展、新能源汽车如何走，是所有汽车企业的负责人关心、也是国家政府部门制定产业政策的焦点。那么请问，各位专家从能源动力未来的走向角度，怎么看待这个问题？

董扬： 对中国汽车产业的发展形势，我认为最着急的，不是未来能够领航中国汽车行业的这些企业领导人，而是政府领导，因为汽车产业下滑还会影响其他产业。

中国汽车产业的发展分为两个阶段，一是发展阶段，二是调整阶段，现在汽车产业的发展基调就是调整，被调整的企业日子比较难过。真正做汽车的企业，希望把汽车做好的企业领导人没有这么难过。

数学上有一个概念叫驻点，我认为现在是一个驻点过程，在这样的情况下，中国汽车产业的未来没有问题，因为混事者难以为继了。从现在起，力量比较薄弱的、有明显短板的企业日子会很难过。辩证地看，汽车产业未来发展没有问题，但发展较差的企业会有问题，这些企业的职工会面临比较大的困难。

主持人赵福全： 实际上不是汽车产业发展困难了，而是整体产业发展到了转型升级的关键期。另外一个就是，真正担心产业发展不好的人其实是坐在"副驾驶"上，真正开车的人并没有过于担忧。十年前，汽车产业对国家宏观经济走向的影响并不是很大，而现在已经到了体量较大、发展更关键的时期。请问古总对此如何看？

古惠南： 汽车是一种科技产品，当前正处于科技变革的时期，我是做技术出身，更加关注从技术角度看汽车将如何发展。现在整体的技术趋势是电动化、智能化、网联化，这究竟符不符合中国国情呢？一段时期以来，业界期待中国汽车能够弯道超车、变道超车，现在看看，我们能不能实现这样的目标呢？

大家过去都比较担心动力系统，受制于此，我们一直制造不出世界顶级的汽车产品，但是电动化给了我们弯道超车的机会，现在全球范围内的豪华品牌也纷纷开发电动跑车，因为传统跑车已经达不到最快加速度，在操作平顺度、安静、环保等性能方面与电动跑车也存在差异，过去很多传统车抱怨的东西现在一夜之间不存在了，这让我们实现超车成为可能。我认为，现在需要思考一个问题，在改变现在局面的时候，我们是不是应该从技术上把握，否则又将错过这个机会。国家对于技术的走向不能摇摆不定，否则就会浪费企业的人力、物力、财力，国家在这个时期一定要思考我们的技术走向并且明确下来。

主持人赵福全： 古总是做技术出身，现在是广汽新能源的总经理，曾担任发动机总工程师。这么多年来，我们一直在跟跑，现在想领跑，这是一个历史的机会。但如果骨子里对技术不重视的话，想要实现领跑实际上是一个幻想、一个笑话。

但同时，传统燃油车的发展仍是没办法回避的话题，毕竟当前汽车市场95%的份额来自传统燃油车。下面我们听听赵冬昶博士的看法。

赵冬昶：我的看法相对比较简单，总体来讲，现在没有必要过多纠结于低速或者负增长，因为无论是2004年到2010年的高速增长阶段还是现在的低速及负增长阶段，我认为都是正常的发展阶段，没有必要惊慌，也没有必要纠结。

任何产业都需要动力，动力来源两方面，一个是人，一个是钱，只有两者合起来才能助力市场实现高速发展。在人的方面，目前，我国人口结构发生了很大变化，二胎政策没有取得应有的作用，在这种情况下，一边是老龄人口的持续增长，一边是新生人口持续减少，购车的主流人群（20岁以上50岁以下），从前些年51%的占比下降到当前的47%。在收入方面，或者说储蓄方面，储蓄绝对额一直在上升，但贷款和储蓄的比例一直在下降，也就是说，本来可以用于购车的这部分费用受到挤压了。从这个角度来讲，我们判断一个产业，尤其是汽车产业未来的增量空间有多大，要注意有效人口的问题。目前，千人保有量是141辆，如果只算主流人群的话，这个水平应超过300。从这个角度来讲，未来汽车市场整体的增量空间到底有多大是一个需要思考的问题。增长空间肯定有，增长的机会肯定也有，但绝对不会是过去那样"躺着就能挣钱"的模式了。无论是传统车企还是新能源企业，都需要更加细分对待各自的客户群体，要注重引导、量身定制。就此而言，没有必要太过于纠结当下的市场所呈现出的数据，应该将目光放长远，长远的发展空间仍有，但需要企业做出更大的变革去认清结构性机会。

主持人赵福全：过分担忧解决不了任何问题，不仅中国汽车市场，全球市场都在下滑，我们只是在经历了28年持续增长之后的下滑，有一些不适应。目前核心问题是要认真面对未来，汽车产业也有马拉松式的打法。从长远来看，消费人口的下降，消费结构的调整以及宏观经济的转型速度和国际大形势，让国内汽车市场有大幅调整，面对这种调整，需要汽车企业的智慧。

今年1~7月，传统燃油车下跌幅度很大，而国五排放切换国六排放又在很大程度上让已经很艰难的市场雪上加霜。到底传统燃油车在满足未来更高要求的排放标准方面，技术可行性有多大？

董扬：直截了当地讲一个问题，以现在传统燃油车的油耗，如果不发展电动车的话，将来无法达到排放要求，如果油耗对应的碳排量达到45g/km，应该说基本可以不考虑电动技术，辅助混合动力就可以达到排放要求，但如果对应的碳排量是90g/km的话，无论如何也不能达到要求的。讲这个问题是希望大家别再讨论是否要发展纯电动，因为全世界范围内都已经决定转向电动，而且我们已经先走了这么多步，再怀疑要不要走电动化路线就不合时宜了。电动化一定要走下去。

节不节油、减不减碳，成本便宜与否，中国用100万辆的市场规模说明了这些槛能过，迈过去这个阶段能够达到基本的性价比，这就是1.0时代。在2.0时代，是汽车和能源网的结合，为全社会节能的时代，电动汽车在用电低谷的时候充电，在高峰的时候将电能出售给电网一部分，自己使用一部分，大体上可以认为普通电动汽车的能源调节可以利用电网的剩余波峰波谷，理论上这是可以实现的。

在原来的汽油车时代，采用四轮、车长四米的汽车最合适，现在有了电动技术之后，两米的车子也合适了，两米长的汽油车的价格是四米长的90%，但是电动汽车的价格可以减少到60%，还有可以做两轮车。两轮和四轮汽油车很难达到环保要求，但两轮电动车没有问题，现在全球电动两轮车的市场规模都在增加。我认为，将来电动化以后的3.0时代，减少四轮汽车总数，增加两轮、短途车辆，增加汽车租赁，可以使全国人民享受到更加便利的交通出行。中国千人保有量800辆不可能实现，但我们需要达到美国千人保有量800辆的交通便利，希望中国减少车辆、减少排放，不能以牺牲中国人民的移动性作为代价。

我认为电动化的大趋势是没有错的，我们肯定要去做，而且现在大家也在去做。汽车企业其实心里挺有数，不管媒体如何说，自己要干什么心里很清楚，我认为中国传统企业向电动化转型已经成为趋势，会扎扎实实推进。

主持人赵福全： 感谢董总。实际上不用过分争议纯电动和部分电动化，电气化是汽车产业发展的大趋势，必须是发动机加电机，然后把电池的大小作为变量来组合，满足法规是必要条件，否则车没法销售。在这个基础上，尽最大努力把电动化电气化发挥到极致。

下面问问古总，有一个不争的事实，补贴退出之后，成本问题如何解决？竞争力有了之后，又有安全以及充电难的问题。这由谁来买单？新能源汽车如何在短期内胜出，解决市场销量的问题？

古惠南： 我和大家简单分析一下新能源汽车，首先董会长说了，电动化不需要讨论，要不要做电动化就不说了，那么如何实现电动化，我还是可以提供一点信息的。我在两年前开始做电动汽车的时候，总结出行业的几个痛点。这几个痛点如今是怎样的，我跟大家分享一下。

我认为大家首先关心的还是续驶问题。2017年，250km续驶里程的产品是主流，现在，我们推出了650km续驶里程的产品，仅仅用了两年的时间。这样快速的进步很恐怖，发动机不可能有这么快的进步，因为它的技术已经成熟了。但是650km续驶里程就到顶了吗？我可以告诉大家，1000km续驶里程已为期不远，但具体时间还不能公布，电动汽车发展至今，续驶里程已经不再是核心问题。

第二个痛点就是快速充电和充电便利性的问题。快速充电指的是能不能半小时就结束充电，甚至15分钟。这样的期待，过去是达不到的，因为电池技术不行，快充充不进去，但现在可以。我昨天从北京开车到秦皇岛，4个多小时的路程，中途补电，120kW用的是充电桩，电量从0充到100%也就用了半个小时，大家觉得和加油有什么区别吗？现在充电的速度已经不再是问题。其次就是充电便利性的问题，这个是国家要考虑的。电力是国家资源，土地是政府资源，所以充电的便利性必须由国家考虑。

第三个痛点是质量问题。大家最关心的就是着火问题，但是不要忽视，电池技术进步很快，电池管理系统的进步也很快。国家行业标准要尽快出台跟进，很多时候我们只说要安全，但其实标准还不够。

第四个痛点是成本问题。成本现在下降很快，以电池成本为例，过去一度电达到3000多元，现在下降到1000元左右，一套三合一电机以前成本在3万元，现在约几千元。但是，现在的成本有竞争力吗？这就需要回到国家的技术方向统不统一的问题。技术方向不统一，各个企业不会大量生产零部件，资源无法聚焦。现在传统燃油车成本为什么这么低，是因为批量生产，原材料差异不大，生产工艺差异也不大，但是新能源汽车有纯电、插电，还有燃料电池，不同技术路线，生产线是不一样的，资源分散增加了很多成本，如果这部分资源得以整合，成本的大幅下降就为期不远了。

主持人赵福全： 古总也是直面新能源汽车发展的关键问题，成本、质量、续驶里程等，但是谈到很重要的一点就是技术的进步超过大家的想象。下面请董会长谈谈对充电的看法。

董扬： 首先回答充电问题，最近五年大家私人购买新能源汽车以来，尽管电动车数量翻倍增长，但充电问题没有再加剧。关于充电，一方面是主要靠分散的私人慢充桩，其占比达到70%~80%，我们的目标就是让小区大院尽量安装充电设施，在技术上会有进步，比如把交流改成直流，通过芯片加强对车的监控等。

另一方面，电动汽车作为一个普遍的交通工具，其市场细分、应用模式多变，充电方式也要多样化。大电流高功率快充一定是需要的，但是慢充也是需要的；有接触的充电是需要的，无接触的充电也是需要的。当一个产品进入实用化以后，技术需求应用场景一定要多样化。

我认为电动汽车当前有三大问题，充电问题的解决需要花费最长的时间，可能5年小成，这段时间伴随产品质量提升、运营模式优化、政策逐步落地，10年后大成，20年解决问题，同时还急需技术进步。

另外还有两个问题说一下，一个是成本问题，我认为2025年前后，电动汽车的综合成本与燃油车相当，买车略贵，用车便宜；到2030年，电动汽车将具备成本上的竞争力。再就是安全问题可以解决，这需要行业整体重视，电池企业要重视，整车企业、充电企业要重视，政府监管要重视。

主持人赵福全： 从几位专家的交流可以看到，电动汽车的发展是一个革命，是和汽车产业100多年发展积累下来的东西告别，是一个全新的产业，有很多不仅仅是产品的问题。在长期发展过程中，仍需要不断完善、快速迭代，这是产业重构转型必须经过的阵痛。安全方面，也不是说电动汽车天生就比传统燃油车不安全，但是由于产品正处于起步期，方方面面的系统问题没有办法一步到位解决，从而带来一些安全问题，但这个比例并不比传统燃油车高。

刚才谈了这么多都是新能源，但现在要说的主题是传统汽车何去何从，毕竟这是一个占有量95%的市场，不能完全放弃。所以我想问赵冬昶，你参与了很多政策的制定，从你的角度看如何能够确保"双积分"政策让企业走得更远，而消费者最终是最大的受益者。

赵冬昶： 实际上，这也是我们考虑最多的一个问题，大家也看到了7月9日发布的《〈乘用车企业平均燃料消耗量与新能源汽车积分并行管理办法〉修正案（征求意见稿）》，相比之前最大的变化之一就是把低油耗车的概念提出来，并设计了一系列鼓励低油耗车发展的机制。当然也有很多人在谈，传统燃油车在面临未来油耗合规、积分合规的问题上，确实面临很大难度，因为到下一个阶段（2021—2025年），中间有很多的挑战和风险。

首先，看不太清楚未来五年新能源汽车发展的持续性问题或者说风险问题，因为新能源汽车补贴要退坡，我们没办法做准确判断，因此先看到2023年。选这个时间作为节点是有一定依据的，从2021年正式步入第五阶段油耗标准考核期，几乎所有企业在2021年之后，都将面临非常严峻的油耗合规压力，连现在表现最好的上汽集团到2023年也面临全面油耗负分的形势。在未来的发展过程中，可选的路径有两条，一条是发展新能源汽车，这是目前中国品牌企业做得最多的事情，另一条就是在传统汽车上发力，比如发展48V、P2混动结构、常规混合动力、其他代用燃料汽车包括甲醇汽车都纳入考虑。

从企业的角度来讲，这些是要计算的，比如前一段时间讨论非常之多的低油耗车的问题。一辆低油耗车满足相应的标准，可以在豁免新能源汽车积分方面有0.2倍的系数，这并不影响新能源汽车的路线。相反恰恰是为了有效认知、化解未来新能源汽车可能出现的一些风险所做的一道双重保障。另外，从0.2的系数来看，企业生产一台常规的混动车型，在豁免新能源汽车积分上最多不超过0.15个积分，这就相当于一辆常规的混合动力车等于新能源汽车的0.05辆。

有人会问，在未来发展过程中，纯电动、插电式以及普通混动各类技术路线之间的发展脉络是什么？其实根本还是核算成本。比如，PHEV在现行征求意见稿里是1.6的分值，不仅如此，在核算传统车油耗时，基本上可以降低7~9分，算下来，一辆PHEV车型大概是10分值，而一辆混动车型最多只有1.5个分值。鼓励低油耗车和传统燃油车的发展并不会降低新能源汽车发展力度，这是最基本的原则。

从合规成本来看，一辆插电混动车型折算到单车合规成本，大概4700多元，一辆常规的混动车型，大概需要15000元，纯电动车型大概需要3000元，对比一下，不同的发展路线单从积分合规角度来看差异巨大。从系统成本、传统汽车整车制造成本等方面考虑，在2027年左右预计两种类型车辆的成本会持平。所以，未来的路径留给大家的时间比较紧张。

为什么要促进传统燃油车和新能源汽车协调发展，最根本上还是要从成本、技术经济性的角度探讨一下各种路线的可行性以及可以进行技术扩散的时间点。或者是2023年或者是2027年，但不管怎样，到2035年一定是纯电驱动为主的路线，这个过程中需要解决生存问题，生存就是成本的问题。

主持人赵福全：地球变暖是不可回避的事实，将来考虑碳排放的时候不是油耗，是能耗带来的碳排放增加问题。我们的新能源汽车如果是600km续驶里程，一个人使用是600km，五个人使用也是600km，这就存在问题。实际上，基础设施的问题如果解决，短续驶里程也并非不可行。我还是想让古总回答一下，未来如何让电动汽车真正跟传统燃油车有一拼。

古惠南：现在新能源汽车发展，有三大核心特征。第一是政策市场，它是国家战略支持下发展起来的一个行业。第二是依赖行业的支持，比如出租车、网约车等。第三是地域性特征，各个地方有各个地方的政策，这些都会造成新能源汽车发展的速度、质量、成本等各不相同。

单一的企业做这件事情,我认为是劳民伤财,如果仅仅是因为兴趣做,根本没必要,因为拥有传统燃油车95%的市场就满足企业发展需求了,为什么要进入5%的新能源汽车市场?这是矛盾体,这5%的份额哪怕我不要,企业就会倒闭吗?所以,这是政策的引导。

主持人赵福全: 实际上这也是很多企业举棋不定的核心原因。从企业的角度也要考虑将来可持续发展的问题,当然也有企业的社会责任问题。从另外一个角度,实际上像古总这样从传统燃油汽车企业走出的人士,主导新能源汽车发展更有巨大压力,有几辆车着火、补贴退坡就唱衰是很可怕的事情,毕竟是真金白银投进去了。

下面请董会长做一下总结。

董扬: 我希望今后的政策一定要稳定、透明,新能源汽车发展需要稳定的环境。同时,政策执行要严格,不要求上得中,否则是对严格者执行者的不公平,对先行者、自觉者的不公平。最后,各个政府部门的政策要考虑相互协调,指向同一个目标,不要互相矛盾,否则企业在执行层面会遇到问题。

主持人赵福全: 汽车产业正处于一个变革时期,需要有新打法。这其中,既有产业发展过程产生的问题,也有社会发展过程中产生的问题,解决产业发展遇到的问题,不再是简单老药装新瓶就能解决的。当前汽车产业发展形势发生了巨变,在这种情况下,能源的转型、互联网的转型,包括传统造车理念的转型,都是我们必须面对的现实。在产业转型的时候,我们会面临各种问题与变化,比如,会出现新的供应商,既有硬件领域的也有软件领域的,基础设施发生变化,国家产业政策调整消费者接受度等问题。关于这些问题,仁者见仁,智者见智,立场不同,高度不同,会得出不同的结论。

总而言之,中国汽车产业要允许"万马奔腾"。

13
头脑风暴：
移动出行的春天在哪里

主持人及嘉宾简介 / 255

移动出行的春天在哪里 / 258

共享经济的出现，催生了移动出行这一将汽车与互联网融合的新概念。移动出行提升了城市交通的效率，缓解了出行难的痛点，极大提升了用户体验。各领域企业纷纷展开布局，移动出行运营商已取得市场先机，汽车企业正在从传统汽车生产商转型为移动出行服务商。虽然移动出行取得了较快发展，但仍存在诸多问题，盈利模式不清晰，企业之间的跨界融合存在较多壁垒，部分企业开始退出市场竞争，移动出行的春天在哪里？

主持人及嘉宾简介

孙勇
中德诺浩汽车职业教育研究院院长

孙勇，中德诺浩汽车职业教育研究院院长。1990年毕业于北京大学行政管理系，2007年获北京大学光华管理学院高级管理人员工商管理硕士（EMBA）。拥有12年汽车媒体工作经历，曾任新华社所属《经济参考报》《汽车周刊》编辑部主任、《人民日报》旗下《中国汽车报》副总编辑；10年汽车企业工作经历，曾任奇瑞汽车经管会成员兼销售公司总经理、南京菲亚特副总经理兼商务部总经理、国机汽车（中进汽贸）董事兼副总经理。

程国华
交通运输部公路科学研究院副研究员、
全国城市客运标准化技术委员会副秘书长

程国华，交通运输部公路科学研究院副研究员，全国城市客运标准化管理委员会副秘书长，长期从事交通运输领域政策、法规、规划等方面研究，研究重点方向包括出租汽车、汽车租赁、城市公交等相关政策研究，全程参与《国务院办公厅关于深化改革推进出租汽车行业健康发展的指导意见》、交通运输部等7部门《网络预约出租汽车经营服务管理暂行办法》以及《交通运输部 住房和城乡建设部 关于促进小微型客车租赁健康发展的指导意见》的起草，负责《网络预约出租汽车经营服务规范》《巡游出租汽车经营服务规范》等交通运输行业标准的修订，主持多项交通运输战略规划政策研究、标准规范研究项目，获中国公路学会科技进步一等奖一次、二等奖两次。

谭奕

北京首汽智行科技有限公司 GoFun 出行 CEO

谭奕，GoFun 出行 CEO。拥有品牌营销管理及零售运营管理实战经验，任职市场与销售各职能高级管理岗位，谙熟并精通中国及亚洲各国快速消费品市场的运作格局与策略，具有独到和深刻的消费者洞察经验。曾任职美丽说集团首席营销官；北京小鱼儿科技合伙人兼市场副总裁；利洁时（中国）投资有限公司政府事务及市场战略拓展总监；《职来职往》《非你莫属》招聘官；摩托罗拉、可口可乐、巴黎欧莱雅、宝洁等世界500强公司品牌营销管理及零售运营高级管理岗位。

建立首汽 GoFun 创始团队，带领团队在一年内成为行业领先者。

岳殿伟
华夏出行有限公司党委书记、总经理

岳殿伟，华夏出行有限公司党委书记、总经理。

岳殿伟曾带领国内知名5A级旅游企业，在几年内实现了营业收入翻番、利润指数级增长、资产翻六倍的成绩。作为华夏出行的领导者，他对出行领域有着深刻洞察。他打造的"摩范出行"分时租赁产品仅用半年时间跃居行业规模前列，并获得"2018年度中国共享经济年度领军品牌"殊荣。他被授予"2018年度中国共享经济年度领军人物"荣誉称号。

郑赟
罗兰贝格管理咨询公司全球合伙人、大中华区副总裁

郑赟，罗兰贝格管理咨询公司全球合伙人兼大中华区副总裁、汽车行业中心负责人。拥有10年以上管理咨询和行业管理经验，是汽车行业战略咨询领域专家。

郑赟在汽车行业价值链的多个领域拥有深入且丰富的项目经验，覆盖从生产制造、市场营销、后市场到移动出行、汽车金融、二手车等多项课题。此外，他对并购后整合及投资组合管理等均有深入研究。

教育背景：

- 欧洲工商管理学院，工商管理硕士
- 新加坡南洋理工大学，电子电气工程学士

移动出行的春天在哪里

主持人孙勇： 本环节头脑风暴会议的主题是"移动出行的春天在哪里"。

共享经济的出现，催生了移动出行这一将汽车与互联网融合的新概念。移动出行提升了城市交通的效率，缓解了出行难的痛点，极大提升了用户体验。各领域企业纷纷展开布局，移动出行运营商已取得市场先机，汽车企业正在从传统汽车生产商转型为移动出行服务商。

虽然移动出行取得了较快发展，但仍存在诸多问题，如盈利模式不清晰，企业之间的跨界融合存在较多壁垒，部分企业开始退出市场竞争。

移动出行的春天在哪里？本环节将就此展开深层次的探讨。

从 2018 年开始，移动出行这个概念越来越多地出现在汽车企业的规划中。跨国公司包括丰田、戴姆勒奔驰、大众都设立了新的出行战略；国内车企包括一汽集团、广汽集团、长安汽车等都明确提出了向移动出行服务公司或移动出行科技公司转型的目标，移动出行越来越受行业关注。

尽管移动出行从用户角度来看越来越有需求，越来越有市场，但从运行的状态来看，目前包括滴滴在内的网约车公司一直在亏损，同时，分时租赁业务也在萎缩，只剩下几家还在勉强维持。其他的移动出行模式，比如 P2P 出租、顺风车模式处于基本停滞的状态。今天的第一个问题比较具有挑战性，想问问在座的嘉宾，共享移动出行究竟有没有盈利的可能性？

程国华： 2018 年移动出行的市场交易额不到 2500 亿元，2017 年为 2000 亿元，增速约在 20% 的水平。

这两年随着移动互联网的快速发展，共享出行的发展非常迅速。从近期交通运输部公开的数据来看，有 140 多家网约车平台公司在部分城市获得经营许可，这个数字还在增加，驾驶员从业资格证发放已达 150 万个，取得合法资质的网约车车辆超过 70 万辆，全国的巡游车 130 万辆，发展很快。

但共享出行也有一些问题，第一个问题是，看着市场很红火，但是不赚钱。网约车不赚钱可能有政府管理方面的原因，也有企业运营的原因。一些主要平台公司亏损严重，大量投资用于补贴。而共享汽车也有很多问题，包括充电设施、网点布设，以及交通违法处置的问题等。

我个人认为目前的共享出行有些背离初衷，我认为共享的前提是提高存量资源的利用效率。目前无论是网约车还是共享汽车，大多是新增的，这样就造成市场的过度投放，甚至造成资源浪费。第二个问题，共享出行还是属于城市交通领域，从这个层面来讲，要解决老百姓的出行问题，要从城市综合运输体系考虑，更加科学合理地构建城市综合交通的体系，依靠公交、地铁解决老百姓出行需求。

主持人孙勇：谢谢程秘书长，刚才讲到非常重要的观点，现在不管是汽车还是单车的共享出行，很多是增量。而从移动共享出行角度来说，需要把存量盘活，否则新的投入成本就高了。怎样动员更多的存量参与共享出行，提高运行效率，确实是一个重要的课题。

从运营企业看这个问题，请谭总分享一下。

谭奕：运营盈利问题回归本质如何看？可从两个角度分析这个问题，一个宏观，一个微观。

宏观来讲，要看共享出行在整个大的交通业态中的定位是什么，如果定义为市场经济，公共出行价格是在整体管控和调控之下的，势必意味着新业态和新出行方式的定价体系遵循主体和主流的、现行的公共出行定价体系，不会完全市场化；中国老百姓在出行方面的预算和花费是有限的，这就决定了如果把共享出行当成公共出行的新业态和生意去做，盈利不可持续，从宏观大交通管理上来讲，定位不够清楚，还没有得到充分的市场该匹配的投入产出比的状态。

从制造端和消费端来讲，从主机厂、市场、二手车处理到老百姓出行成本的花费，这两大因素不调整好的话，商业模式整体盈利很难。

微观来看，作为出行企业，必须找到自己的定位和空间。GoFun出行有4万辆车，运营三年多，在全国覆盖80个城市，40个城市自营，40个城市是加盟的。最新数据显示，我们已经有70%的城市实现盈利了。

至于盈利的重要破局点，一是增收，二是降本。增效多收，要精准定价，精准调度，让使用率匹配率提升；降本方面，共享出行最大的成本是车，现在整个环境卖车越来越难的情况下，OEM 端的成本压力大，这对于运营企业来说则是一个红利，能以更低价格购入车辆。

主持人孙勇： 谭总很诚恳，我听出了话外音，第一个是宏观上老百姓在吃穿住行方面的支出意愿有限，如果从大的公共出行领域为现在的共享出行重新定位，我们有可能将价格上调，作为一种个性化的需求。

第二个是企业的经营策略，抓住现在车价低位的时机，用比较低的成本来运营公司，是一个非常重要的机会。GoFun 出行通过降低购车成本及运营成本，在相当一部分城市实现了盈利。

岳殿伟： 盈利问题目前确确实实是共享出行领域面临的非常尖锐的问题和矛盾，华夏出行是北汽集团的二级企业，成立 28 个月，但真正投入第一辆共享汽车已超 24 个月。华夏出行的分时租赁业务，称为摩范出行，已在 50 个城市运营 42000 辆车。还有一个北京出行成立时间更早些，主要为政府机关服务。今年 4 月，华夏出行还在成都成立了华夏 318 越野自驾公司，以北汽越野车为主，主要涉及中国泛西部地区越野自驾，覆盖云贵川等区域。今年 6 月 28 日华夏出行旗下新能源同城物流业务摩范速运正式上线。此外，华夏出行旗下的商旅出行服务业务华夏行达发展也非常迅速。同时，华夏出行还有网约车业务，我们与滴滴携手成立的华滴网约车公司，运营近一年效果不错，明年有计划在网约车领域继续扩大。

华夏出行为什么涉及这么多领域？当初成立华夏出行的时候，意在成为综合出行服务商，覆盖全出行产业链。

华夏出行的商业模式已经确定，盈利模式正在努力探索之中，华夏出行不谋一域谋全局，互相引流、转化、提升、支撑。可以汇报的是，今年 6 月 28 日上线的摩范速运，已经在全国 8 个城市投入运营，目前为止投放 1725 辆新能源物流车，处于盈利状态。城市物流是刚需，是不可替代的，年底我们还要继续投入，达到 3000 辆，2020 年要达到 20000 辆。

摩范速运效果很好，反过来支撑摩范共享出行领域。

另一方面，华夏出行旗下的公务出行品牌北京出行 2018 年以前存在亏损，但是今年已经盈利。此外，摩范出行全国 50 个城市，现在也有两三个城市成本覆盖率基本上接近零。说到共享出行盈利，首先要解决好三座大山，第一是车价，这是重资产，采购的成本一定要控制好；第二是保险，一辆车一年商业全险需几千元；第三是运维，每月单车运维成本大概500~700元，包括清洁、保养、充电等。这三座大山如果不解决，共享出行想要盈利是非常之难的。

华夏出行如何解决盈利问题？第一，作为北汽集团的直属企业，在车辆成本控制上能够得到很好的控制，要么租要么定制化，华夏出行在这方面有自己的优势。第二，保险方面，华夏出行正在和保险公司探讨，推出结合共享出行行业特色的险种，大幅降低保险费用。第三，引入航空公司推出的收益化管理，最大限度让车跑起来，提高资产使用效率。这三方面成本占了整个运营成本的60%~70%，如果这一比例能够降下来，我想盈利应该没有问题。目前，华夏出行全面进入了"精细化运营、精细化管理"的发展阶段，用收益管理理念，最大化资产的使用效率，收效明显。

主持人孙勇：谢谢岳总的分享，华夏出行在综合的出行服务产业链方面的经验值得很多汽车厂家参考、学习。下面我们有请郑总分享一下一个国际顶尖咨询公司是怎么看待网约车的盈利问题的。

郑赟：共享经济的出现，催生了汽车与互联网融合的新概念——移动出行。移动出行提升了城市交通的效率，缓解了出行难的痛点，极大地提升了用户体验。各领域企业纷纷展开布局，移动出行运营商已取得市场先机，汽车企业正在从传统汽车生产商转型为移动出行服务商。虽然移动出行取得了较快发展，但仍存在诸多问题，例如盈利模式不清晰，企业之间的跨界融合存在较多壁垒，部分企业开始退出市场竞争。那么，移动出行的春天究竟在哪里？

回顾汽车产业的发展历程，从发明汽车到未来的自动驾驶场景，始终是两大核心要素在驱动行业的发展——不断进步迭代的技术和持续演变的消费者需求。在移动互联网渗透率高、消费者对于新生事物接受度高、产业受到的政策支持丰富、庞大的基盘市场支撑、创新商业模式涌现、资本活跃的中国市场，也从2014年起迎来了崭新的移动出行时代，以网约车和分时租赁为代表的移动出行业态快速发展，改变了消费者的出行习惯。我认为，以网约车出行为典型代表的移动出行革命上半场竞争已经基本结束，全国性的网约车服务平台，占据区域优势的网约车服务平台形成了市场份额相对稳定的状态。接下来，将迎来主机厂和移动出行平台深化竞合关系，以流量为核心优势的出行服务聚合平台，移动出行平台试图主导产业生态，场景化自动驾驶加持下的分时租赁业务，以及为各移动出行服务平台提供完整管理及运营解决方案的独立第三方服务商……它们将组成蓬勃发展的移动出行下半场革命。

与此同时，中国消费者在全场景自动驾驶服务的终局到来之前，仍将维持以自有车辆满足综合多场景出行，深化使用多样化的移动出行服务来构成综合出行解决方案，这就是罗兰贝格汽车团队提到的 1 + Mobility 的出行定义。对于主机厂、核心零部件供应商、移动出行服务提供商、汽车产业的新进入者来说，把握好各自的核心优势，充分借力合作伙伴来提供相应的移动出行解决方案将是未来 10 年的核心议题。

我对移动出行/共享出行的整体发展非常乐观。在行业发展过程中，随着消费者需求的不断迭代和技术的持续更新，以及运营层面的问题得到改善，移动出行将大有可为，市场会进一步蓬勃发展。我认为，在完全自动驾驶时代尚未到来之前，即前自动驾驶时代的稳定期，主机厂仍有非常大的先发主导优势，但必须构建新的业务生态体系，才能立于不败之地。预计到 2030 年，整个汽车产业大价值链撬动点分布将从前期研发、制造与销售，转移到以后市场、用车服务等核心环节，而在这个价值转移的过程中，用车服务这一核心板块又是其中增长速度最快的，收入利润占比达到约 15%。因此从长远来看，以移动出行为核心所能撬动的行业发展前景可观。

主持人孙勇： 从汽车产业链的发展历史看，整个汽车产业利润从研发、制造、销售到服务后市场不断向后转移。从这个角度来看，移动出行应该说非常有前景，在这个过程中，判断盈不盈利，可能不仅仅要移动出行这个版块，还要从整个产业链条里面看比例关系。听了郑总的发言之后，我想很多投资公司应该要投移动出行。

刚才还谈到合规成本的问题，现在看来，罚款在整个移动出行公司的成本中占比较大，在政府监管方面如何实行包容性监管，还请程秘书长聊一下。

程国华：合规是基本前提，因为这在法律上是有规定的。客观讲，对于新业态，政府反复强调要包容审慎地监管。

以网约车为代表，政府对网约车的监管体现了网约车的独特性，是对网约车量身定制地采取了一些监管方式，如传统巡游车严格数量管制，网约车规定排量但是没有数量限制。

第二个是价格限制，对于传统巡游车，政府定价成为最主要的制约因素，网约车则没有，客观上讲，政府已充分考虑了网约车的一些新业态特点。至于罚款，合规是基本的底线，是法律的底线，从保证安全来讲这也是一个底线。

主持人孙勇：关于移动出行，包括网约车发展的问题，不仅站在企业盈不盈利的角度考虑，还要考虑消费者的安全。在这一过程中寻求平衡，要试试量身定制，在不同的阶段出台不同的方法促进行业健康发展。

现在讨论第二个问题，在移动出行方面，主机厂到底有什么优势？优势是不是比互联网公司、新势力更为明显。

岳殿伟：为什么这么多主机厂包括百年企业都在加强向出行行业转型，我觉得从市场需求、技术来看，是因为汽车产业的发展已经到了这个阶段。主机厂有车辆定制化的优势，可做好车辆的加减法，根据共享出行定制车型，该减的减该加的加，如私家车需要的天窗对于移动出行则没有必要，这可降低车辆的采购成本。

另外，将来共享汽车不是简单的工具，而是移动工作生活平台。我想这会很快实现。华夏出行与北汽集团正在做自动驾驶、无人驾驶，我们已与一家公司签订了战略合作协议。

主机厂转型移动出行的优势，还包括庞大的经销商网络。这些经销商寻求从单一的卖车、售后服务，往移动出行方面转型。我们成立华夏出行二手车公司，就形成了一个封闭型的运行，这都是主机厂的优势。

主持人孙勇：主机厂往移动出行服务商转型，在这个过程中，可能还不仅仅是主机厂本身投资参股移动出行服务公司，还带领经销商集团和经销商加入这个行业。如果以华夏出行为引领，更多合作伙伴加入，整个主机厂的体系往移动出行服务商靠拢的可能更大。

谭奕：其实我觉得主机厂优势很明显，当消费行为、出行习惯、资产持有观点等外界环境改变的时候，在市场条件不成熟的情况下，主机厂在OEM没有其他抓手前提之下，自己做是一个自然的结果。

第二，实际上也是从知识角度来讲，传统OEM积累与制造相关的价值，缺的是对同类问题的大数据综合。我认为共享出行的出现可以让整个汽车的价值链增值，改变汽车产业链的分配，未来的发展可期。

主持人孙勇：谭总的看法是"这是被迫的"，同时强调术业有专攻，主机厂是造车的不是专门做服务的，这方面的经验比较欠缺，下一步如何发展拭目以待。最后一个问题，大家知道移动出行确确实实有很大的空间，将来OEM生产了车，一种是卖给平台，一种是卖给私人，你们认为将来卖给平台的比例会占到多少？

郑赟：如果没理解错的话，这个问题可以理解为在什么时候移动出行的状态会相对比较稳定，同时在这个时间点上主机厂卖给B端和C端的比例是多少？在我看来，这个恒定的时间节点发生在完全自动驾驶没有切入之前，即前自动驾驶时代的稳定期，在这个点上，其实主机厂从当下到那个时间节点，至少在2025年或2030年之前有非常大的优势，主要做2B（平台）和2C（服务者）的转换。在这样的时间节点，站在主机厂的视角，取决于有多少车是到平台客户，或者私人客户。在完全自动驾驶之前，1＋M一定存在的，只不过1的量上升比较慢一些，M的量快速爬升，这里有效率的问题，移动出行公司服务好的话，1辆车可满足8～10辆车的用车要求。主机厂卖给C端客户的量占绝大多数，只不过有相当一部分C端客户的车辆利用率进一步下降。

谭奕：我同意郑总说法，没有太大的异议，补充两点，我个人认为在中国实现无人驾驶出租车的状态非常远，在个别城市先实现是可能的，这是一个转折点。

第二点，C端依然是主流，我同意，移动出行的车辆需求只是补充，在C端，车辆使用率越来越低，经销商可能就会和OEM参与移动出行业务，提升移动出行业务的份额。从物权来讲，未来很长一段时间里，车辆以个人物权为主，但是移动物权比例会增加。

主持人孙勇： 有两个观点要高度重视。交通部门倡导移动出行是公共交通很重要的组成部分，您认为移动出行在公共交通领域里，C端和B端的新车比例会怎么变化？

程国华： 一样是以C端为主。我个人认为未来还是以私家车、个人购买为主，但是确确实实随着共享汽车的发展，随着城市公交的发展，私家车使用的频率要降低。无人驾驶上半场以车的智能为主，智能车的投入很大，缺乏场景，离商业化似乎还是遥遥无期；下半场，基础设施将发挥作用，车路协同作为路线被更多的人接受。未来通过信息轨或信息基站（类似手机基站），把车与车之间的信息连接起来，这对出行方式将产生根本性改变。

主持人孙勇： 即使个人拥有汽车，但是由于使用成本增加，使用频率减少，相应来讲，移动出行平台的车辆使用率会慢慢提高。

岳殿伟： 各位讲的未来，短期内还是以C端客户为主，但是随着汽车驾驶技术，特别是自动驾驶技术日趋完善，B端客户会越来越多。刚才谭总说得有一些悲观，我对无人驾驶出租车充满希望。春秋航空，原来只是一个春秋旅行社，现在经济效益非常好，为什么？就是把旅游、跨界航空做起来，互相引流、互相提升。作为主机厂，也要跨出这一步。

主持人孙勇： 对科技进步充满信心，随着科技不断进步，2B2C的商业模式将发生很大的变化。

我觉得调研结果形成了，这将影响未来我们怎么预测市场。关于移动出行春天在哪里的讨论非常深入，综合的观点是移动出行市场非常有前景，第一，B端用户的比例会不断增加，C端客户即使有增长也是微增。第二，在移动出行实现盈利需要很多的因素，但是最重要的是把我们自己可控的因素部分做好，尽管政策具有不确定性，但是在这一领域还是大有作为的，我希望更多的资本更多的人关注移动出行市场，相信这个市场一定有美好的前景。

14

产业新锐说：
创新孕育新动能

刘　奇：助力车险科技变革 / 269

周　淳：创新驱动未来 / 272

王　哲：新能源变革中的"无线"机会 / 276

兰志波：让电动出租车跑起来 / 278

当前，汽车产业正处于深度变革期。传统汽车企业之间通过资源优势互补加强协同创新，成为提升企业竞争力的重要选择。此外，汽车产业在智能驾驶、人机交互、网联化、新能源等领域的快速发展，为汽车产业的跨界融合提供了难得机遇，催生了产业发展的新业态和新模式，并且孕育了一批新锐企业，其在各领域的技术突破与实践成为行业关注的焦点。

刘奇：助力车险科技变革

刘奇
径卫视觉科技（上海）有限公司
副总裁兼首席战略官

人工智能大数据的发展已经到了可以跟行业产生深度融合、产生巨大价值的时候，现在 AI + 数据可以把风险、人、车、路实时地量化出来，做到数据可视化，为车队安全管理提供了非常有力而且精准的手段和抓手。我今天演讲的题目是助力车险科技变革。

近年来，全球道路交通死亡人数继续上升，每年造成约 135 万人死亡。从每 10 万人道路交通死亡的人数来看，中国是 18.2，美国是 12.4，全球这方面做得最好的国家——瑞典每 10 万人道路交通死亡人数是 2.8。

再深入分析一下货车交通事故，最典型的货车相关交通事故包括追尾、货车偏离道路造成翻滚、货车跟电动车和行人等发生碰撞的事故等，这些事故往往都非常严重。

每一起致命的事故，通常伴随着 29 起轻微伤害的事故，与 3000 起不安全驾驶行为，所以我们要改变危险的驾驶行为。

径卫视觉的很多客户是物流企业、车队。物流企业的痛点一是多、小、散、弱，中国道路运输企业大概有 650 万家，注册的运营货车大概是 1356 万辆，平均每家企业只有 2.1 辆车，这么小规模的企业是不可能有非常好的安全管理的。二是以罚代管，过去很长时间内物流企业不超载就不挣钱是事实，超载就罚钱，罚完钱就可以上高速，这造成了驾驶人产生多拉快跑的冲动，造成非常多的疲劳驾驶和分心驾驶的事故，这就是物流业之痛。

我们今天的主题是物流保险，车险传统模式为车队和驾驶人提供了非常好的保障，我们还要看到车险存在着一些不足，比如说"挑肥拣瘦"，保险公司总是找历史赔付率比较好的车承保，但是这会造成保险覆盖面比较窄，而且一旦承保了这些车，保险公司能做得相对有限，是听天由命的状态，不知道这个驾驶人开得好不好，车队管得好不好。对于整个车险行业来讲，经营压力非常大。2018年车险做得最好的公司是平安保险公司，当年车险保费大概为1820亿元，但是盈利率只有2.6%。

除了头部的几家保险公司可能在车险上还有非常薄的利润之外，其他的保险公司都是亏损的。如果再看一下细分领域商用车（尤其是重卡）的车险，这个情况更加糟糕。重卡车险赔付率大概为70%，重卡保险业务在保险公司面前一直是鸡肋。做了会亏损，不做的话，每辆重卡的车险保险约2万元，对于保险公司扩大规模也是非常关键的。

上面是站在保险公司的角度讲的，如果站在客户、用户的角度来讲，什么样的客户是保险公司最好的客户？答案是从来不出险的客户。对于从来不出险的客户来说，保险公司每年就联系你一次，那一次也是请你买下一年的保险，而且这个保险的产品基本上非常同质化，造成了客户对于保险公司的忠诚度非常低。

这里有一个数据，中国车险的续保率大概是40%，在欧洲、在美国做得好的保险公司续保率可以做到90%，究其原因还是客户感受不到保险公司提供的保险产品的独特价值，这是核心的问题。

未来的车险应该是怎样的？我们认为首先未来的保险公司一定是一个由数据驱动的科技公司，可以非常明确地量化地对每一起保险背后的数据进行分析，有着非常强的产品定价能力。打个比方，如果说数据已经证明你是一名非常安全的驾驶人，保险公司就敢于给你推荐一个非常便宜的保险。

其次是做到减量管理，就是主动介入被保险标的的风险管理中去，对于车险而言，提供的服务应该影响或者改善驾驶人的驾驶行为，从根本上降低风险的总量，这是减量管理。

如果可以做到这样，保险公司就从一个被动的事后理赔人，变成一个主动的风险管理者，从亡羊补牢到防患未然，就可以做到整个行业的降本增效。未来的保险一定是针对驾驶行为的保险，是可以帮助驾驶人变得更加优秀的保险。

那么，怎么做到这一点？我们认为是技术＋管理，两头都要抓。人工智能、大数据发展到今天，已经到了可以与行业产生深度融合、产生巨大价值的时候，现在，AI＋数据可以把风险、人、车、路实时地量化出来，做到数据可视化，为车队安全管理提供非常有力而且精准的手段和抓手。

径卫视觉现在倡导的一整套的车队安全管理解决方案，从驾驶人出车开始，就可以对驾驶人进行身份识别，看看是不是授权的驾驶人，监测到不安全的驾驶行为可以现场报警，把这一事件记录下来上传到平台端，对驾驶人、车队进行打分，对于做得不够好的驾驶人进行培训。这个闭环可以帮助驾驶人变得更加安全，一旦发生不幸的事故，这些智能设备也是可以第一时间把事故记录下来，保存下来上传到平台，如果事故不是特别严重，可以迅速地进行责任判定，现场赔付，给车队、驾驶人和保险公司降低成本、节省时间。

嘉宾简介

刘奇

刘奇，博士，毕业于清华大学汽车工程系，长期从事汽车及道路交通安全研究，曾任职于上汽乘用车及沃尔沃卡车公司，具有10余年汽车安全产品研发及前瞻技术战略规划经验。2018年8月加入径卫视觉，负责公司中长期发展战略规划及实施，致力于用人工智能和大数据技术提升道路交通安全。

2014年，刘奇加入沃尔沃集团，先后担任沃尔沃卡车前瞻技术与研究部（Advanced Technology & Research）高级经理以及自动驾驶部（Vehicle Automation）中国区负责人，负责与中国相关的所有研究项目，项目范围涵盖主动安全和车辆动力学、自动驾驶、人因工程、交通事故研究、被动安全和轻量化等，制定针对中国的前瞻技术研发策略和技术路线，与国内政府部门及科研机构有长期深入合作。期间，兼任中瑞交通安全研究中心（China-Sweden Research Center for TrafficSafety）科委会成员，SAE-China智能网联商用车工作组成员，中国深度事故调查项目（CIDAS）沃尔沃集团负责人，《汽车安全与节能学报》审稿专家。此前，在上汽技术中心安全工程与虚拟技术部，刘奇负责了上汽荣威/MG旗下多款车型的约束系统集成及行人保护系统开发。

周淳：创新驱动未来

周淳
保时捷（上海）管理咨询有限公司
合伙人

我们是保时捷旗下专注于做管理咨询的全资子公司，服务对象既有集团内的客户，包括保时捷、大众、奥迪、斯柯达这些品牌，也服务于主机厂之外的供应商。

创新这个范围非常广泛，大致有三类：一是产品创新，二是商业模式的创新，三是流程创新。

首先讲产品创新。

从主机厂的角度来看，产品依然是今天主机厂所有活动的一个核心，大量的创新依然是围绕着产品在进行着，比如，这次论坛上经常提到的"新四化"——电动化、智能化、网联化、共享化，其实很多都是围绕产品在进行创新。一是电动化，电动汽车本身就是一个从内燃机向电动驱动、电机驱动动力系统创新的实践。

充电也是创新的一个延展，还有具体的充电网络、充电设备，都是由电动汽车延展出来的一些创新的实践。二是智能化、网联化，从目前来讲，都是主要围绕着产品进行的一些创新。

除了新四化相对比较颠覆的创新之外，还有一些是渐进式的创新应用。比如已经大规模应用在人机交互系统上的显示系统、语音识别、智能辅助的驾驶系统、自动泊车等功能,都是一些渐进式的创新实践。

新的交通方式也是一大创新方向。跟大家分享一个案例,保时捷管理咨询去年和德国保时捷总部做过的一个"空中出租车"项目的研究。空中出租车,实际上是一个垂直起降的电驱动的出租车,类似于大型的无人机,其实是载人的。空中出租车和地面行驶的汽车相比,行驶时间哪个更具优势?初步结论是,行驶里程为25km以上时,空中出租车将会有更多的时间优势。从市场规模来看,这个市场到底有多大?整个空中出租车的市场,我们认为将在2035年达到15000架空中出租车、210亿美元的市场规模。在具体运营模式上,最后分成私人拥有和第三方商业运营的模式,预测在2025年左右空中出租车将进入大规模的商业化运行。

第二方面是商业模式的创新。

目前来看,主机厂还是以卖产品作为其主要的收入来源,当然,还有少量的售后产品和周围附属产品的收入,这在未来10~20年中将继续存在。可以预见的是在不久的未来,随着车联网的发展,当车辆逐步从一个交通工具变成一个网络终端,当乘客和驾驶人的双手和双眼离开方向盘和道路的时候,车辆提供的服务和信息就有可能成为一个新的收入来源。

也就是说,主机厂未来有可能从单一卖产品到卖车上的服务、卖数据到卖共享运营服务,这都属于商业模式上的创新。我们认为这方面创新应该重点关注的是实践问题,哪些模式先实现,哪些模式后实现,取决于技术的发展、消费者的接受程度和转变速度、汽车厂商与合作伙伴的合作模式、成本要素的下降速度等,这些也将决定主机厂投入的时间顺序。

第三方面的创新是流程创新或者是运营创新,更多的是指汽车厂商和零部件供应商自身内部运营管理方面的创新。例如,在销售端如何实现线上销售和网上销售,目前还没有大规模地实现,这是未来的一个趋势。比如,如何通过数字化手段增加客户的接触点,利用VR放大或显示车辆的内部构造,采用模拟等显示的技术和设备来提高客户的购车体验。

在生产端,随着工业4.0的发展,创新技术也得到了大规模的应用,保时捷在莱比锡的工厂可以作为智能制造的行业标杆，我们总结了50个创新应用的场景，涉及供应链管理、生产线规划、设备维护、产能管理、生产爬坡等多个方面，举几个简单的例子。

第一个应用场景是质量管理，我们现在已经可以将零部件和车身尺寸的数据实时进行监控和采集，并将不同产线收集的数据进行互联，通过自动算法快速地甄别出一致性缺陷，从而提高质量控制水平，最后可以有针对性地进行修复。

在生产规划上，已经可以应用VR眼镜和手柄等技术对生产线进行模拟，在虚拟环境下，我们的工程师可以对工位和设备进行操作，对产线规划进行快速调整。我们知道产线是大的投资，很多规划在产线进行，可以大大节约成本。

另外一个已经大规模应用的技术是预防性维护，通过在设备上安装传感器收集温度、压力、振动、速度等数据并进行数据分析，能够对设备故障做出诊断和预测，提前进行保养维修，从而减少设备故障，提高设备的使用效率和使用寿命。

其他的应用还有很多，比如在人机工程、故障反馈、3D打印技术等方面。

下面跟大家简单地分享一下，我们在汽车行业中进行创新的三个经验：

一是要平衡现有产品的创新和未来业务的创新。

前面提到，创新领域非常宽广，在有限的资源和精力下做什么不做什么，先做什么后做什么，都要进行综合考虑。有些创新是在短期内见效，维持现有产品打造市场化竞争力和差异优势。长期变革性的创新，决定未来长期的竞争格局，投入大、见效慢，因此要打造一个整体的技术创新组合，平衡不同阶段的创新投入。

二是在创新过程中客户的参与。

企业的创新流程应该是漏斗形的筛选过程，从初步想法到初步概念再到解决方案，应该是一个逐步论证筛选的过程，最后聚焦到少数一些从价值到流程上最优的技术。我们从很多项目上发现，这个筛选过程中经常被忽略，我们认为非常重要的是客户意见的参与，是否能够及时地将客户的反馈作为每个阶段筛选的重要输入，决定了这个创新最后在市场上是否能最终被客户所接受。

三是创新环境的培养，或者是称为创新机制的建立。

举例来说，如何在关键绩效指标（KPI）设定上既做到鼓励员工创新，又能够给予一定的空间；如何通过一系列的活动激发企业内部创新的意识和热情；如何能够打破不同部门的界限，形成跨部门的创新协作。这些都需要在创新环境打造方面，或者根据企业自身的情况进行细致的分析和研究。

我们认为作为企业创新方面的负责人，在创新规划上可以从以下九方面进行考虑：

一是未来战略和商业模式，包括创新战略、路线图、技术组合的管理。

二是战略制定、管理层的承诺，决策机制、融资策略、投资管理。

三是创新控制、效果的衡量，激励机制，团队效力和协作。

四是创新文化，包括创新精神，精益创新、迭代。

五是沟通宣传，创新活动、交流和分享，成果和应用宣传。

六是工作环境，创新空间的设置，奖励和满意度管理，合伙制和协作，孵化器和加速器的应用。

七是创新流程，机会的甄别，系统化创新概念的筛选机制。

八是组织架构，创新驱动的微组织架构，去中心化和合作机制，角色定位和团队架构人才流动机制。

九是工作方法、创新能力设计思维敏捷方法应用，助推管理。

嘉宾简介

周淳

周淳拥有超过15年的汽车行业管理咨询经验，是保时捷管理咨询中国区汽车行业负责人，服务领域包括战略规划、流程优化、组织架构调整等。加入保时捷管理咨询之前，周淳曾服务于华晨宝马、大众中国、联合国工业发展组织及麦肯锡咨询等公司。周淳拥有北京大学理学学士及经济学硕士学位。

王哲：新能源变革中的"无线"机会

王哲
有感科技创始人、董事长

新能源、自动驾驶及智能网联是当今行业最热门的三大方向。新能源产业近三年销量大增，从底盘、电池组、汽车电子技术均在模块化、电子化方面相较于传统燃油车有较大的提升，从L2级自动驾驶到L3级乃至L4级自动驾驶，以及大功率无线充电等前沿技术，即将成为新一代新能源车的标配。

大部分用户对新能源汽车的态度仍然是比较传统的，价格、质量、服务、体验缺一不可。当价格优势逐渐缩小时，提供高质量更人性化的服务、提升乘用体验是每一个主机厂都更加关注的。有感科技在做的就是这个工作，从高科技电子配置、云平台服务方案到大功率无线充电，有感科技志在为消费者和主机厂客户提升用户体验，并提供充满科技感、未来感的产品和服务。

目前新能源汽车凝聚了众多最新科技成果，比如已经实现了自动巡航、自动泊车，甚至不久的将来实现自动驾驶，而且安全性也会大大地提升。目前，国际上新能源汽车产业发展最均衡的地方不一定在中国，数据显示，中国新能源车保有量和充电桩的保有量比例非常悬殊，与很多欧洲国家相比还有不少的差距，且在无线充电的应用方面也有着不小的差距。

挪威充电桩数量和新能源车保有量比例接近于1:1，即将全面铺设出租车的无线充电等车位，出租车在候车的时候就可以进行无线充电。在挪威冰天雪地的冬天，出租车不用考虑下车操作充电了。

在英国，大功率无线充电道路在铺设，每隔 5km 就有 1km 的无线充电道路。此外，加拿大、日本等国家在普及过程中有诸多的尝试，顶尖科研机构及实验室都积累了很多推动产业快速发展的全面革新的技术。

在 2019 年的世界新能源汽车大会上，万钢主席提出新能源汽车八大前瞻技术之一就是无线充电，有感科技关注从芯片到系统集成的国内最领先的技术。名古屋大学的天野浩教授凭借着 L4D 的蓝光技术在半导体国际峰会（IMDM）上获得了一等奖，L4D 制成的无线充电芯片可以实现远距离高功率的充电，这是我们合作的一大主攻方向。

美国的斯坦福大学华人教授范尚回是我们的合作伙伴，他所从事的研究是基于守恒定律开发动态的大功率充电技术，可以实现在道路上边走边充。国内几大试点项目将在今年和明年陆续启动。

我认为，当新能源汽车不再为续驶里程担忧的时候，产业的光辉时刻才真正到来。加强国际合作是务实的真正有价值的创新，是每一个科技企业所秉承的科技理念。

我们的无线充电技术产品已与全球多家伙伴进行合作，包括特斯拉、本田、宝马等，目前与广汽新能源等几家企业合作紧密。最终目标要实现让大功率无线充电走进千家万户，让老百姓都能用得起，解决新能源汽车三个关键的问题：安全性、便捷性和经济性。

嘉宾简介

王哲

王哲，本科毕业于清华大学微电子专业，博士就读于哥伦比亚大学工学院。

兰志波：让电动出租车跑起来

兰志波
奥动新能源汽车科技有限公司 CTO

我们聚焦的对象是新能源出租车，首先是让我们的新能源出租车营运起来。在国家推动新能源汽车发展的十多年间里，成绩辉煌。目前，我们的电池及电动汽车产品世界领先。但是当下还存在一些问题，一是新能源汽车价格偏高，这是产业化必经的一个过程，是正常的状态，价格一定会随着量的上升而下降；二是电动车特有的一个问题，即充电的速度；三是如何提高新能源汽车的安全性。

价格偏高是新能源汽车目前所面临的窘境，而运营市场是新能源车企潜在发展新用户的领域。对于新能源汽车充电焦虑的问题，最好的解决方法是换电模式。换电模式不仅可以解决充电焦虑和车价的问题，也可以解决新能源汽车的安全问题。

换电模式可分为以下几大优势：

一是电能补给非常迅速。

二是能够在车电分离方面做到极致。这是让整车成本下降的一个很好的方法，电池的寿命风险是必须可控制，不然金融化的风险比较大。换电模式后台的充电始终是小功率在充电、在稳定的标准模式下充电，这可以保障电池的安全和寿命，而事实表明，在换电模式平台的电动汽车，跑了70

多万 km，一致性还是非常好。

换电模式和充电模式的区别就是小功率快充和多次快充。而多次快充会引起电池的某些安全隐患。至此，我们已经发现了这样一个不安全的状态，但是需要我们更加深入地研究技术。

三是换电模式规模化的优势，我们现在已经在全国 10 多个城市在做换电模式的服务。一个换电站就能服务 100 多辆出租车，效率特别高。换电时间不到 3 分钟，非常稳定。

四是充电模式安全保障。奥动换电站始终坚持在恒温环境下为电池充电，并对每块在仓电池进行全生命周期安全管理，可及时识别风险并妥善处理。

五是电池梯次利用。在电动汽车时代，资源价值共享使社会的价值能够发挥的更加极致，梯次利用也讲究电池的一致性。车辆端使用及储能端使用都需要电池的一致性。换电模式在运营的过程中，能够使储能端和车辆端使用的电池有一致性的保障。

电池一致性的保障有两个方面，其中充电是影响电池一致性的最大要素，让充电始终处在小功率环境下，电池使用的一致性可以控制得很好。在换电模式里，电池储能也得到控制，电池复用率可达到 70%。而充电模式的电池复用率只达到 40%。换电模式的操作成本几乎不用外部操作，充电模式需要大量的操作成本，所以换电模式可以制造一个良性、友好的让电池处于在一个大体系中运营的环境。

嘉宾简介

兰志波

兰志波，1962 年 4 月生于上海市，中共党员，研究员级高级工程师。现任奥动新能源汽车科技有限公司首席技术官（CTO）；上海电巴新能源科技有限公司副总经理、总工程师。

1983 年，加入原机械工业部上海内燃机研究所。

1999 年，转入上汽集团担任商用车技术中心新能源技术部总监，兼任上汽极能新能源动力系统公司总工程师。

2016 年至今，加入奥动新能源汽车科技有限公司，担任首席技术官（CTO）；同时担任上海电巴新能源科技有限公司副总经理、总工程师。

成就与奖项：

先后完成了柴油发动机、替代燃料发动机、混合动力、燃料电池汽车等多个国家及 863 计划项目。

2010 年，带领上汽商用车新能源汽车技术团队完成了世博会新能源汽车纯电动、混合动力、燃料电池等 7 种商用车型的开发和千辆级运营。

2010 年，荣获"上海市劳动模范集体"称号。

15

主题研讨：节能减排与汽车技术升级潜力

姚春德：甲醇柴油二元燃料实现高效清洁压燃燃烧 / 283

我国对生态环境的治理要求不断加严，并出台了一系列的管理政策。国家第六阶段机动车污染物排放标准将对企业研发、生产形成新的挑战。一方面，企业加强汽车节能技术、替代燃料技术的研发和应用，持续降低单车油耗水平。另一方面，不断进行排放技术升级，持续降低污染物排放量，将是汽车产业应对能源安全、气候变化、环境保护和结构升级的重要突破口。

姚春德：甲醇柴油二元燃料实现高效清洁压燃燃烧

姚春德
天津大学内燃机燃烧学国家重点实验室副主任

甲醇在近年来得到了广泛的关注，特别是 2012 年工信部开展了甲醇汽车试点之后，甲醇已经成为在部分地方推广应用的替代燃料。今天我汇报一下我们在这方面做的一些研究。

有专家表示，中国有可能会面临石油短期停供的危险，主要原因是伊朗、俄罗斯、委内瑞拉在内的多个石油卖家纷纷出现问题，我国有可能会面临石油停供的危险。我国现在 70% 多的石油是从国外购买，在能源安全方面的压力非常大。

经过这些年的治理，我国的空气质量得到了非常大的改善，但还是需要改进工作环境，主要就是机动车辆相关的问题，包括柴油车、军车、货运车、船和军事机械。

目前，我国的客运机动车辆都已经电动化，是否还需要关注内燃机车？目前，国家考虑还是要保留一定比例的内燃机车辆，比如，万一电网出现故障，内燃机车就可以顶替使用。回顾 2008 年的冰灾和 2016 年厦门台风造成了高铁线停运，这些停运的高铁全部是内燃机车辆拖运出来的，所以国家需要有这方面的保障。

压燃式发动机是 1896 年研发出来的，氮氧化物和颗粒物的排放是很难控制的。其原因很简单，首先是柴油喷到空气中会着火和燃烧，必然会产生很浓的区间和过稀的区域，因此会有控制的难度。

机身外净化有一大堆的技术，包括选择性催化还原（SCR）系统、柴油颗粒过滤器（DPF）、高压和低压废气再循环（EGR）的排放，车用使用工况非常复杂。虽然国六排放标准测试的只是一个非常小的区域，实际上在标定工况的时候需要考虑各种复杂的工况，这使得成本就会增加很多。

为了降低成本，就出现了一些违规操作，比如停用 SCR 装置，这势必会造成 NO_x 排放增多。根据环境保护部门的检测，国六发动机如果不加尿素，氮氧化物将会超标 40 倍，如果使用 EGR，氮氧化物只超标 13 倍。

我们认为造成柴油机排放控制困难的最主要原因是柴油造成的，应该从燃料方面着手。柴油是由 10~22 个碳组成的，如果把燃料换成甲醇，情况就不同了，因为它只有 1 个碳。

甲醇的生产规模很大，其产能在 2018 年的时候达到近 9000 万 t，生产量接近 7000 万 t。而汽油在 2018 年的总消耗量是 1.21 亿 t 左右，甲醇的产量基本和汽油的消耗量是一个量级。

甲醇作为燃料是否安全呢？1991 年，美国能源部做过的一个实验显示，低浓度的甲醇毒性要比汽油、柴油低，高浓度甲醇与汽油的毒性相差不多。甲醇的蒸气压是 0.037，只有汽油、柴油蒸气压的一半左右。而压燃式发动机的应用也存在一些问题，归纳为三个难点：一是甲醇和柴油不互溶，十六烷值非常低，柴油一般是在 46 以上，甲醇只有 3；二是甲醇蒸气压很低，容易蒸发饱和；三是甲醇对某些橡胶和金属有一定的腐蚀性。

直接把甲醇应用在压燃式发动机上是不可行的，我们的实验室做过一些关于甲醇工作机理的实验，通过同步辐射测试实验台检测着火机理。当活性的柴油喷射到甲醇混合剂里面，对于两种燃料的应用、燃烧，我们做了深入的研究，得到了一系列的结论，包括着火现象和火焰。我们发现甲醇的混合气体对柴油有一定的迟滞作用，比喷射到空气中的柴油难着火，这就促成了柴油以均质的混合气体的形式出现在气缸里面。追求高效的燃烧方式均质压燃，可以把碳烟降低下来。

我们对着火机理、着火途径的研究结果已经在公开文献中进行了发表。同时，我们在发动机台架上做了大量的实验和研究，对比纯柴油和双燃料（柴油和甲醇）的燃烧情况可以看出，双燃料燃烧时间晚，爆发压力比较高，其热效率得到一定的改善，大概提升2%。

我们将燃烧方式的研究成果运用到机动车辆上，以检验实际的运行效果。在载货汽车的应用结论是：在道路上，不到1.5L的甲醇可以换得1L的柴油，柴油的热值是42.5J/kg，甲醇的热值是19.7J/kg，效率大概提升了30%以上。

对于这方面的学术研究，我们做了很多的工作。为了实现应用，我们提出了柴油和甲醇的组合燃烧技术，因为柴油非常容易起动，而甲醇不好起动，直接把甲醇压燃是不可能，所以就先用柴油把发动机起动起来，等到发动机达到工作温度之后再暖车，再向柴油里面喷入甲醇形成混合气体，简称为组合燃烧（因为是两种不同的燃烧模式），英文是DMCC。

这种燃烧方式的最大特点是动态精准地匹配柴油和甲醇两种燃料的燃烧，是完全智能化的，不用尿素就可达到国际化标准的智能排放，不用SCR就可以解决NO_x排放的难题。

截至目前，安装柴油甲醇组合燃烧系统的车辆已经在12个省得到了应用，包括黑龙江省佳木斯市的同江市、新疆维吾尔自治区阿克苏地区、内蒙古自治区锡林郭勒及云南等省市，并在矿山、机车和轮船上得到了不同程度的应用，缓解了颗粒物排放问题。

工信部在2012年开展了甲醇汽车的试点（工信部第［2012］42号）、2013年国务院办公室颁发《关于加强内燃机工业节能减排的意见》（国发办［2013］12号），以及工信部等八部委在2019年下发的相关文件，这一系列政策都在推动甲醇汽车的发展。

2019年4月，我们到访美国并和美国能源部、环保署共同探讨、交流如何将甲醇作为一种燃料运用到重型车辆中，其中，美国最大的甲醇生产商希望能跟我们合作。甲醇作为新兴燃料的未来可期。

嘉宾简介

姚春德

姚春德，工学博士，天津大学教授。1982年2月毕业于合肥工业大学，1988年7月毕业于天津大学，分别获得学士、硕士和博士学位。现工作于天津大学内燃机燃烧学国家重点实验室。研究方向为内燃机工作过程、替代燃料以及废气净化。担任工信部甲醇汽车专家组成员。发表论文340余篇。获发明专利18件，出版专著2部。发明的柴油甲醇组合燃烧技术获2016年机械工业科学技术奖技术发明奖一等奖。

2019 泰达汽车论坛集萃

G9 论坛

开放 合作 共赢
——新能源汽车产业

泰达视点

聚焦四化 共话未来

中国汽车工业协会常务副会长兼秘书长 付炳锋

中国汽车技术研究中心有限公司副总经理 吴志新

主持人：中国汽车技术研究中心有限公司副总经理 李洧

《中国汽车报》社有限公司总经理 辛宁

中国汽车工程学会副秘书长 公维洁

开幕大会

优化政策环境，释放产业新动能

天津市委常委、滨海新区区委书记 张玉卓

国家发展和改革委员会产业发展司司长 卢卫生

主持人：中国汽车工程学会常务副理事长兼秘书长 张进华

国家市场监督管理总局认证监督管理司司长 刘卫军

财政部经济建设司一级巡视员 宋秋玲

工业和信息化部装备工业司副司长 罗俊杰

交通运输部运输服务司副司长 蔡团结

商务部对外贸易司副司长、国家机电产品进出口办公室副主任 宋先茂

高峰研讨

谋新求变，开放融合

中国第一汽车集团有限公司董事长、党委书记 徐留平

北京汽车集团有限公司党委副书记、总经理 张夕勇

主持人：中国汽车工业协会常务副会长兼秘书长 付炳锋

华晨汽车集团控股有限公司党委书记、董事长 阎秉哲

长安汽车副总裁 刘波

广州汽车集团股份有限公司副总经理 李少

本田技研工业（中国）投资有限公司执行副总经理、本田技研科技（中国）有限公司执行副总经理兼R&D中心所长 長谷川 祐介

安徽江淮汽车集团控股有限公司党委副书记、安徽江淮汽车集团股份有限公司总经理 项兴初

院士论坛　科技前沿与产业趋势

主持人：中国汽车技术研究中心有限公司党委副书记、董事 高和生

中国工程院院士 衣宝廉

中国工程院院士 杨裕生

专题峰会　电动化、智能化引领汽车产业变革

主持人：中国汽车技术研究中心有限公司副总经理 吴志新

中国国际工程咨询公司专家学术委员会专家、工业和信息化部产业政策司原副巡视员 李万里

中国科学院科技战略咨询研究院研究员 王晓明

南京博郡新能源汽车有限公司董事长、CEO 黄希鸣

东软睿驰汽车技术（上海）有限公司全球营销总经理 茅海燕

百度智能驾驶事业群组自动驾驶技术部副总经理 陶吉

热点解析: 新能源汽车产业链的重构与融合

主持人：中国汽车技术研究中心有限公司副总经理 **李洧**

北京新能源汽车股份有限公司党委副书记、总经理 **马仿列**

华晨宝马汽车有限公司研发副总裁 **Patrick Mueller**

远景 AESC 执行董事、中国区总裁 **赵卫军**

北京当升材料科技股份有限公司董事、总经理 **李建忠**

湖南大学机械与运载工程学院助教 **黄威**

焦点透视: 燃料电池汽车研发与产业化提速

主持人：中国汽车技术研究中心有限公司总经理助理 **文宝忠**

同济大学燃料电池汽车技术研究所所长 **章桐**

上海捷氢科技有限公司总经理 **卢兵兵**

上海重塑能源科技有限公司董事长 **林琦**

武汉理工大学首席教授 **潘牧**

新源动力股份有限公司工程应用事业部运营总监 **李汉斌**

专题对话

自动驾驶的进化之路

长安汽车智能化研究院总经理 **何举刚**

广汽研究院智能驾驶技术部负责人，广汽L3/L4无人驾驶技术总监 **郭继舜**

主持人：中国汽车技术研究中心有限公司副总经理 **吴志新**

博世汽车部件（苏州）有限公司底盘事业部驾驶辅助系统雷达工程研发总监、域控制器工程研发经理 **蔡旌**

禾多科技副总裁 **王征**

主题研讨

预见未来——大数据、云计算、人工智能

时任英飞凌科技大中华区副总裁及汽车电子事业部负责人 **徐辉**

北京汽车股份有限公司汽车研究院院长助理、智能化部部长 **张永刚**

中国汽车工程学会副秘书长 **闫建来**

地平线副总裁、智能驾驶产品线总经理 **张玉峰**

深圳市英博超算科技有限公司总经理 **田锋**

市场论道

扩大开放背景下的乘用车市场开拓与求索

国务院发展研究中心市场经济研究所副所长 **王青**

东风日产乘用车公司副总经理 **陈昊**

主持人：中国汽车技术研究中心有限公司党委副书记、董事 **高和生**

中国汽车技术研究中心有限公司汽车技术情报研究所副所长 **傅连学**

浙江吉利控股集团汽车销售有限公司副总经理 **郑状**

市场论道

解析市场现状，探索商用车未来

东风商用车有限公司副总经理 **蒋学锋**

中国物流与采购联合会汽车物流分会执行副会长 **马增荣**

主持人：中国汽车工业协会秘书长助理 **许海东**

采埃孚商用车技术事业部中国区副总裁 **戴章煜**

中汽华诚认证（天津）有限公司总工程师 **刘云霞**

头脑风暴

双积分背景下的传统汽车何去何从

中国汽车工业协会原常务副会长
董扬

广汽新能源汽车有限公司总经理
古惠南

主持人：世界汽车工程师学会联合会主席、清华大学汽车产业与技术战略研究院院长 **赵福全**

国家发展和改革委员会能源研究所能源可持续发展研究中心主任
康艳兵

中国汽车技术研究中心有限公司数据资源中心副总工程师 **赵冬昶**

头脑风暴

移动出行的春天在哪里

交通运输部公路科学研究院副研究员、全国城市客运标准化技术委员会副秘书长 **程国华**

GoFun 出行 CEO **谭奕**

主持人：中德诺浩汽车职业教育研究院院长 **孙勇**

华夏出行有限公司党委书记、总经理 **岳殿伟**

罗兰贝格管理咨询公司全球合伙人、大中华区副总裁 **郑赟**

产业新锐说

创新孕育新动能

径卫视觉科技（上海）有限公司副总裁兼首席战略官 **刘奇**

保时捷（上海）管理咨询有限公司合伙人 **周淳**

主持人：中国汽车技术研究中心有限公司汽车技术情报研究所所长
程魁玉

有感科技创始人、董事长 **王哲**

奥动新能源汽车科技有限公司CTO
兰志波

主题研讨

节能减排与汽车技术升级潜力

北京市环保局机动车排放管理处副处长 **艾毅**

广西玉柴机器股份有限公司总裁助理、工程研究院院长 **林铁坚**

主持人：中国汽车技术研究中心有限公司检测认证事业部总工程师
方茂东

中国汽车技术研究中心有限公司汽车标准化研究所总工程师、全国汽车标准化技术委员会汽车节能分技术委员会秘书长 **王兆**

天津大学内燃机燃烧学国家重点实验室副主任 **姚春德**